JESÚS DE NAZARET
SU VIDA A PARTIR
DE LOS CUATRO EVANGELIOS

SALVADOR CARRILLO ALDAY, M.Sp.S.

JESÚS DE NAZARET

SU VIDA A PARTIR DE LOS CUATRO EVANGELIOS

Editorial Verbo Divino
Avenida de Pamplona, 41
31200 Estella (Navarra), España
Teléfono: 948 55 65 05
Fax: 948 55 45 06
www.verbodivino.es
evd@verbodivino.es

4ª reimpresión (año 2011)

Nihil obstat: Manuel Molina.
Imprimatur: Vicente Monroy Campero, M.Sp.S., Superior de la Provincia de México.

© Editorial Verbo Divino
© Salvador Carrillo Alday, M.Sp.S.

Es propiedad • *Printed in Spain*
Impresión: Gráficas Lizarra, Villatuerta (Navarra)
Depósito Legal: NA 3.374-2010

ISBN: 987-84-8169-733-9

Cualquier forma de reproducción, distribución, comunicación pública o transformación de esta obra sólo puede ser realizada con la autorización de sus titulares, salvo excepción prevista por la ley. Diríjase a CEDRO (Centro Español de Derechos Reprográficos - www.cedro.org) si necesita fotocopiar o escanear algún fragmento de esta obra.

CONTENIDO

Prólogo 9

PRELIMINARES

   I. Conocer a Jesús de Nazaret 17
  II. Cuadro de la vida de Jesús de Nazaret 21
 III. Los Evangelios 25

PRIMERA PARTE: LA INFANCIA DE JESÚS

Introducción 33
   I. Evangelio de Mateo 35
  II. Evangelio de Lucas 37

SEGUNDA PARTE: EL MINISTERIO PÚBLICO DE JESÚS

    I. El bautismo de Jesús en el Jordán 45
   II. Las tentaciones mesiánicas de Jesús 53
  III. La proclamación del reino de Dios 57
  IV. La misión liberadora de Jesús 63
   V. Discípulos y Apóstoles 71
  VI. El Espíritu Santo, fuente de agua brotante de vida 77
 VII. Los discursos evangélicos 91
VIII. Los milagros de Jesús, signos mesiánicos 117

IX. La cruz y la gloria del Hijo del hombre	135
X. Las parábolas del Evangelio	149
XI. La entrada mesiánica de Jesús en Jerusalén y sus últimos días	163

TERCERA PARTE: LA PASCUA DEL SEÑOR

Introducción	181
I. La Cena del Señor	185
II. La Pasión de Jesús	219
III. La Glorificación de Cristo	259
IV. La efusión del Espíritu Santo en Pentecostés	285
Bibliografía	291

PRÓLOGO

EL PORQUÉ Y PARA QUÉ DE ESTE LIBRO

Dos motivos me han guiado al escribir estas páginas sobre Jesús de Nazaret:

1º El deseo y la necesidad de dar a conocer a nuestro Señor Jesucristo, de quien nos declaramos seguidores y discípulos, pues Él dijo: «*Ésta es la vida eterna: que te conozcan a ti, el único Dios verdadero, y a Jesucristo, a quien tú has enviado*» (Jn 17,3).

Para vivir nuestra fe es indispensable conocerla bien; y para amar de verdad a Jesús, es necesario conocer quién es Él, cuál es su origen y su misión, cómo fue su vida, qué hizo, cuáles fueron sus enseñanzas, cómo murió y cuándo resucitó.

2º Pero no basta conocer y saber quién es Jesús. Él nos invitó a seguirlo: «*¡Ven y sígueme!*» (Lc 18,22); y seguirlo es imitarlo, es ir tomando parecido con Él, hasta llegar, en cuanto sea posible, a ser como Él. Esto podría parecer excesivo; sin embargo, Él dijo palabras muy profundas a este respecto: «*Yo en ellos y tú en mí, para que sean perfectamente uno*» (Jn 17,23).

Esto explica la presencia de «actualizaciones y oraciones» después de temas evangélicos importantes.

I. CONOCER A JESÚS Y SU MISIÓN

1. Jesús de Nazaret, centro y culmen de la evangelización

El «Evangelio» —que es una «Buena Noticia»—, no es un libro, sino una persona; y esa Persona es Jesucristo, nuestro Señor. Por tanto, *«evangelizar»* es anunciar, proclamar, gritar esta Buena Noticia: «que en Jesucristo, Hijo de Dios hecho hombre, muerto y resucitado, se ofrece la salvación a todos los hombres, como don de la gracia y de la misericordia de Dios» (Pablo VI, *Evangelii Nuntiandi*, n. 27).

El *Catecismo de la Iglesia Católica* dice:

> «La transmisión de la fe cristiana es ante todo el anuncio de Jesucristo... Desde el principio, los primeros discípulos ardieron en deseos de anunciar a Cristo: *"No podemos nosotros dejar de hablar de lo que hemos visto y oído"*»: Hch 4,20 (n. 425).

Y citando la Exhortación *Catechesi Tradendae* de S.S. Juan Pablo II, prosigue el mismo *Catecismo*:

> «En el centro de la catequesis encontramos esencialmente una Persona, la de Jesús de Nazaret, Unigénito del Padre, que ha sufrido y ha muerto por nosotros y que ahora, resucitado, vive para siempre con nosotros... Catequizar es descubrir en la Persona de Cristo el designio eterno de Dios. Se trata de procurar comprender el significado de los gestos y de las palabras de Cristo, los signos realizados por Él mismo» (*Catecismo de la Iglesia Católica*, n. 426; CT 5).

2. Una Iglesia evangelizadora

Afortunadamente estamos viviendo ya un concepto renovado de Iglesia. Todos los que hemos sido bautizados formamos la Iglesia, somos la Iglesia. Y la Iglesia tiene como misión fundamental *«evangelizar»*:

> «Evangelizar —dice la Exhortación Apostólica *Evangelii Nuntiandi*— constituye, en efecto, la dicha y vocación propia de la Iglesia, su identidad más profunda. Ella existe para evangelizar, es decir, para predicar y enseñar, ser canal del don de la gracia, reconciliar a los pecadores con Dios, perpetuar el sacrificio de Cristo en la santa Misa, memorial de su muerte y resurrección gloriosa» (EN, n. 14).

Por tanto, nuestro deber y nuestra misión, como cristianos que formamos la Iglesia de Cristo, es evangelizar. A cada uno de nosotros, el Señor Jesús nos repite ahora con urgencia:

> «Id al mundo entero y proclamad el Evangelio a toda la creación» (Mc 16,15).

> «Me ha sido dado todo poder en el cielo y en la tierra. Id, pues, y haced discípulos a todos los pueblos, bautizándolos en el nombre del Padre y del Hijo y del Espíritu Santo, y enseñándoles a guardar todo cuanto os he enseñado. Y he aquí que Yo estoy con vosotros, todos los días, hasta el fin del mundo» (Mt 28,19-20).

Si Jesús está con nosotros perpetuamente, el éxito de nuestra tarea evangelizadora está asegurado. Nosotros no seremos sino instrumentos y canales de su propia predicación.

3. Nuestra confesión de fe en Jesús

Cada domingo, después de la lectura y explicación del evangelio, recitamos en el Credo nuestra confesión de fe en Jesús:

> «Creemos en un solo SEÑOR, JESUCRISTO:
> Hijo único de Dios,
> nacido del Padre antes de todos los siglos...
> Que por nosotros, los hombres,
> y por nuestra salvación bajó del cielo,
> y por obra del Espíritu Santo
> se encarnó de María, la Virgen,
> y se hizo hombre; y por nuestra causa fue crucificado
> en tiempos de Poncio Pilato;
> padeció y fue sepultado,
> y resucitó al tercer día, según las Escrituras,
> y subió al cielo, y está sentado a la derecha del Padre;
> y de nuevo vendrá con gloria a juzgar a vivos y muertos,
> y su reino no tendrá fin».

En el *Catecismo de la Iglesia Católica* (nn. 423-424) leemos una profesión de fe cristológica que proclama las mismas verdades del Credo, pero en un lenguaje más cercano a nosotros:

> «Nosotros creemos y confesamos que Jesús de Nazaret, nacido judío de una hija de Israel, en Belén, en el tiempo del rey Herodes el Grande y del emperador César Augusto, de oficio carpintero, muerto crucificado en Jerusalén, bajo el procurador Poncio Pilato, durante el reinado del emperador Tiberio, es el Hijo eterno de Dios hecho hombre, que

ha "salido de Dios" (Jn 13,3), "bajó del cielo" (Jn 3,13; 6,33), "ha venido en carne" (1 Jn 4,2), porque "la Palabra se hizo carne, y puso su morada entre nosotros, y hemos visto su gloria, gloria que recibe del Padre como Hijo único, lleno de gracia y de verdad... Pues de su plenitud hemos recibido todos, y gracia por gracia" (Jn 1,14-16)».

«Movidos por la gracia del Espíritu Santo y atraídos por el Padre, nosotros creemos y confesamos a propósito de Jesús: "Tú eres el Cristo, el Hijo de Dios vivo" (Mt 16,16). Sobre la roca de esta fe, confesada por san Pedro, Cristo ha construido su Iglesia (cf. Mt 16,18).»

Creemos, pues, con la Iglesia que *«Jesús es inseparablemente verdadero Dios y verdadero hombre. Él es verdaderamente el Hijo de Dios que se ha hecho hombre, nuestro hermano, y eso sin dejar de ser Dios, nuestro Señor»* (*Catecismo de la Iglesia Católica*, n. 464; cf. 465-469).

II. JESÚS, CAMINO DE SANTIDAD

El Espíritu Santo, a lo largo de la historia de la Iglesia, ha mostrado diferentes caminos y numerosos senderos que conducen a la misma cumbre de la santidad: «la transformación en Cristo», hasta poder decir con el apóstol Pablo: *«Vivo, ya no yo, sino vive en mí Cristo. Y lo que ahora vivo en la carne, lo vivo en la fe, en la fe del Hijo de Dios, que me amó y se entregó por mí»* (Gál 2,20).

«Todos los fieles estamos llamados a la santidad cristiana. Ésta es plenitud de la vida cristiana y perfección de la caridad, y se realiza en la unión íntima con Cristo y, en Él, con la Santísima Trinidad. El camino de santificación del cristiano, que pasa por la cruz, tendrá su cumplimiento en la resurrección final de los justos, cuando Dios sea todo en todos.»[1]

De los diversos caminos hacia la santidad, han brotado en la Iglesia muchas espiritualidades, que insisten en tal o cual aspecto particular del misterio único de Cristo. Las páginas que siguen no intentan proponer una nueva espiritualidad, sino seguir un camino hacia la perfección; y éste consiste en *el seguimiento de* JESÚS DE NAZARET: seguirlo paso a paso, recorriendo con Él las etapas de su vida, hasta el Calvario y hasta la gloria de su resurrección, según se van presentando en los evangelios. Cada etapa de su vida tiene un mensaje actual para nuestra vida, hoy.

---

1. Comp. CIC = *Compendio del Catecismo de la Iglesia Católica*, n. 428.

Dos características tiene este camino a la santidad:

1º No presenta un sistema lógico y rígido de etapas y principios, ya que el evangelio no los ofrece en esa forma.

2º Pero, sí lleva de la mano al creyente para que, poco a poco y con seguridad, acompañe a Jesús, acogiendo sus enseñanzas, y camine con Él a lo largo de su vida evangelizadora, hasta llegar a su misterio pascual: la Cena eucarística, la Pasión de Jesús con su agonía en Getsemaní, el rechazo de parte de judíos y gentiles, la coronación de espinas, la flagelación y la muerte en la cruz en el Calvario y, como punto final, la gloria de la resurrección.

III. A LA LUZ DEL ESPÍRITU SANTO Y A SU IMPULSO

Tanto para «conocer a Jesús» como para seguirlo «como camino de santidad», nos es indispensable la luz y conducción del Espíritu Santo. Jesús dijo: *«Él os enseñará todo y os recordará todo lo que yo os he dicho»* (Jn 14,26).

Así pues, en este caminar ascendente y continuo hacia el conocimiento de Jesús y hacia la cumbre de la santidad, el guía seguro y generoso es el Espíritu Santo, que llenó a Jesús desde el momento de su concepción en el seno virginal de María, lo ungió con sus carismas en el bautismo en el Jordán, lo acompañó paso a paso durante su ministerio evangelizador, lo impulsó a entregarse como víctima purísima en Getsemaní y en el Calvario, y obró en Él el inefable misterio de su gloriosa resurrección.

Que la Virgen María, Madre de Jesús y Madre de la Iglesia, nos haga conocer a su Hijo Jesús y nos enseñe a caminar por este camino regio; y que nos proteja siempre para no perdernos en senderos engañosos que nos impedirían llegar a la deseada cumbre del conocimiento perfecto del Señor y de la transformación en Cristo.

PRELIMINARES

Capítulo I
CONOCER A JESÚS DE NAZARET

1. Los cristianos católicos tenemos el «gran reto» de conocer bien quién es JESÚS, Cristo, nuestro Señor, el Hijo de Dios, Dios, de quien nos decimos discípulos o seguidores.

En nuestra edad adulta, debemos hacer una «opción personal». Quiero ser, o no, discípulo de Jesús.

En caso afirmativo, surge una tarea:

1º Debo conocer bien quién es Jesús.

2º Tengo que conocer su «camino», su «doctrina» y esforzarme por vivirla. Él dijo acerca de su ley: «*Venid a mí todos los que estáis fatigados y sobrecargados, y yo os daré descanso. Tomad sobre vosotros mi yugo, y aprended de mí, que soy manso y humilde de corazón; y hallaréis descanso para vuestras almas. Porque mi yugo es suave y mi carga ligera*» (Mt 11,28-30).

Ante nuestros temores a causa de nuestras debilidades, Jesús es siempre comprensivo y misericordioso, pues «*Él sabe de qué estamos plasmados y se acuerda de que somos polvo*» (Sal 103,14).

2. Conocer el Evangelio es conocer a Jesús. En otras palabras, para conocer a Jesús hay que leer y releer el Evangelio, en su cuádruple expresión: Mateo, Marcos, Lucas y Juan. El Papa Juan Pablo II decía a los dirigentes de la Federación Católica para el apostolado bíblico:

«¿Cómo prepararemos a los demás para colaborar en la obra de la catequesis y evangelización de la Iglesia? Ciertamente debemos empezar inculcándoles un amor vivencial por la Palabra de Dios: por la Palabra Encarnada, nuestro Señor Jesucristo, y por la Palabra inspirada contenida en la Sagrada Escritura» (*Osservatore Romano*, 7 de abril de 1986).

Y un año más tarde, en Viedma de Argentina, el Papa comentaba:

«La identidad cristiana exige el esfuerzo constante por formarse cada vez mejor, pues la ignorancia es el peor enemigo de nuestra fe. ¿Quién podrá decir que ama de verdad a Cristo, si no pone empeño por conocerlo mejor? No abandonéis la lectura asidua de la Sagrada Escritura, profundizad constantemente en las verdades de nuestra fe, acudid con ilusión a la catequesis, que si es imprescindible para los más jóvenes, no es menos necesaria para los mayores. ¿Cómo podréis transmitir la Palabra de Dios si vosotros mismos no la conocéis de un modo profundo y vivo?» (7 de abril de 1987).

A Jesús, pues, se le conoce en los cuatro evangelios, que han sido escritos bajo la inspiración del Espíritu Santo. Hay que orarlos, leerlos, estudiarlos, vivirlos y proclamarlos. Estos cinco verbos definen cuál debe ser nuestra actitud ante esos libros sagrados.

3. En síntesis: «¿Quién es JESÚS?»:

Jesús es el Hijo Único de Dios, que, sin dejar de ser Dios, se hizo hombre como nosotros, y fue llamado Jesús. Por tanto, Él es verdadero DIOS y verdadero HOMBRE. Es una verdad que supera nuestro entendimiento. Por eso san Pablo escribe. *«Cristo es el misterio de Dios»* (Col 1,27).

4. ¿Cuál fue el objetivo de Dios, su voluntad, al enviar a su Hijo al mundo para que se hiciera hombre? Dos textos importantes:

- Uno es del evangelista Juan: *«De tal manera amó Dios al mundo que dio a su Hijo Único, para que todo el que crea en Él no perezca, sino que tenga vida eterna»* (Jn 3,16).
- Otro es del apóstol Pablo: *«Al llegar la plenitud de los tiempos, envió Dios a su Hijo, nacido de mujer, nacido bajo la ley, para rescatar a los que se hallaban bajo la ley, y para que recibiéramos la filiación»* (Gál 4,4-5).

5. JESÚS, Dios y hombre

Textos del NT sobre Jesús-Dios:

1º Él es el Hijo Unigénito de Dios, engendrado por el Padre antes de todos los siglos (Jn 1,18; 3,16).

2º Él es el Verbo, la Palabra eterna de Dios (Jn 1,1).

3º Él es verdadero Dios (Jn 1,1; 20,28; 1 Jn 5,20; Rom 9,5; Tt 2,13; Heb 1,8; 2 Pe 1,1).

4º Por Él han sido hechas todas las cosas (Jn 1,3; 1 Cor 8,6; Col 1,15-17; Heb 1,2).

5º Enviado por el Padre, bajó del cielo para nuestra salvación (Jn 3,16-17; 1 Jn 4,9; Gál 4,4-7).

Textos sobre Jesús-hombre:

1º El Hijo de Dios se hizo hombre en la Virgen María, por obra del Espíritu Santo (Mt 1,18-25; Lc 1,35; Gál 4,4).

2º Por tanto, Él es verdadero hombre y «hermano nuestro» (Heb 2,17.18; 4,15; 1 Tm 2,5.6).

Nuestro curso versará sobre Jesús-hombre, sobre *«Jesús, el hijo de José, de Nazaret»*, como es llamado en el Cuarto Evangelio (Jn 1,45); es decir, sobre Jesús como es presentado en los cuatro evangelios.

6. Este estudio sintoniza con lo que recientemente, el domingo 28 de agosto de 2005, expresó S.S. Benedicto XVI acerca de *«Dios, que se nos ha revelado en Jesucristo»*:

- «Los jóvenes, las comunidades y los pastores deben tomar cada vez mayor conciencia de un dato fundamental para la evangelización: Donde Dios no ocupa el primer lugar, donde no se lo reconoce y adora como el Bien supremo, corre peligro la dignidad humana».
- «Por tanto, es urgente llevar al hombre de hoy a "descubrir" el rostro auténtico de Dios, que nos ha sido revelado en Jesucristo.»
- «Buscar a Cristo debe ser el anhelo incesante de los creyentes, de los jóvenes y los adultos, de los fieles y sus pastores. Es preciso impulsar, sostener y guiar esta búsqueda.»
- «La fe no es simplemente la adhesión a un conjunto de dogmas, completo en sí mismo, que apagaría la sed de Dios presente en el alma humana. Al contrario, la fe proyecta al hombre hacia un Dios siempre nuevo en su infinitud. Por eso, el cristiano al mismo tiempo busca y encuentra.»
- «Precisamente esto hace que la Iglesia sea joven, abierta al futuro y rica en esperanza para toda la humanidad.»
- «El descubrimiento del "rostro de Dios" no se agota jamás. Cuanto más entramos en el esplendor del amor divino, tanto más hermoso es avanzar en la búsqueda, de modo que *"amore crescente inquisitio crescat inventi"*, "en la medida en que crece el amor, crece la búsqueda de Aquel al que se ha encontrado"» (san Agustín).

Capítulo II
CUADRO DE LA VIDA DE JESÚS DE NAZARET

«Al llegar la plenitud de los tiempos, envió Dios a su Hijo, nacido de mujer, nacido bajo la ley, para rescatar a los que se hallaban bajo la ley y para que recibiéramos la filiación» (Gál 4,4-5).

Y el Hijo de Dios se hizo hombre en el seno de la Virgen María, por obra del Espíritu Santo, y recibió el nombre de JESÚS (cf. Mt 1,18-25; Lc 1,26-38).

JESÚS, como todo ser humano, estuvo situado en el tiempo y en el espacio.

1. Hijo del pueblo judío palestinense, Jesús nació en Belén, hacia el año 6 a.C.
2. Fue llevado a Egipto por sus padres, donde permaneció algunos meses o un año. Al regresar, la familia se estableció en Nazaret de Galilea.
3. Se decía que Jesús era hijo de José; pero los evangelios nos revelan que Jesús fue concebido, por obra y gracia del Espíritu Santo, en el seno virginal de María.
4. A los doce años, Jesús fue llevado por sus padres a Jerusalén y allí celebró su «Bar-mitzváh», tomando su propia responsabilidad ante Dios. El evangelio dice que Jesús fue creciendo en sabiduría, en estatura y en gracia ante Dios y ante los hombres.
5. Jesús perteneció a una numerosa parentela de Nazaret.
6. Fue un judío artesano, de clase modesta.
7. Un judío practicante de su religión.

8. Un judío instruido: leía el hebreo y probablemente hablaba griego.
9. Sin pertenecer a ninguna secta del judaísmo, Jesús compartía ideas religiosas importantes de los fariseos: como la existencia de los ángeles y la resurrección futura.
10. Fue un jasid, hombre piadoso, de Galilea, sensible a los movimientos espirituales de su tiempo.
11. Jesús fue bautizado por Juan en el Jordán, hacia el otoño del año 27, y, después de un retiro de 40 días en el desierto, comenzó su ministerio público. Tenía unos 33 años.
12. Los retratos de Jesús son tan numerosos como los historiadores que intentan pintarlo. Así, Jesús ha sido presentado como un evangelizador popular itinerante, un militante de cambio social, un reformador, un sabio y maestro, un taumaturgo carismático. Sin embargo, Jesús escapa a todo modelo que quisiera captar toda su identidad. Jesús es una figura sin equivalente.
13. Fue reconocido como un gran profeta mesiánico enviado por Dios. Era llamado «el profeta Jesús de Nazaret».
14. Jesús fue traicionado por Judas, rechazado por las autoridades religiosas de su pueblo y condenado a ser crucificado, por Poncio Pilato, el procurador romano. Murió el *viernes 7 de abril del año 30 d.C.*, a las 3 de la tarde.
15. El domingo siguiente, *9 de abril*, Jesús se manifestó resucitado a sus discípulos. Subió al cielo el jueves 18 de mayo. Y el domingo de la fiesta judía llamada de las Siete Semanas, a las nueve de la mañana del domingo de Pentecostés, Jesús envió el Espíritu Santo sobre sus Apóstoles. Fue el *28 de mayo del año 30*. Ese mismo día, después de la predicación de los Apóstoles, a las seis de la tarde, había nacido la Iglesia cristiana, con 3.000 fieles: «La Iglesia una, santa, católica y apostólica».

ACTUALIZACIÓN

Dios me hizo nacer en un lugar determinado, en el tiempo y en el espacio

Yo fui creado a imagen y semejanza de Dios;
estoy, por tanto, destinado a reproducir la santidad divina.
Dios ha querido darme la vida a través de mis padres,
en un determinado momento, país, lugar y cultura.
No he sido producto ni del azar, ni de las circunstancias.
Mi existencia concreta en el tiempo y en el espacio
ha sido querida por Dios desde la eternidad.

«¡Tú me tejiste en el seno de mi madre!
Yo te alabo por tantas maravillas.
He sido hecho prodigiosamente.
Tus obras son maravillosas!» (Sal 139,13-14).

Por todo esto, Señor, te doy gracias, te alabo y te bendigo.
Te doy gloria; creo en ti, te amo y en ti confío.

También para mí hubo un día, «plenitud de mi tiempo»,
cuando Dios creó directamente mi alma espiritual e inmortal,
y la infundió en mi cuerpo comunicándole vida:
¡un alma destinada a vivir por toda la eternidad!

Sólo Dios fue testigo de ese momento trascendental:
fue entonces cuando comencé a existir, para siempre.

ORACIÓN

Padre:
Al comunicarme vida en este mundo,
en mi país y en mi tierra,
me encomendaste también una misión que cumplir.
Concédeme, Señor, Creador del cielo y de la tierra,
realizar el proyecto de vida y de santidad
que eternamente pensaste para mí.
Amén.

CAPÍTULO III
LOS EVANGELIOS

I. DE JESÚS A LOS EVANGELIOS

- El ministerio de Jesús corrió del otoño del año 27 al jueves 6 de abril del año 30.
- A partir de Pentecostés del año 30, comenzó la predicación oral de los Apóstoles.
- Siguieron luego los primeros intentos para poner por escrito los recuerdos de Jesús.
- Finalmente, vinieron los escritores evangélicos: Marcos, Lucas, Mateo y Juan.
    1. Evangelio de san Mateo: hacia el año 80 d.C.
    2. Evangelio de san Marcos: hacia los años 64-70 d.C.
    3. Evangelio de san Lucas: hacia los años 75-80 d.C.
    4. Evangelio de san Juan: entre los años 90-100 d.C.

II. LA TRADICIÓN ESCRITA ANTERIOR A LOS EVANGELIOS

La tradición evangélica primitiva presentaba un conjunto de fragmentos aislados: palabras de Jesús, curaciones, acciones simbólicas, encuentros. Fue Marcos el primero que los dispuso en un relato continuo. Hoy los investigadores admiten que es posible reconstruir una imagen de Jesús, pero no su historia real.

III. LA CUESTIÓN SINÓPTICA

Los evangelios de Mateo, Marcos y Lucas presentan entre sí muchas semejanzas, pero también numerosas y notables divergencias. A ese fenómeno se le ha dado el nombre de «la cuestión sinóptica». ¿Cómo explicar ese fenómeno o problema? Mucho se ha investigado sobre ese tema desde los primeros siglos del cristianismo. Entre los numerosos intentos que se han dado para explicar ese fenómeno, quiero mencionar de manera sencilla, solamente dos opiniones: 1º La teoría de las «dos fuentes». 2º La teoría de un «primitivo evangelio de Mateo en arameo».

Teoría de las «dos fuentes»: Marcos y Fuente «Q»

		Mt	fuentes propias
Pedro	Mc		Fuente Q
		Lc	fuentes propias

Teoría de un «primitivo evangelio de Mateo en arameo»

1. Existió un evangelio primitivo de *Mateo en arameo* (Ma), que fue traducido de diferentes maneras al griego (Mg):

	Mg
Ma	
	Mg

2. Existió, además, un antiguo escrito de «Palabras de Jesús» en arameo, que también fue traducido de diferentes maneras al griego; a ese escrito se le llama *Fuente suplementaria* aramea (Fsa) o griega (Fsg):

	Fsg
Fsa	
	Fsg

3. *Marcos* se deriva de la predicación oral de Pedro y del Ma, en alguna traducción al griego (Mg). Fue redactado entre los años 64 a 70 d.C.:

Ma-g	MARCOS	Pedro

4. *Mateo* se deriva del Ma en alguna traducción al griego (Mg). Utiliza la Fsa en una traducción al griego (Fsg). Conoce a Marcos. Además, tiene fuentes propias. Fue redactado hacia el año 80 d.C.:

Ma-g   Fsa-g
            MATEO
Marcos   Fuentes propias

5. *Lucas* se deriva del Ma en alguna traducción griega (Mg). Utiliza la Fsa en alguna traducción al griego (Fsg). Conoce a Marcos. Finalmente, tiene fuentes propias. Fue redactado entre los años 75 a 80 d.C.:

Ma-g   Fsa-g
            LUCAS
Marcos   Fuentes propias

IV. LOS CUATRO EVANGELIOS

Cada uno de los evangelistas, aunque hayan utilizado fuentes comunes, no son copistas, sino «verdaderos autores»; tienen su propia personalidad, poseen su peculiar estilo y cultura, subrayan determinados énfasis y han querido escribir su propio testimonio acerca de Jesús.

1. Cada evangelista presenta a Jesús bajo diferente enfoque.

Mateo se complace en presentar a Jesús como el Maestro por excelencia. Jesús es como un nuevo Moisés, superior a éste, que dicta al mundo una nueva Ley: la Ley del reino de los Cielos. El tema del reino corre a través de todos los capítulos del evangelio.

Él es también el Mesías davídico, anunciado en las Escrituras. Desde el primer capítulo afirma el evangelista la ascendencia regiodavídica de Jesús (1,6-17), y termina su escrito poniendo en labios de Jesús esta suprema afirmación de su realeza: «*Me ha sido dado todo poder en el cielo y en la tierra*» (28,18).

Marcos subraya, a lo largo de su obra, tres notas muy importantes de la identidad de Jesús. Jesús es «el Mesías» davídico; es también «el Hijo del hombre» de la profecía de Daniel; pero, sobre todo, es «el Hijo de Dios» (1,1.11; 9,7; 15,39).

Lucas, desde el anuncio del ángel Gabriel a la Virgen María, afirma con claridad que Jesús es el Mesías davídico, anunciado en las Escrituras, y el Hijo de Dios, concebido en María por el poder del Espíritu Santo (1,31-35).

Además, el evangelista se goza presentando a Jesús lleno de la misericordia divina. Dios le confió una gran misión en favor de los enfermos y de los pecadores: «*No necesitan médico los que están sanos. No he venido a llamar a conversión a justos, sino a pecadores*» (5,31).

Juan es el evangelista que, proclamando explícitamente la encarnación humana del Verbo de Dios (1,14), confiesa claramente la pre-existencia y la divinidad de Jesús: «*Y el Verbo era Dios*» (1,1); «*Antes de que Abraham fuera hecho, Yo soy*» (8,58); «*Padre, glorifícame tú junto a ti, con la gloria que tenía a tu lado, antes de que el mundo fuese*» (17,5); y termina su exposición poniendo en boca de Tomás, el incrédulo, la confesión más clara de la divinidad de Jesús, brotada de labios humanos: «*¡Señor mío y Dios mío!*» (20,28).

2. Cada evangelista dirige su escrito a comunidades cristianas de distintos países, teniendo en cuenta las necesidades específicas de las mismas; y cada uno escribe desde diversos lugares del Imperio Romano: Antioquía, Roma, Grecia, Éfeso; y en diferentes fechas.

Mateo destina su evangelio a comunidades cristianas de origen judío. Esto explica el cuidado que tiene por subrayar, como estribillo, que todo sucedió en Jesús «*para que se cumplieran los oráculos de los profetas*» (1,22; 2,5b-6; 4,14-16). Posiblemente Mateo publicó su obra en Antioquía de Siria, hacia el año 80 de nuestra era.

Marcos dirige su evangelio a cristianos gentiles de Roma, perseguidos a causa de su fe en Jesucristo, por el emperador Nerón. El evangelista los conforta, haciéndoles saber que Jesús experimentó en sí mismo ese camino de dolor redentor: «*Si alguno quiere venir en pos de mí, niéguese a sí mismo, tome su cruz y sígame*» (8,34). Marcos redacta su evangelio entre los años 64 a 70 d.C.

Lucas, desde alguna ciudad de Grecia, escribe a comunidades cristianas venidas de la gentilidad. Los recién convertidos eran paganos, pero han sido llamados a seguir a Jesús, icono de la misericordia universal de Dios. Por eso, el evangelista insiste: «*El Hijo del hombre ha venido a buscar y a salvar lo que estaba perdido*» (19,10). Lucas escribe su obra «Evangelio y Hechos» hacia los años 75-80 d.C.

Juan, por su parte, sigue su propio camino al presentar la figura de Jesús a los cristianos de la provincia romada de Asia. Jesús, antes de ser «el hijo de José de Nazaret» (1,45), es el Verbo eterno de Dios, su Palabra encarnada, el Unigénito que mora en el interior del Padre (1,1.14.18). Ese Unigénito fue enviado para salvar al mundo, entregando libre y voluntariamente su vida, glorificando de esa manera a su Padre (3,16; 10,17; 17,4). La redacción definitiva del Cuarto Evangelio fue en la última década del s. I, del año 90 al 100.

PRIMERA PARTE

LA INFANCIA DE JESÚS
JESÚS, MESÍAS E HIJO DE DIOS

Mt 1-2; Lc 1-2

INTRODUCCIÓN

Al principio de la predicación de los Apóstoles, la infancia de Jesús no formaba parte de su enseñanza.

Los Apóstoles proclamaban, ante todo, la resurrección de Jesús, ligada a su pasión y muerte. Además, habiendo sido testigos de la vida pública de Jesús, contaban los hechos y las palabras del Maestro, a partir del bautismo de Juan hasta la ascensión de Jesús (Hch 1,21-22).

Con el correr de los años, las iglesias comenzaron a sentir el deseo de conocer más acerca de Jesús, interesándose por su infancia. Sólo los evangelios de Mateo y de Lucas han conservado tradiciones sobre la infancia de Jesús.

Los relatos de la infancia pertenecen a los estratos más recientes de esos evangelios, redactados hacia el año 80 d.C., y suponen, por tanto, una reflexión teológica muy profunda y desarrollada.

Para la lectura de estos relatos es necesario tener en cuenta:

1º Un *«núcleo histórico»* del acontecimiento.

2º El *«género literario»* empleado por el evangelista.

3º La *«doctrina teológica»* que los autores quisieron comunicar.

Capítulo I
EVANGELIO DE MATEO
Mt 1-2

El evangelio de la infancia de Jesús presenta en Mateo seis unidades literarias.

El género literario empleado por el evangelista es el *midrásh*, que consiste fundamentalmente en *«expresar, explicar y justificar los acontecimientos referentes a Jesús mediante textos de la Escritura»*. Para el evangelista, las Escrituras encuentran su pleno cumplimiento en Jesús.

Este género literario «midráshico», convenía a Mateo, pues su evangelio fue escrito para los cristianos de origen judío, que conocían las Escrituras.

Esquema del «Evangelio de la Infancia de Jesús» en Mateo.

I. GENEALOGÍA DE JESÚS-MESÍAS (1,1-17)

Jesús es el descendiente por antonomasia del patriarca Abraham (1,1-2.17) y el heredero de las promesas mesiánicas hechas a David (1,1.6.17).

II. CONCEPCIÓN VIRGINAL EN MARÍA Y MISIÓN DE JOSÉ (1,18-25)

Al aparecerse y dirigirse el Ángel del Señor a José, el evangelista hace de éste el protagonista de la escena.

Jesús es el Mesías davídico nacido de una virgen, como lo había anunciado el profeta Isaías 7,14.

José recibe en su casa a María su esposa, y con ello acepta también al niño que va a nacer, y a quien debe poner el nombre de «Jesús».

A la perplejidad, desconcierto y angustia de José, al darse cuenta de que en María venía un niño que no era suyo, siguió la serenidad y la paz, después de la revelación que le hizo el Ángel del Señor. José debió de recibir en su casa a María su esposa con inmenso gozo, admiración y respeto; y, con ella, recibió también al niño. Después de nacer Jesús, María consagró para siempre su virginidad a Dios; y José, por su parte, por un don divino, se consagró también a Dios y se dedicó con respeto, amor y veneración a custodiar a su esposa y a su hijo.

III. MAGOS DEL ORIENTE ADORAN A JESÚS-REY (2,1-12)

Jesús es el rey de los judíos, reconocido y adorado también por los gentiles, a quienes una estrella les ha revelado su nacimiento (Mt 2,2; Nm 24,17).

Jesús es el Jefe y el Pastor de Israel, anunciado por Miqueas (Mt 2,6; Mi 5,1).

IV. JESÚS EN EGIPTO (2,13-15)

Jesús es el verdadero hijo de Dios, a quien se refiere Os 11,1. Jesús estará en Egipto hasta que Dios lo llame para que regrese de allí a la Tierra prometida. Jesús es el representante de todo el pueblo esclavo en Egipto, pero también, al mismo tiempo, el nuevo Moisés que formará el nuevo pueblo de Dios.

V. MUERTE DE LOS NIÑOS DE BELÉN (2,16-18)

Así como en otro tiempo el faraón de Egipto quiso matar a Moisés, así ahora el rey Herodes quiere eliminar a Jesús; pero, en su lugar, morirán los niños de Belén, cumpliéndose en ellos el lamento de Raquel que llora por sus hijos, según el profeta Jeremías 31,15.

VI. JESÚS DE NAZARET (2,19-23)

Al terminar el evangelio de la infancia de Jesús, Mateo quiere presentar e introducir a Jesús como fue conocido entre los suyos, es decir, *el nazareno, el de Nazaret, el nazoreo*. Este apelativo evoca al Consagrado a Dios (Jue 13,5-7); al Retoño de Jesé (Is 11,1) y al Siervo de Yahvé (Is 53,2).

Capítulo II
EVANGELIO DE LUCAS
Lc 1-2

Para la elaboración del evangelio de la infancia de Jesús, como para el resto de su obra, Lucas hizo investigaciones, como él lo afirma expresamente (Lc 1,1-4).

Sin embargo, lo que el evangelista nos transmite no es el reportaje material y frío de lo dicho por los testigos consultados. Lucas recogió los datos, los evaluó, percibió su dimensión teológica profunda y los entregó en una obra verdaderamente personal. Su evangelio es la reflexión teológica de un cristiano de la segunda generación, y su cristología responde a un estadio ya evolucionado.

El material evangélico está presentado por dos trípticos muy bien equilibrados.

Primer tríptico:
  I. Anuncio del nacimiento de Juan (1,5-25).
  II. Anuncio del nacimiento de Jesús (1,26-38).
  III. María visita a Isabel (1,39-56).

Segundo tríptico:
  I. Nacimiento y manifestación de Juan (1,57-80).
  II. Nacimiento y manifestación de Jesús (2,1-40).
  III. Jesús en la Casa de su Padre (2,41-52).

En nuestro estudio, sólo nos ocuparemos de los relatos que se refieren a Jesús.

I. ANUNCIO DE LA CONCEPCIÓN DE JESÚS (1,26-38)

1. Escena y personajes (1,26-27).
2. Diálogo en tres interlocuciones (1,28-38a).

Primera interlocución: vv. 28-29.

«*¡Regocíjate!*» (So 3,14-15; Za 2,14; 9,9; Jl 2,21-27; Is 12,6).

En estos profetas, la interpelación va dirigida a Jerusalén, Hija de Sión, que personifica al Pueblo elegido, del cual ha de brotar el Mesías.

En el evangelio, la invitación es hecha personalmente a María, la Virgen. Ella es la verdadera y auténtica Jerusalén-Sión, de quien ha de nacer el Mesías.

Segunda interlocución: vv. 30-34.

El niño que va a nacer es «el Mesías», presentado mediante cinco notas: «*grande, hijo del Altísimo, heredero del trono de David, rey eterno sobre la Casa de Jacob, con un reinado sin fin*», notas tomadas de textos proféticos de 2 Sm 7,12-13; Is 9,5-6; Mi 4,7; Dn 7,14. Con estas palabras, puestas por Lucas en labios del ángel Gabriel, el evangelista establece la «maternidad mesiánica de María».

Tercera interlocución: vv. 35-38a.

Concebido sin padre humano y sólo por la acción creadora del Espíritu Santo, el Niño-Mesías «*que va a nacer será llamado Santo, Hijo de Dios*» (v. 35).

De la concepción virginal, sin el concurso de un padre humano, sino por la sola intervención del Espíritu Santo, resulta que el niño es «santo, hijo de Dios». Esta filiación divina es un signo externo de un misterio todavía más profundo, que será revelado a lo largo de la vida de Jesús, a saber, que el niño que va a nacer es «el Hijo de Dios», en un nivel superior y ontológico (cf. 2,49; 10,22).

Con esto queda afirmada la «maternidad divina de María». Jerusalén-Sión, a través de María (v. 28), va a dar finalmente a luz a su Mesías (v. 34); y ese Mesías es «el Hijo de Dios» (v. 35) (cf. *Catecismo de la Iglesia Católica*, nn. 484-487).

Finalmente, la concepción virginal de Jesús fue posible porque «*¡nada hay imposible para Dios!*» (Gn 18,14; Jr 32,27; Za 8,6).

II. EL NACIMIENTO DE JESÚS: SALVADOR, MESÍAS, SEÑOR (2,1-21)

El relato consta de tres cuadros.

Primer cuadro: María da a luz a su hijo primogénito (vv. 1-7).

El niño nace en Belén, patria de David; es el Mesías anunciado en 1,32-33; y aparece en la sencillez y en la pobreza (Is 1,3).

Segundo cuadro: El Ángel del Señor da la Buena Nueva de Dios a los pastores (vv. 8-14).
- Un Niño ha nacido «hoy» para el pueblo.
  Los pastores deben ser los anunciadores de esa Buena Nueva.
- El Niño es «el Salvador, el Mesías-Cristo, el Señor».
- El mismo cielo se regocija por el acontecimiento.

Tercer cuadro: Los pastores se convierten en testigos (vv. 15-21).
- Los pastores habían oído al Ángel, pero ahora ven al Niño.
- De los pobres y humildes brota la gloria y la alabanza a Dios.
- En cuanto a María, «*todo lo guardaba en su corazón*».

A los ochos días el Niño es circuncidado y recibe el nombre de JESÚS, que significa «*Yahvé salva*» (v. 21).

III. JESÚS EN EL TEMPLO DE JERUSALÉN (2,22-38)

Tres escenas se desarrollan en el Templo de Jerusalén.

Primera escena: La observancia de la Ley: vv. 22-24.
- El Niño es consagrado a Dios.
- La madre es purificada y se entregan las dos tórtolas.
- Al callar el precio del rescate del Niño, el evangelista quiere dar una enseñanza, a saber: Jesús es «un-no-rescatado», por lo tanto, es «un consagrado a Dios», pertenencia de Dios.

Segunda escena: El testimonio de Simeón profeta: vv. 25-35.

- El Espíritu Santo le revela a Simeón que Jesús es «el Ungido del Señor = el Mesías»; «la Luz de los gentiles» (Is 42,6; 49,6); «el Siervo de Dios»; «la Gloria de Israel» (Is 46,13).
- Pero Jesús será también *«un signo de contradicción»*: su misión será dolorosa, como la del Siervo de Yahvé, y su madre María, representante de Jerusalén-Sión, compartirá ese misterio de dolor. María-Jerusalén sufre por la crisis y división entre sus hijos.

Tercera escena: El testimonio de Ana, la profetisa: vv. 36-38.
- Ana alaba a Dios.
- Habla del Niño a los que esperaban *«la redención de Jerusalén»*. La liberación mesiánica del pueblo elegido interesaba ante todo a Jerusalén (Is 40,2; 52,9).

El Espíritu Santo es mencionado siete veces en Lc 1-2: 1,15.35.41.67; 2,25.26.27. El Espíritu Santo llena a Zacarías, Isabel, Juan, María, JESÚS, Simeón y Ana.

IV. A LOS DOCE AÑOS, JESÚS EN LA CASA DE SU PADRE (2,41-52)

Es interesante constatar, por una parte, las menciones de *«su padre y su madre»* (v. 33); *«sus padres»* (v. 41); *«tu padre y yo»* (v. 48); y, por otra, la palabra de Jesús: *«¿No sabíais que yo debía estar en la Casa de mi Padre?»* (v. 49).

José no tuvo parte en la concepción de Jesús; sin embargo, Dios le comunicó una «paternidad» excepcional respecto al niño. José fue verdaderamente su padre. La paternidad de José, real, pero de orden muy superior al biológico, es subrayada por el evangelista (vv. 33.41.48).

No obstante esto, Jesús es ante todo *«el Hijo de Dios»*. Dios es su Padre, y Jesús tiene conciencia de esta filiación exclusiva y única. Jesús, *«el consagrado a Dios»*, *«el no rescatado»*, permanece y se queda en su casa paterna. Jesús es de Dios.

María y José «no comprendieron» la palabra de Jesús: *«¿No sabíais que yo debía estar en la Casa de mi Padre?»*, pero la acogieron en la fe; y María *«conservaba cuidadosamente todas las cosas en su corazón»*, a lo largo de todos los años en que Jesús permaneció oculto en el silencio de una vida ordinaria.

ACTUALIZACIÓN

Mi filiación divina
«¡Tú eres mi Padre; yo soy tu hijo!»

Mensaje de la infancia de Jesús para nuestra vida espiritual:

1. JESÚS. En su nombre lleva el contenido fundamental de su misión: *«Él salvará a su pueblo de sus pecados»* (Mt 1,21). Jesús es nuestro Salvador.

2. Jesús, Mesías del pueblo de Israel y Rey de los gentiles, es mi rey personal, a quien debo tributar mi adoración y hacerle entrega de todo cuanto soy (Mt 2,1-12).

3. Jesús es obra del Espíritu Santo en la Virgen María; es, por tanto, *«santo, hijo de Dios»* (Mt 1,20; Lc 1,35).
   También a nosotros, el Espíritu Santo nos ha hecho nacer como hijos de Dios, en el momento de nuestro bautismo, y estamos llamados a gozar del reino de Dios: *«En verdad, en verdad te digo: el que no nazca de agua y Espíritu no puede entrar en el reino de Dios»* (Jn 3,5)[1].
   Somos «hijos de Dios», gracias a la acción soberana del Espíritu Santo, y gracias a Jesús que se hizo hombre *«para que recibiéramos la filiación divina»* (Gál 4,5), y pudiéramos así ser sus hermanos (Heb 2,11): *«Pero, a todos los que lo recibieron les dio poder de llegar a ser hijos de Dios; a los que creen en su nombre, los cuales no nacieron de sangre, ni de deseo de carne, sino de Dios»* (Jn 1,12-13).
   El gran misterio de nuestra filiación divina es posible, porque *«¡ninguna cosa hay imposible para Dios!»* (Lc 1,37).

4. Hijos de Dios por la acción soberana del Espíritu y hermanos de Jesús, somos también, como consecuencia, en Jesús y por Jesús, hijos de la Virgen María.

---

1. «El Bautismo perdona el pecado original, todos los pecados personales y todas las penas debidas al pecado; hace participar de la vida divina trinitaria mediante la gracia santificante, la gracia de la justificación que incorpora a Cristo y a su Iglesia; hace participar del sacerdocio de Cristo y constituye el fundamento de la comunión con los demás cristianos; otorga las virtudes teologales y los dones del Espíritu Santo. El bautizado pertenece para siempre a Cristo: en efecto, queda marcado con el sello indeleble de Cristo» (*Comp. CIC*, n. 263).

5. Jesús, el Hijo de Dios, nació en la sencillez y en la pobreza del pesebre de Belén (Lc 2,7). Pues bien, el ser hijos de Dios no nos da ni riqueza, ni grandeza humana, pero es la suprema gracia que podemos recibir: ¡ser hijos de Dios! Debemos vivir nuestra filiación divina en la sencillez, en la humildad, en la confianza, en la pobreza espiritual, en el gozo y alegría, dones del Espíritu Santo. Éste es el camino de nuestra santificación.

6. Como los pastores de Belén, debemos aprender a alabar y dar gloria a Dios, y proclamar por todas partes el mensaje recibido del cielo, que: «*Jesús es el Salvador, el Mesías, el Señor*» (Lc 2,11).

7. A la manera de Jesús, somos «consagrados a Dios, pertenencia de Dios» (Lc 2,22-23); sea cual sea nuestra misión en el mundo, nuestra vida profunda debe desarrollarse de acuerdo a lo que somos: «propiedad de Dios».

8. «*¿No sabíais que yo debía estar en la Casa de mi Padre?*» (Lc 2,49). Los hijos son un regalo de Dios para sus padres; pero los padres son, a su vez, un regalo de Dios para sus hijos: hay que ser conscientes de ese mutuo don; hay que vivir y gozar de esa paternidad y de esa filiación humana. Sin embargo, nuestro verdadero Padre es Dios, nuestro creador, y a Él debemos pertenecer y darle el culto que se merece.

9. Como Jesús «*creció en sabiduría, en estatura y en gracia ante Dios y ante los hombres*» (Lc 2,52), así también nosotros debemos crecer en el conocimiento de Dios y en la santidad, a la que hemos sido llamados. Jesús ha sido nuestro modelo y nuestro camino.

ORACIÓN

Jesús niño:
Te suplicamos humildemente
que realices en nosotros
las enseñanzas que brotan
de la contemplación de tu infancia.
Concédenos ir creciendo, cada día más,
en gracia y santidad.

SEGUNDA PARTE
EL MINISTERIO PÚBLICO DE JESÚS

Capítulo I
EL BAUTISMO DE JESÚS EN EL JORDÁN
JESÚS, MESÍAS Y PROFETA
Mt 3,13-17; Mc 1,9-11; Lc 3,21-22

I. EL BAUTISMO DE JUAN

1. Juan, ungido profeta por el Espíritu Santo desde el seno de su madre, apareció en el desierto de Judá *«proclamando un bautismo de conversión para el perdón de los pecados»* (Mc 1,4; Lc 3,3).

El bautismo impartido por Juan no constituye una novedad en el judaísmo; cabe perfectamente en el contexto de baños de purificación de su tiempo. Estos baños rituales fueron conocidos tanto en el mundo antiguo: Egipto, Babilonia y Grecia, como en el mundo judío, particularmente entre los fariseos y sobre todo entre los esenios de Qumrán.

Algunos estudiosos llegan a pensar en una posible relación entre Juan y Qumrán. Juan pudo pasar algún tiempo en la comunidad esenia, y luego, sintiendo su propia y especial misión, partió hacia las riberas del Jordán para entregar al pueblo su mensaje.

Flavio Josefo lo considera como uno de los predicadores penitenciales de mayor éxito de su tiempo. En efecto, *«acudía a él gente de toda la región de Judea y todos los de Jerusalén»* (Mc 1,5).

2. Sea lo que fuere, el bautismo de Juan presenta diferencias radicales en relación a las abluciones de sus contemporáneos.

1º Por una parte, es conferido bajo el signo de la *«conversión»* (teshubáh, metánoia), tomando así lo esencial de la predicación profética (Is 1,16-18; Jr 31,18; Jl 2,12-13). Juan «bautizaba», sumergiendo a los creyentes en las aguas del Jordán, *«y ellos confesaban sus pecados»* (Mt 3,6). La acción simbólica exterior era signo de una realidad espiritual: la purificación de los pecados.

2º Por otra parte, es dado a fin de preparar los corazones para *«la venida próxima del reino de los Cielos»* (Mt 3,2; Is 40,3-5; Ml 3,1).

3º Además, Juan anuncia ya la presencia de otro personaje de mayor dignidad, el Mesías: *«Él os bautizará con Espíritu Santo y fuego»* (Mt 3,11; Lc 3,16). La purificación que obrará el bautismo dado por el Mesías será más radical y más perfecta. La expresión *«en Espíritu Santo y fuego»* puede traducirse «en el fuego del Espíritu», indicando la purificación profunda que produce el Espíritu de Dios, el cual lava, limpia y purifica tan honda y radicalmente como el fuego que purifica los metales.

En esta perspectiva, Juan Bautista, al hablar de la misión del Mesías, la describía según las imágenes impactantes de los Profetas (Mt 3,7-10.12; Lc 3,7-9.17): *«He aquí que el nombre de Yahvé viene de lejos, ardiente su ira y pesada su opresión. Sus labios están llenos de furor, su lengua es como fuego que devora, y su aliento como torrente desbordado que cubre hasta el cuello»* (Is 30,27-28a; cf. Is 30,28b-33; 41,15-16; 66,24; Jr 7,30-8,3; 19,11-13).

II. «Y JESÚS FUE BAUTIZADO POR JUAN»
(Mt 3,13-15; Mc 1,9)

1. Jesús, siempre dócil a la voluntad de su Padre, debió descubrir a la luz de la fe que tenía que ir a encontrarse con Juan y ser bautizado por él; y fue al Jordán. Juan se resistía y le decía: *«Soy yo el que necesita ser bautizado por ti, y ¿tú vienes a mí?»* (Mt 3,14). Pero Jesús respondió: *«Déjame ahora, pues conviene que así cumplamos toda justicia»* (Mt 3,15). Y Jesús fue bautizado por Juan.

2. Jesús fue exento de todo pecado; por tanto, no necesitaba sujetarse a un «bautismo de conversión para perdón de los pecados» (Jn 8,46; 2 Cor 5,21; Heb 4,15; 1 Jn 3,5). Sin embargo, quiso someterse al bautismo de Juan, en unión con todo su pueblo, porque era solidario de sus hermanos, con quienes compartía la misma naturaleza humana y a quienes venía a salvar (Heb 2,17). Además, reconocía en el ministerio de Juan un elemento del plan querido por Dios, como etapa última de preparación para los tiempos mesiánicos.

3. Al recibir el bautismo de Juan, Jesús debió orar pidiendo el perdón de los pecados de su pueblo y de la humanidad en Él representada. Y la oración de Jesús subió a Dios y fue escuchada. En aquel momento terminaba la era antigua, época de las preparaciones, y se inauguraban de inmediato los tiempos nuevos, los «tiempos mesiánicos».

III. EL BAUTISMO EN EL ESPÍRITU
(Mt 3,16-17; Mc 1,10-11; Lc 3,21-22; Jn 1,32-34)

La unción mesiánica y profética de Jesús

Al evocar el bautismo en el Espíritu que Jesús recibió en el Jordán, los evangelistas coinciden en presentar una misma sucesión de tres cuadros:

1. Jesús ha sido ya bautizado y sale del agua. Aun cuando el relato del Jordán guarda una unidad, sin embargo parece lícito subrayar que Marcos y Mateo distinguen claramente dos escenas o momentos:
– el bautismo en agua que recibe Jesús de manos de Juan en las aguas del Jordán; y
– el bautismo en el Espíritu que recibe de parte de Dios, habiendo ya salido del río. Lucas precisa que Jesús estaba en oración.

2. Luego tuvo una doble visión:

1º «Vio que los cielos se rasgaban»

Ante todo, hay que subrayar la expresión fuerte de Marcos. Fue Jesús quien vio. Se trata, por tanto, de una experiencia personal del mismo Jesús, y no solamente de un signo sensible en favor de los circunstantes, como podría parecer.

«Rasgarse los cielos» o «abrirse el cielo» es una imagen que la Biblia emplea para afirmar una comunicación, inexpresable en términos humanos, entre el cielo y la tierra, y una revelación de parte de Dios. Aplicada a Jesús, esta imagen indica que en Él y a través de Él va a comenzar una etapa nueva de comunicación de Dios con los hombres; Dios se revelará al mundo de manera nueva e inédita (cf. Gn 28,10-17; Is 63,19; Ez 1,1; Jn 1,51; Hch 7,56; 10,11-16; Ap 4,1; 19,11).

2º «*Vio que el Espíritu, como paloma, descendía en Él*»

En tiempos de Jesús, la expectación mesiánica se formulaba con referencia a tres pasajes del profeta Isaías, que anunciaban la venida del Espíritu de Dios sobre el libertador de Israel (Is 11,1-2; 42,1; 61,1). Esta liberación mesiánica era concebida como un nuevo éxodo y un nuevo paso del mar Rojo (Is 11,15-16; 43,16-21; 51,10; 63,11-13).

La expresión de Marcos: «*descendía en Él*», indica en el texto griego que el Espíritu no solamente bajaba sobre Jesús, sino que entraba en su interior. Jesús es ungido por Dios con el Espíritu Santo para poder llevar a cabo su misión mesiánico-profética (Hch 10,38).

Además, el Espíritu Santo es simbolizado «*como una paloma*». Esta imagen alude muy probablemente al Espíritu de Dios que aleteaba sobre las aguas en la primera creación (Gn 1,2). En este momento, gracias a la fuerza del Espíritu, está surgiendo una nueva creación.

Finalmente, es posible que tras las descripciones de los evangelistas se escondan alusiones a otros pasajes bíblicos. En efecto, la escena de Marcos puede aludir al poema de Isaías que habla de Moisés, a quien Dios libró de las aguas y en quien puso su Espíritu Santo: «*Entonces se acordaron de los días antiguos, de Moisés, su siervo. ¿Dónde está el que sacó de la mar al pastor de su rebaño? ¿Dónde el que puso en él su Espíritu Santo…?*» (Is 63,11). Ese mismo pasaje expresa un deseo: «*¡Ah, si rasgaras los cielos y descendieras…!*» (Is 63,19b). Siendo así, para Marcos, Jesús será como un nuevo Moisés, caudillo del nuevo Pueblo santo.

En cuanto a Mateo y Lucas, parecen evocar más bien escenas del profeta Ezequiel a orillas del río Kebar: «*Se abrió el cielo y vi…*» (Ez 1,1); y «*el Espíritu vino sobre mí…*» (Ez 2,2). Para ellos, Jesús es el nuevo profeta lleno del Espíritu, que, como Ezequiel, será enviado con la fuerza divina a desempeñar una misión en el Pueblo de Israel.

3. Escuchó una voz que venía de los cielos: «*¡Tú eres mi Hijo…!*»

En Marcos y en Lucas la voz se dirige a Jesús; en Mateo, a los circunstantes. La voz viene del cielo. «*Los cielos*» es una circunlocución para designar a Dios. Es, pues, Dios mismo quien habla a Jesús.

En Marcos y en Mateo la voz divina dice a Jesús: «*¡Tú eres (o éste es) mi Hijo amado…!*». Esta frase es una referencia al pasaje de Abraham, el cual recibe de Dios la orden de inmolar a su hijo Isaac: «*Toma a tu hijo, a tu único, al que amas, a Isaac. Vete al país de Moriá y ofrécelo allí en holocausto en uno de los montes, el que Yo te indicaré*» (Gn 22,2.12.16). Jesús es el Hijo único y amado de Dios. Esta escena invita a pensar en que Jesús tuvo en ese momento una fuerte experiencia de su filiación divina.

La segunda frase: «*En ti me he complacido*», unida a la venida del Espíritu, es una alusión suficientemente clara al oráculo del profeta Isaías sobre el Siervo de Yahvé: «*¡He aquí a mi Siervo, a quien yo sostengo, mi Elegido, en quien se complace mi alma. He puesto mi Espíritu sobre él y dictará ley a las naciones!*» (Is 42,1). Jesús tiene la experiencia de ser el Siervo de Dios, su elegido, objeto de las complacencias divinas y ungido con el Espíritu divino. Su misión mesiánica no será regia, sino a la manera del profeta-Siervo de Dios, anunciado en las Escrituras.

En el evangelio de Lucas, la palabra divina es diferente: «*¡Tú eres mi Hijo, yo te he engendrado hoy!*». El Salmo mesiánico 2,7 es aplicado a Jesús; y sirve para entronizarlo como el Hijo-rey-mesías que, ungido con el Espíritu, va a establecer en el mundo el reino de Dios (cf. 2 Sm 7,14).

IV. SIGNIFICACIÓN TEOLÓGICA DE LA ESCENA

1. El sentido fundamental de este importante pasaje evangélico es el siguiente. Cuando Jesús ve que los cielos se rasgan y que el Espíritu Santo desciende sobre Él, y escucha la voz del Padre, Jesús tiene una *fuerte experiencia de su filiación divina y de su futura misión*. Él es, al mismo tiempo, como Isaac, *el Hijo de las promesas*, pero cuyo sacrificio Dios ha pedido a Abraham; como *un nuevo Moisés*, que debe ser jefe de un nuevo pueblo de Dios; como *un nuevo Profeta* lleno de la fuerza del Espíritu para realizar una misión; como *el Siervo de Yahvé*, objeto de las complacencias divinas; y como *el Rey Mesías* que debe establecer en el mundo el reinado de Dios.

2. A nivel de los evangelistas, es claro que Jesús no es una simple réplica, ni rica síntesis de esos personajes importantes de la historia bíblica. Mediante esas alusiones, los evangelistas, y mediante ellos el mismo Espíritu Santo que los inspiraba, quieren enseñarnos que Jesús sintetiza esas figuras y las supera inmensamente, porque Él es verdaderamente *el Hijo único, el Hijo amado, lleno del Espíritu Santo, en quien el Padre se complace*. Él realizará en plenitud, en un nivel superior y en un plano más elevado, las misiones parcialmente encomendadas a esas grandes figuras de la historia de salvación.

3. Pero, ¿cómo es posible –se preguntará alguno– que Jesús pueda recibir el Espíritu de Dios con ocasión de ese bautismo en el Espíritu Santo? ¿No poseía acaso en plenitud el Espíritu desde su encarnación y nacimiento?

Para responder a esta inquietud, es necesario comprender bien la función para la cual el Espíritu Santo desciende sobre Jesús:

1º No se trata de una efusión de Espíritu divino que santifique a Jesús. Él es santo y fue lleno del Espíritu Santo desde el primer instante de su concepción en el seno purísimo de la Virgen María (Lc 1,35). Él es *«el Santo de Dios»* (Jn 6,69).

2º La función que el Espíritu Santo va a desempeñar ahora en Jesús se sitúa en el orden de su actividad mesiánica y profética. Por voluntad de su Padre, Jesús debe proclamar que el reinado de Dios ha llegado (Mc 1,15; Mt 4,17); y que las potencias del mal van a ser arrojadas fuera (Mc 1,25-27; Lc 4,35-36).

3º Se trata, por tanto, de una efusión carismática del Espíritu Santo sobre Jesús para inaugurar la era nueva, los tiempos mesiánicos. Según los textos que subyacen en los relatos del bautismo de Jesús: se trata de un *«Espíritu de sabiduría y de inteligencia, Espíritu de consejo y de fuerza, Espíritu de ciencia y de temor de Yahvé»*, dado al Mesías para poder dirigir al pueblo de Dios (Is 11,1-2). Un Espíritu divino dado al Siervo de Yahvé para poder entregar, como un nuevo Moisés, la Ley nueva que será proclamada hasta los confines de la tierra (Is 42,1-4; 49,6; 63,11). Un Espíritu de fortaleza, misericordia, compasión, solidaridad, que invadirá al Mesías-profeta para poder evangelizar a los pobres, sanar los corazones destrozados, liberar a los cautivos, dar vista a los ciegos, pregonar un año de gracia de parte de Dios y consolar a los sumergidos en la aflicción (Is 61,1-3; Lc 4,18-19).

V. BAJO LA MOCIÓN DEL ESPÍRITU

Del Jordán al desierto (Mc 1,12; Mt 4,1-2: Lc 4,1-2)

El bautismo en el Espíritu Santo fue en la vida de Jesús un momento trascendental. El Espíritu Santo entró en Él, tomó posesión de Él y lo ungió con sus dones y carismas; y en adelante lo irá guiando en el transcurso de su misión apostólica (Mt 4,1; 12,18.28; Lc 4,1.14.18; 10,21; Hch 10,38).

La descripción de Lucas es impresionante: *«Jesús, lleno del Espíritu Santo, regresó del Jordán, y era conducido por el Espíritu en el desierto, durante cuarenta días...»*, en discernimiento y en oración íntima con Dios (Lc 4,1-2a).

ACTUALIZACIÓN

Mi bautismo en el Espíritu

Si el bautismo de Jesús en el Jordán es «la prefiguración de nuestro bautismo», también puede serlo del sacramento de nuestra confirmación, la cual recibe ese nombre porque «confirma y refuerza la gracia bautismal».

En efecto, la unción que recibió Jesús en el Jordán fue una efusión de carismas del Espíritu Santo: sabiduría, poder, autoridad, fuerza, etc., en vistas a la realización de su tarea mesiánica y profética. El sacramento de la confirmación, por su parte, consiste en una donación del Espíritu que «otorga un crecimiento de la gracia bautismal; arraiga más profundamente la filiación divina; une más fuertemente con Cristo y con su Iglesia; fortalece en el alma los dones del Espíritu Santo; *y concede una fuerza especial para dar testimonio de la fe cristiana»* (*Comp. CIC*, n. 268).

Por otra parte, lo que fue para Jesús su bautismo en el Jordán, fue para los Apóstoles la efusión del Espíritu Santo en Pentecostés. Al bautismo de Jesús siguió el inicio de su ministerio público en la fuerza del Espíritu Santo; a la efusión del Espíritu Santo en Pentecostés, los Apóstoles se lanzaron a dar testimonio de Jesús, al impulso del Espíritu Santo.

Hay, pues, un vínculo fuerte entre el bautismo de Jesús y la efusión de Pentecostés. Por tanto, también entre nuestro bautismo y nuestra confirmación. El *Compendio del Catecismo de la Iglesia Católica* afirma que «la Confirmación es la especial efusión del Espíritu Santo tal como sucedió en Pentecostés» (n. 268).

ORACIÓN

Señor Jesús:
Yo te pido que derrames sobre mí tu Santo Espíritu.
Según tu misión, bautízame con el Espíritu Santo.
Y tú, Espíritu de Dios, ven a mí,
¡hazme santo!
Lléname de tu presencia santificadora,
y pon en mí aquellos carismas que necesito
para vivir mi vida de hijo de Dios
y realizar la misión que Dios me ha señalado.

Capítulo II
LAS TENTACIONES MESIÁNICAS DE JESÚS
JESÚS VENCEDOR
Mc 1,12-13; Mt 4,1-11; Lc 4,1-13

1. Inmediatamente después del bautismo, los evangelistas sinópticos presentan a Jesús conducido por el Espíritu, que lo lleva al desierto. Lucas escribe: *«Jesús, lleno del Espíritu Santo, se volvió del Jordán, y era conducido por el Espíritu en el desierto»*.

2. Moisés pasó 40 días en la soledad de la montaña, cuando recibió la Ley de manos de Dios (Éx 24,18). Jesús ahora va a encontrarse en el desierto con Dios, durante cuarenta días en oración y ayuno, para reflexionar sobre la misión que le ha encomendado.

3. Durante su bautismo en el Jordán, Jesús ha percibido: 1º Que Él es «el Hijo amado» de su Padre, a la manera como Isaac lo fue para Abraham: su hijo único y amado, pero destinado a ser ofrecido en sacrificio. 2º Que Él desempeñará el oficio del profeta Siervo de Yahvé, que debe anunciar a su pueblo el mensaje de Dios, pero que también deberá sufrir para ser después glorificado.

4. Los evangelistas narran, en apretada síntesis, que el diablo se acercó a Jesús para ponerle tentaciones sobre la manera de llevar a cabo su misión de Mesías, proponiéndole un mesianismo diferente a la voluntad de Dios, esto es: un mesianismo político, glorioso y triunfante, en lugar de un mesianismo espiritual, en sumisión total al plan de Dios, como lo había intuido en el momento de su bautismo en el Jordán.

5. Marcos curiosamente dice que Jesús *«estaba entre los animales del campo y los ángeles le servían»* (Mc 1,13b). El primer detalle evo-

ca a Adán en la tranquilidad del paraíso (Gn 2): esto sugiere que Jesús es un nuevo Adán, y alude a la paz mesiánica (Is 11,6-9); el segundo: los ángeles que le servían son símbolo de la protección divina.

6. Las tentaciones a Jesús recuerdan también la tentación sufrida por Adán y Eva en el paraíso, y las tentaciones de los israelitas durante la travesía por el desierto.

PRIMERA TENTACIÓN

Para tentar al hombre, el diablo se vale de las circunstancias concretas en que se desarrolla la vida de un hombre, que trata de realizar el plan que Dios le asigna.

Jesús ha ayunado y tiene hambre; entonces el tentador le dice: *«Puesto que eres hijo de Dios, di a esta piedra que se convierta en pan»*. El diablo supone, por la escena del bautismo, que Jesús es el Mesías y que Dios le ha comunicado carismas de poder, y lo invita a que ejerza el carisma en provecho personal.

Satanás le propone una tentación de egoísmo y de abuso indebido de un don en beneficio propio, fuera del plan de Dios.

Jesús responde al diablo en un nivel superior, citando una palabra de la Escritura: *«El hombre vive, no sólo de pan, sino de toda palabra que sale de la boca de Dios»*. La referencia bíblica es Dt 8,3, el libro de las Palabras de Dios.

Siguiendo el impulso del Espíritu, Jesús está en el desierto en ayuno y en comunicación con Dios, recibiendo sus palabras. Eso es lo principal. El hambre física que sufre es natural, y la puede soportar o solucionar de forma natural, terminado el ayuno.

SEGUNDA TENTACIÓN

Nuevamente el diablo se dirige a Jesús-Mesías: *«Puesto que eres hijo de Dios, tírate abajo, porque está escrito: A sus ángeles te encomendará, y en sus manos te llevarán, para que no tropiece tu pie en piedra alguna»*. Tentación astuta, encubierta mediante un abuso de la Palabra de Dios (Sal 91,11-12). El diablo pone a Jesús una tentación de ostentación, de vanagloria y de imprudencia temeraria. Es una tentación contra su mesianismo humilde y obediente.

Jesús responde con una palabra nuevamente del Deuteronomio 6,16: «*No tentarás al Señor, tu Dios*». Los israelitas buscaban apoyo en otros dioses. Dios no quiere que se busquen auxilios fuera de los caminos trazados por Él.

TERCERA TENTACIÓN

El diablo se dirige a Jesús, con una tentación interior de proporciones gigantescas, proponiéndole poder, grandeza, riqueza y dominio, basada en una mentira: «*Te daré todo el poder y la gloria de estos reinos, porque a mí me ha sido entregada, y se la doy a quien quiero. Si, pues, me adoras, toda será tuya*» (Lc 4,6-7).

A la mentira refinada del diablo, Jesús responde con una orden tajante, y cita Dt 6,13: «*Apártate, Satanás, porque está escrito: "Al Señor tu Dios adorarás y sólo a Él darás culto"*». Israel sólo debe adorar a su Dios Yahvé y rendirle culto a Él, y a nadie más.

En la tercera tentación, Satanás quiere desviar a Jesús de su mesianismo de servicio a Dios, como humilde y obediente Siervo de Dios, y le ofrece un mesianismo de poder, gloria y dominio universal, a nivel humano; y, lo que es más, le sugiere que le rinda culto como a Dios.

Terminadas las tentaciones, el diablo se retiró. Lucas agrega: «*Hasta un tiempo oportuno*». Ese tiempo oportuno será cuando Jesús inicie su pasión en Getsemaní (Lc 4,13; 22,3.53).

En resumen, las tentaciones a Jesús son en su calidad de «hijo de Dios = Mesías». El diablo quiso destruir el plan espiritual de Dios, cambiándolo por un plan meramente humano. Aun cuando Jesús estuvo exento de pecado, pudo conocer seducciones exteriores; era necesario que fuera tentado para llegar a ser nuestro jefe (Heb 2,10.17-18; 4,15).

El *Compendio del Catecismo de la Iglesia Católica* escribe: «Las tentaciones de Jesús en el desierto recapitulan la de Adán en el paraíso y las de Israel en el desierto. Satanás tienta a Jesús en su obediencia a la misión que el Padre le ha confiado. Cristo, nuevo Adán, resiste, y su victoria anuncia la de su pasión, en la que su amor filial dará suprema prueba de obediencia» (*Comp. CIC*, n. 106).

ACTUALIZACIÓN

Las tentaciones en mi vida

La táctica del diablo respecto de nosotros será siempre desviarnos del camino querido por Dios y ponernos trabas en el empeño por nuestra santificación. Nos hará proposiciones en la misma línea de nuestra misión, pero mostrándonos caminos inadecuados que nos hagan fracasar.

Serán tentaciones de egoísmo, uso indebido de nuestras capacidades, soberbia, orgullo, vanagloria, temeridad, etcétera; en definitiva, no seguir el plan de Dios, sino hacer nuestra propia voluntad. Como en el caso de Jesús, el Espíritu Santo, presente en nosotros, nos da luz y nos proporciona la fortaleza necesaria para vencer las tentaciones del demonio y caminar por los senderos de Dios.

ORACIÓN

Señor Jesús:

Tú quisiste someterte a la tentación,
pero saliste victorioso de ella.
Tú eres para nosotros el ejemplo.
Te pedimos, Señor, tu protección constante
para salir victoriosos en las tentaciones
que nos asechen a lo largo de la vida.

Padre:

Elevamos confiadamente
hacia ti nuestra plegaria:
«No nos dejes caer en la tentación
y líbranos del Mal».
Amén.

Capítulo III
LA PROCLAMACIÓN DEL REINO DE DIOS
JESÚS, MESÍAS Y PROFETA

I. PRIMEROS DÍAS DEL MINISTERIO DE JESÚS

Los evangelios no cuentan con exactitud los acontecimientos de la vida de Jesús, después de su estancia en el desierto. Solamente podemos recoger estos datos.

1. El Cuarto Evangelio nos informa que, antes de que Juan fuera puesto en la cárcel, mientras éste bautizaba en Ainón, Jesús ejercía también en Judea el ministerio de bautizar (Jn 3,22-24).

2. Al saber Jesús que Juan el Bautista había sido entregado y puesto en la cárcel, se marchó a Galilea (Mt 4,12; Mc 1,14). Lucas subraya que *«Jesús volvió a Galilea en la fuerza del Espíritu»* (Lc 4,14). El Espíritu Santo, que descendió sobre Él en el Jordán y que lo condujo durante los días pasados en el desierto, ahora lo impulsa para que vuelva a Galilea.

3. Al llegar a Galilea, dejó Nazaret (Mt 4,13). Esto significa que Jesús hizo un cambio radical de vida: cerró su taller, dejó su casa, salió de su pueblo, renunciando a la vida modesta pero tranquila en su pequeña aldea. Hace una opción radical de pobreza (Lc 9,57-62; Mt 6,25-34) y va a emprender un género de vida diferente.

4. Bajó, luego, Jesús y se estableció en Cafarnaúm, ciudad comercial a la orilla noroeste del Lago de Tiberíades. Para Mateo, este cambio de residencia respondía al plan divino y se cumplía así una profecía de Isaías (Mt 4,13-16; Is 8,23-9,1).

II. LA PROCLAMACIÓN DEL «EVANGELIO DEL REINO»

A partir de entonces, comenzó Jesús a «proclamar el Evangelio de Dios», es decir, la Buena Nueva que Dios le encomendaba comunicar. Es Marcos quien nos entrega el texto más rico de la proclamación inicial de Jesús:

> *«¡El tiempo se ha cumplido!*
> *¡El reino de Dios está cerca!*
> *¡Convertíos!*
> *¡Creed en el evangelio!»* (Mc 1,15).

Cuatro elementos integran el grito inaugural y el mensaje central de la primera predicación de Jesús. Los dos primeros se refieren a Dios y a su plan de salvación: ha sonado la hora de Dios para proclamar al mundo la gran noticia de la llegada de su reinado, la hora de la salvación; los otros dos elementos revelan lo que el hombre debe hacer al escuchar ese mensaje, a saber: convertirse a Dios y creer.

1. «¡El tiempo se ha cumplido!»

Dios ha fijado, desde la eternidad, un tiempo, una hora, un hoy, para enviar la salvación a los hombres, por medio de Jesús de Nazaret. Con frecuencia, Jesús utilizaba la expresión «hoy» para hablar de esos tiempos providenciales de Dios:

> *«Hoy os ha nacido un Salvador»;*
> *«Hoy se ha cumplido esta Escritura»;*
> *«Es preciso que hoy permanezca yo en esta casa»;*
> *«Hoy ha llegado la salvación a esta casa»;*
> *«Hoy estarás conmigo en el paraíso».*

En el camino de nuestra vida, un momento trascendental es cuando Dios –que nos busca siempre con amor de Padre– nos hace percibir que ha llegado para nosotros, para mí, un «hoy», un «tiempo», un «ahora» de salvación, determinado por Él desde la eternidad.

2. «¡El reino de Dios está cerca!»

Los Libros Sagrados proclaman frecuentemente que Dios, es el Rey soberano de toda la creación, que reinará sobre Israel y será el Señor de todos los pueblos (Sal 47; Is 44,6; Za 14,9). Dios reinará desde Jerusalén sobre toda la tierra (Za 14,9). Dios reinará a través del Mesías, descendiente de David (Ez 34,24; Dn 7,13-14). En Daniel, Dios entrega el reino eterno al Hijo del hombre, representante de los santos del Altísimo (Dn 7,13.27).

En la literatura del judaísmo del s. I se esperaba que Dios suscitara un rey davídico que reinara en Israel, purificara a Jerusalén de los gentiles, expulsara a los pecadores, machacara a las naciones impías, juzgara a los pueblos y naciones. Vendrían las gentes a contemplar su gloria; sería un rey justo; estaría limpio de pecado para gobernar un gran pueblo... Tal es la majestad del rey de Israel (Salmo 17 de Salomón).

En la predicación de Jesús, el tema central es el reino de Dios o el reinado de Dios, y es presentado como *un acontecimiento inminente* (Mc 1,15) o como *una realidad ya presente y operante* (Lc 17,21), o como *un acontecimiento escatológico* (Mt 25,31). Será también *un reino universal, destinado a todas las naciones* (Mt 25,32).

La esencia del mensaje de Jesús consiste en que Dios quiere reinar en su pueblo y en el mundo entero. Pero Él no impone por la fuerza su reinado, sino que lo ofrece como un don: *«A vosotros se os ha dado el conocer los misterios del reino de los Cielos»* (Mt 13,11).

El reinado de Dios es un regalo del Padre, a través de Jesús, en el poder del Espíritu Santo: *«Si por el Espíritu de Dios expulso yo los demonios, es que ha llegado a vosotros el reino de Dios»* (Mt 12,28).

El hombre es libre para recibir ese reinado de Dios con gratitud y como gracia, o para rechazarlo: *«Envió sus siervos a llamar a los invitados, pero no quisieron venir»* (cf. Mt 22,2-7).

La noción del reino de Dios es muy rica; pero, por lo mismo, compleja y difícil de sintetizar. El reino es una realidad misteriosa, que exige requisitos para entrar en él; por eso, por una parte, todos están invitados; pero, por otra, el reino de Dios es sólo de aquellos que lo aceptan con sus exigencias:

- El reino de Dios es como una semilla lanzada a la tierra, que puede caer en terreno fértil o en lugar infecundo (Mt 13,3-9).
- Es como un grano pequeño de mostaza, pero que se puede convertir en gran arbusto (Mc 4,30-32).
- Es como un tesoro escondido o una perla de gran valor (Mt 13,44-46).
- Es como un banquete de bodas al que se es invitado (Mt 22,1-10).

— Es como recibir talentos, que deben ser trabajados para que produzcan fruto (Mt 25,14-30).
— Es un reino escatológico, en el que Jesús será el juez universal (Mt 25,31-46).

Para entrar y perseverar en el reino de Dios hay que hacer la voluntad del Padre; hay que ser sencillo y humilde; hay que ser valiente y esforzado; hay que sentirse pobre de espíritu; hay que ser misericordioso y compasivo.

3. «¡CONVERTÍOS!»

«¡Convertíos!» es la exclamación clásica de los profetas de Israel:

Oseas:

> «¡Vuelve, Israel, a Yahvé tu Dios,
> pues has tropezado por tus culpas...!
> ¡Volved a Yahvé. Decidle:
> ¡Quita toda culpa, toma lo que es bueno;
> y en vez de novillos te ofreceremos nuestros labios!» (Os 14,2-3).

Jeremías:

> «¡Volved, hijos... Yo remediaré vuestras apostasías!».
> —«Aquí nos tienes de vuelta a ti,
> porque tú, Yahvé, eres nuestro Dios» (Jr 3,22).

Isaías:

> «Lavaos, limpiaos, quitad vuestras fechorías
> de delante de mi vista, desistid de hacer el mal,
> aprended a hacer el bien, buscad lo justo,
> dad sus derechos al oprimido,
> haced justicia al huérfano, abogad por la viuda».
> «Venid, pues, y disputemos —dice Yahvé—.
> Aunque fueren vuestros pecados como la grana,
> cual la nieve blanquearán.
> Y aunque fueren rojos como el carmesí,
> cual la lana quedarán» (Is 1,16-18).

Isaías:

> «Recuerda esto, Jacob, y que eres mi siervo, Israel.
> Yo te he formado, tú eres mi siervo,
> Israel, yo no te olvido.

*He disipado como una nube tus rebeldías,
como un nublado tus pecados.
¡Vuélvete a mí, pues yo te he rescatado!»* (Is 44,21-22).

Ante la venida del reino de Dios, Jesús invita a todos a la conversión. Convertirse es, ante todo, volver, regresar, retornar a Dios, que nos ha creado y que es nuestro Padre; es también cambiar de mentalidad. La conversión nos pide que nos acerquemos a Dios y que dejemos la vida de pecado. No hay que temer, pues nuestro Dios es compasivo y misericordioso, y espera nuestro retorno a Él.

4. «¡CREED EN EL EVANGELIO!»

Jesús pide, además, que creamos en su palabra; que tengamos fe en Él. La fe no es únicamente aceptar un enunciado intelectual, sino entregarse personal y confiadamente a Dios, a Jesús, al Espíritu Santo. El Evangelio, la Buena Noticia de Dios es, en primer lugar, Jesús mismo: debemos creer en Él, confiar en Él, entregarnos a Él; y luego, escuchar y acoger todo cuanto Él va a enseñar (Mt 28,19).

ACTUALIZACIÓN

EL REINADO DE DIOS EN MI VIDA

En nuestro camino hacia la santidad, un día importante y un momento decisivo es aquel cuando Dios nos hace sentir, a través de Jesús y en el poder del Espíritu Santo, qué desea el rey de nuestra vida personal.

Dios quiere ser el Señor de nuestra existencia. Él, que nos ha creado, desea también ser nuestro «rey» y guiarnos por los senderos de la vida. Pero nos pide que aceptemos su reinado libremente y con amor.

¿Le daré yo cabida en mi vida? ¿Le abriré la puerta de mi espíritu y de mi corazón? Dios quiere ser rey: en mi vida personal, en mi familia, en mi trabajo; rey de mi profesión y de mis bienes; rey de mi cuerpo y de mi alma; rey de mi presente y de mi porvenir; rey en esta vida y en la eternidad.

ORACIÓN

Señor Jesús:

¡Hoy es para mí un «tiempo de salvación»;
este día es una hora señalada en tu providencia!
Hazme oír tu invitación personal.
Te suplico que establezcas en mí
tu reinado de amor y de paz.
Concédeme la gracia de la conversión.
Quiero volver a ti, que eres mi Creador.
Infunde en mí una gran fe para escuchar
y aceptar tu Evangelio.

Dame, Jesús, tu Espíritu Santo,
que me comunique su gracia y sus carismas
para que yo pueda ir en pos de la santidad
y que tú realices en mí tu plan de salvación.
Gracias, Señor.

Capítulo IV
LA MISIÓN LIBERADORA DE JESÚS
JESÚS LIBERADOR

I. PUNTO DE PARTIDA (Lc 4,14-22)

Jesús ha predicado la venida del reino de Dios. Es su función mesiánica. El reinado de Dios echa fuera el reinado de Satanás con sus consecuencias de pecado, de dolor y de muerte.

El evangelio de Lucas dice que *«Jesús se volvió a Galilea por la fuerza del Espíritu, y su fama se extendió por toda la región. Él iba enseñando en sus sinagogas, alabado por todos»* (Lc 4,14-15).

En seguida, el evangelista traslada a Jesús a Nazaret, y, durante una liturgia sinagogal, Jesús presenta su misión profético-liberadora, partiendo del oráculo de Is 61,1-3:

«El Espíritu del Señor Yahvé está sobre mí,
porque me ha ungido.
Me ha enviado:
– a evangelizar a los pobres;
– a vendar los corazones desgarrados;
– a pregonar la liberación a los cautivos
y a los prisioneros la libertad;
– a proclamar el año de misericordia de Yahvé;...
– a consolar a todos los que lloran,
para darles diadema en vez de ceniza,
aceite de gozo en vez de vestido de luto,
alabanza en vez de espíritu abatido»
(Is 61,1-3a - Texto hebreo)

Al terminar la lectura, enrolló el volumen y lo devolvió al ministro; luego se sentó para hacer la interpretación del texto profético, y dijo: «*¡Esta Escritura, que acabáis de oír, se ha cumplido HOY*».

Aquel sábado de Nazaret debió de haber sido espléndido por las «palabras de sabiduría» con las que Jesús proclamó la venida del reino de Dios, y por «las obras de poder», con que el Señor manifestó que efectivamente el reinado de Dios se hacía presente. Sin embargo, Lucas no ha narrado nada.

II. LA ACTIVIDAD LIBERADORA DE JESÚS

1. Según el evangelio de Lucas

A partir del «sábado de Nazaret», Jesús comenzó a desplegar una «actividad liberadora» extraordinaria, sanando enfermos y salvando pecadores. Día a día continuaba realizando la profecía de Isaías. Y Lucas comenta: *Todos daban testimonio de Él y estaban admirados de las palabras llenas de gracia que salían de su boca*. Poco después la gente exclamaba: «*¡Qué palabra es ésta: Manda con autoridad y poder a los espíritus inmundos, y salen!*» (Lc 4,36).

2. En los evangelios de Marcos y Mateo

La actividad liberadora de Jesús aparece claramente también al principio de los evangelios de Marcos y Mateo.

Marcos presenta a Jesús, en el primer día de su actividad mesiánica en Cafarnaúm, liberando a un hombre poseído por un espíritu inmundo, sanando a la suegra de Simón y curando a muchos: «*Al atardecer, a la puesta del sol, le trajeron todos los enfermos y endemoniados... Jesús curó a muchos que se encontraban mal de diversas enfermedades y expulsó muchos demonios*» (Mc 1,21-34).

Mateo, por su parte, escribe: «*Recorría Jesús toda Galilea, enseñando en sus sinagogas, proclamando la Buena Nueva del reino y curando toda enfermedad y toda dolencia en el pueblo... Le trajeron todos los que se encontraban mal con enfermedades y sufrimientos diversos, endemoniados, lunáticos y paralíticos, y los curó*» (Mt 4,23-24).

Al recorrer las páginas de los evangelios encontramos una «exposición» rica e impresionante de «acciones liberadoras» de Jesús de Nazaret. Él libera de las cadenas del demonio, perdona los pecados, cura enfermedades corporales, sana conflictos sicológicos, e inclusive vuelve la vida a algunos muertos.

Sin embargo, la «misión fundamental» de Jesús queda definida y sintetizada en la primera frase de la profecía isaiana: «*Me ha enviado a evangelizar a los pobres*». Pobres son los que no tienen nada, pero también los de corazón desgarrado, los cautivos en su sicología enferma, los presos en sus cárceles espirituales, los tristes y abatidos y sobre todo los pecadores.

Jesús hizo una opción. Él había aceptado la invitación a un banquete donde se encontraban muchos «*publicanos*», a quienes se consideraba «*pecadores*» porque, al tener que tratar con los romanos o con la corte del rey Herodes, se contaminaban y quedaban «*impuros*». Los fariseos y los escribas estaban escandalizados de la libertad con que Jesús actuaba y lo criticaban. A todo lo cual Jesús respondió: «*No tienen necesidad de médico los sanos, sino los enfermos. No he venido a llamar a conversión a los justos, sino a los pecadores*» (Lc 5,31-32).

III. ALGUNAS ACCIONES LIBERADORAS DE JESÚS

Lucas escribe lacónicamente, pero de manera impresionante: «*El poder del Señor le hacía* (a Jesús) *obrar curaciones*» (Lc 5,17b). Y más adelante: «*Toda la gente procuraba tocarle, porque salía de Él una fuerza que sanaba a todos*» (Lc 6,19). Y Jesús mismo exclamó en una ocasión: «*Alguien me ha tocado, porque he sentido que una fuerza ha salido de mí*» (Lc 8,46).

La actividad liberadora de Jesús toca todos los ámbitos de la persona humana: sana al hombre de Satanás y de sus influencias, lo salva de sus pecados, lo cura de sus enfermedades corporales, lo libera de sus conflictos sicológicos internos y finalmente lo desata de las cadenas de la muerte.

1. *Jesús libera a los oprimidos por el demonio*: a un hombre en la sinagoga de Cafarnaúm (Mc 1,21-28; Lc 4,31-37); a una mujer encorvada (Lc 13,10-17).

2. *Jesús salva del pecado*: sana a una pecadora pública (Lc 7,36-50); pronuncia tres parábolas de misericordia (Lc 15,4-32; 18,9-14); salva a Zaqueo: «*Hoy la salvación ha llegado a esta casa*» (Lc 19,1-10); brinda el perdón: al siervo del Sumo Sacerdote en el huerto de Getsemaní (Lc 22,51); a Pedro, que lo había negado (Lc 22,61-62); a los verdugos que lo crucificaron (Lc 23,34); al ladrón arrepentido (Lc 23,42-43).

3. *Jesús cura enfermedades corporales*: sana a un leproso (Mc 1,40-42); al paralítico de la piscina de Bethesdá (Jn 5,1-18); al ciego de nacimiento (Jn 9,1-41).

4. *Jesús realiza sanaciones interiores*: sana a María Magdalena de su situación interior y espiritual (Lc 8,1-2); sana de sus conflictos a la adúltera, condenada a la lapidación (Jn 8,1-11).

5. *Jesús libera de la muerte*: a la hija de Jairo (Mc 5,21-43; Mt 9,18-26; Lc 8,40-56); al hijo de una viuda de Naín (Lc 7,11-17); y a Lázaro (Jn 11,1-44).

IV. JESÚS, MISERICORDIA DE DIOS

Al contemplar a Jesús tan lleno de poder que con sólo una palabra sana a los enfermos, pero también tan humano y compasivo que perdona y salva a los pecadores, viene a la mente su recomendación: «¡*Sed misericordiosos, como vuestro Padre es misericordioso!*» (Lc 6,36).

Jesús fue la misericordia y la compasión de Dios en persona. Jesús es el rostro misericordioso del Padre. La misericordia de Jesús es la misericordia del Padre; y la misericordia del Padre es la misericordia de Jesús.

ACTUALIZACIÓN

Jesús es mi salvador y mi liberador

En cierta ocasión dijo Jesús: «*Yo soy el buen pastor. El buen pastor da su vida por sus ovejas: Yo he venido para que tengan vida y la tengan en abundancia*» (Jn 10,10-11).

En nuestro camino hacia la santidad necesitamos constantemente, día tras día, ser liberados, salvados y fortalecidos por el Señor. Así nos lo enseña Jesús en la oración dominical, que recitamos todos los días.

La misión de Jesús es dar vida, iluminar, sanar, liberar, perdonar, salvar al hombre en la totalidad de su ser. Sólo una cosa nos pide: «¡*Convertíos y creed!*». Todos estamos necesitados. Todos somos enfermos de cuerpo o de alma. Somos débiles y pecadores. ¿Por qué no volvemos y regresamos a Jesús este mismo día? ¿Por qué no nos convertimos y creemos en Él para ser sanados en el cuerpo o en el alma? Desde hace unos años se dice que Jesús obra «sanaciones corporales o físicas», pero también se habla de «sanación interior». Una y otra aparecen urgentes todos los días.

Jesús nos conoce. Sabe de qué barro hemos sido formados. El evangelio comenta: *«Él no tiene necesidad de que se le dé testimonio acerca de los hombres, pues conoce lo que hay en el hombre»* (Jn 2,25). Y en otra ocasión Él mismo descubrió el tremendo problema de corrupción que existe en el interior del hombre, pero que afortunadamente Él puede resolver. Él dijo:

«Lo que sale del hombre, eso es lo que contamina al hombre. Porque de dentro, del corazón de los hombres, salen las intenciones malas: fornicaciones, robos, asesinatos, adulterios, avaricias, maldades, fraude, libertinaje, envidia, injuria, insolencia, insensatez. Todas estas perversidades salen de dentro y manchan al hombre» (Mc 7,20-23).

Al reconocernos a nosotros mismos en este retrato, lejos de desalentarnos y alejarnos del Señor, oigamos la invitación que Él nos hace: *«¡Venid a mí todos los que estáis fatigados y sobrecargados, y yo os daré descanso!»* (Mt 11,28).

¿De qué le pediré a Jesús que me libere hoy?

– ¿De alguna enfermedad corporal?
– ¿De alguna carga de pecado?
– ¿De alguna esclavitud sicológica o espiritual?
– ¿De algún problema emocional que me atormenta?
– ¿De alguna cadena que me ata?
– ¿De alguna situación angustiosa que me deprime?
– ¿De algún problema material, moral o espiritual que me acongoja?
– ¿Acaso de muerte espiritual?

ORACIÓN

Señor Jesús:
Aquí estoy frente a ti en este día.
Mírame y ten compasión de mí.
Quiero caminar por los senderos de la santidad.
Libérame de la esclavitud del pecado.
Obra en mí una plena sanación interior.
Dame la salud de alma y cuerpo
para poder servirte mejor.
Sáname, cúrame, restabléceme.
Yo confío en ti, mi Señor y mi Dios.
Glorifica, Jesús, a tu Padre en mí.
Repite hoy los prodigios que hiciste ayer.
¡Aquí estoy, Señor, tú sabes que te amo!

ORACIÓN PARA PEDIR SANACIÓN INTERIOR

El hombre es un misterio de complejidad. A veces adolece de enfermedades corporales, a veces de enfermedades síquicas, a veces de enfermedades espirituales.

Más aún, hay casos en que las enfermedades corporales son consecuencia de latentes desequilibrios síquicos, los cuales a su vez son o simple secuela de una naturaleza afectada por el pecado de origen, o doloroso efecto de pecados personales cometidos en el pasado.

Y, ¿por qué no aceptar también que algún desequilibrio corporal o síquico sea provocado a veces por fuerzas superiores al hombre, que el Evangelio presenta sin rodeos como influencias diabólicas o inclusive posesión de Satanás?

Pues bien, una simple enfermedad corporal puede ser tratada por la medicina; un sencillo desajuste sicológico, por la sicología; un desequilibrio más profundo, por la siquiatría.

Pero, ¿cómo solucionar los grandes conflictos de determinada persona, cuando éstos tienen como raíz una causa de otro orden, localizada algunas veces en la conciencia (como en el caso de pecados personales) y otras en la subconciencia? Y, ¿qué pensar si es una fuerza diabólica la que esclaviza y está causando el mal? (cf. Pablo VI, *Catequesis semanal*. 15 de noviembre de 1972).

Con frecuencia, para cancelar desequilibrios de orden moral no basta la confesión sacramental. Es cierto que, ante todo, hay que recibir el sacramento del perdón, que el Señor ha puesto bondadosamente a nuestro alcance. Con la recepción del sacramento de la reconciliación los pecados quedan perdonados.

Pero, con frecuencia, quedan desajustes profundos en el ser humano: en su espíritu, en su alma y en su cuerpo, cuyas manifestaciones pueden ser, entre otras:

- ausencia de paz profunda y auténtica,
- tristeza, al parecer, innata,
- inclinaciones tenaces y molestas al pecado,
- sentido humillante de culpabilidad,
- escrúpulos insoportables,
- pensamientos obsesivos,
- rebeldías fuertes y constantes,
- temores persistentes,
- resentimientos, odios y rencores muy difíciles de extirpar,
- inestabilidad emocional permanente,
- recuerdos desagradables imposible de olvidar,
- deseos inconscientes de venganza,
- sentimientos ocultos de vergüenza,
- cansancio y hastío de la vida,
- insatisfacción radical de la propia existencia,
- deseos imperiosos de suicidio.

Éste es el campo de la sanación interior.

Dios Padre misericordioso, por Cristo nuestro Señor, y en el poder del Espíritu Santo, pueden obrar en nuestro interior el milagro sorprendente de una sanación interior, si se la pedimos con fe y con confianza, con entrega y con constancia, con humildad y con acción de gracias. El Señor Jesús, que dio su vida para nuestra liberación, puede en un instante, al contacto de su sangre redentora, expiatoria y salvadora, obrar un prodigio de purificación radical y ajustar los desequilibrios que haya en nuestra naturaleza, herida o por el pecado original o por faltas personales.

El Salmo 103,3.11-14 proclama:

«Él perdona todas tus culpas, y cura tus dolencias...
Como se alzan los cielos por encima de la tierra,
así de grande es su amor para quienes le temen.
Tan lejos como está el oriente del ocaso,
aleja Él de nosotros nuestras rebeldías.
Como la ternura de un padre con sus hijos,
así de tierno es el Señor para quienes le temen;
porque Él sabe de qué estamos plasmados
y se acuerda de que somos polvo».

CAPÍTULO V
DISCÍPULOS Y APÓSTOLES
ENVIADOS POR JESÚS

I. LOS PRIMEROS DISCÍPULOS (Mc 1,17-18; Mt 4,19-20)

Jesús no fue un maestro solitario. Marcos y Mateo nos cuentan que, inmediatamente después de lanzar su grito inaugural acerca de la venida del reino de Dios, Jesús, bordeando el mar de Galilea, llamó a sus cuatro primeros compañeros en vistas ya de una misión de salvación: «*¡Venid conmigo y os haré llegar a ser pescadores de hombres!*». Y ellos, al instante, dejando las redes lo siguieron. Fueron Simón y Andrés, Santiago y Juan.

Se trata de un primer llamamiento para seguir a Jesús y ser sus compañeros de misión. No es cuestión todavía de la institución formal del grupo de los Doce; ésa vendrá más tarde (Mc 3,13-19). Esta reflexión es importante, pues, siendo así, el pasaje de Jesús, que a orillas del lago de Tiberíades llama a sus primeros compañeros, puede aplicarse al llamamiento que recibe todo aquel que sigue a Jesús, como discípulo-laico, sin pertenecer necesariamente al grupo de los dirigentes de la Iglesia. Su misión será seguirle y participar de su misión de ser «pescadores de hombres».

II. EL GRUPO DE LOS DOCE (Mc 3,13-19; Lc 6,12-16)

El día en que Jesús llamó a sus discípulos y escogió de entre ellos a Doce, y los constituyó como el grupo de los Apóstoles, fue de singular importancia tanto en la vida ministerial de Jesús como para su futura Iglesia.

Lucas subraya esta importancia, notando que *«Jesús se fue al monte a orar, y se pasó la noche en la oración de Dios. Y cuando se hizo de día, llamó a sus discípulos, y eligió a Doce entre ellos»* (Lc 6,12). A la luz del Espíritu, que lo guiaba y lo conducía, Jesús debió de pensar en cada uno de los candidatos, que serían más tarde «los Enviados», es decir, «los Doce Apóstoles».

Marcos, por su parte, escribe: *«Subió al monte y llamó a los que Él quiso, y vinieron donde Él. E instituyó Doce para que estuvieran con Él y para enviarlos a predicar y tener autoridad para expulsar a los demonios»* (Mc 3,13-19). La finalidad de la elección fue doble: vivir cerca de Jesús (para aprender de Él), y luego ser enviados a realizar la misma misión: predicar el reino de Dios y echar fuera el reinado de Satanás con sus consecuencias.

Sus nombres son: Simón-Pedro, Santiago, Juan, Andrés, Felipe, Bartolomé, Mateo, Tomás, Santiago de Alfeo, Tadeo, Simón el Cananeo y Judas Iscariote.

Sabemos, por la fe, que ese grupo continúa en la Iglesia, hasta el día de hoy, en la persona del Sumo Pontífice, sucesor de Pedro, y en los Obispos, sucesores de los Apóstoles. A este respecto, la Constitución Dogmática *Lumen Gentium* enseña:

> «Jesucristo, Pastor eterno, edificó la santa Iglesia enviando a sus Apóstoles, lo mismo que Él fue enviado por su Padre (Jn 20,21), y quiso que los sucesores de aquéllos, los Obispos, fuesen los pastores en su Iglesia hasta la consumación de los siglos. Pero, para que el mismo Episcopado fuese uno solo e indiviso, puso al frente de los demás Apóstoles al bienaventurado Pedro e instituyó en la persona del mismo el principio y fundamento, perpetuo y visible, de la unidad de fe y de comunión» (*LG* 18).

III. LOS SETENTA Y DOS ENVIADOS (Lc 10,1-20)

Otro pasaje evangélico importante para la acción evangelizadora en la Iglesia es aquel donde Lucas narra que Jesús envió a predicar a otros setenta y dos discípulos, que no pertenecían al grupo de los Doce, siendo, por decirlo así, creyentes laicos; los mandó de dos en dos delante de sí, a todas las ciudades y sitios a donde Él había de ir, y les dijo:

> *«La mies es mucha, pero los obreros pocos. Rogad, pues, al Dueño de la mies que envíe obreros a su mies... Curad a los enfermos que haya y decid-*

les: *El reino de Dios está cerca de vosotros... Quien a vosotros os escucha, a mí me escucha; y quien a vosotros os rechaza, a mí me rechaza; y quien me rechaza a mí, rechaza al que me ha enviado»* (Lc 10,2-16).

Y regresaron los setenta y dos alegres, diciendo: «*Señor, hasta los demonios se nos someten en tu nombre»* (Lc 10,17). Entonces Él les dijo:

«*Yo veía a Satanás caer del cielo como un rayo. Mirad, os he dado el poder de pisar sobre serpientes y escorpiones, y sobre todo poder del enemigo, y nada os podrá hacer daño. Pero no os alegréis de que los espíritus se os sometan; alegraos de que vuestros nombres estén escritos en los cielos»* (Lc 10,18-20).

En resumen, gracias a su predicación con autoridad y a su poder taumatúrgico, Jesús fue seguido, en poco tiempo, por un considerable número de discípulos.

Pasado un tiempo, eligió, de entre ellos, a Doce, instituyendo un grupo particular de discípulos. El número de Doce es simbólico: anuncia el nuevo Pueblo de Dios que Jesús iba a fundar. Se daba, así, el fundamento de la futura Iglesia de Jesús, formada por todos los creyentes, entre los cuales el Señor establece un grupo de responsables inmediatos.

Poco más tarde, Jesús envió a otros setenta y dos discípulos a predicar la venida del reino de Dios y a liberar a los oprimidos por el demonio y sanar a los enfermos. Estos setenta y dos discípulos no pertenecieron al grupo de los Doce, y se puede ver en ellos a los creyentes-laicos, a quienes el Señor llama a la misma tarea evangelizadora.

IV. EN LA IGLESIA DE LOS PRIMEROS TIEMPOS

Después del nacimiento de la Iglesia en Pentecostés, llegó un día en que no bastó el grupo de los Doce para hacer frente a todas las necesidades de evangelización. Surgió entonces el grupo de los siete ministros de Jerusalén (Hch 6,1-6); vino luego Pablo (Hch 9,1-19); más tarde, un grupo de creyentes dejó la Ciudad Santa, debido a la persecución que siguió a la muerte de Esteban, y llegaron a Antioquía de Siria. Los Hechos hablan de «*chipriotas y cirenenses, que hablaban también a los griegos y les anunciaban la Buena Nueva del Señor Jesús. La mano del Señor estaba con ellos, y un crecido número recibió la fe y se convirtió al Señor»* (Hch 11,20-21). Aparece nuevamente un grupo de discípulos, creyentes laicos, que evangelizan a los griegos, en Antioquía.

V. EN LAS IGLESIAS PAULINAS

En las epístolas de san Pablo aparecen numerosos creyentes-laicos que colaboraban con el Apóstol en la evangelización del mundo de los gentiles (Rom 16,1-16.21-23).

Esta diversidad de evangelizadores obedece a la variedad de carismas, ministerios y funciones que el Espíritu Santo comunica gratuitamente para construir la Iglesia. La primera Epístola del Apóstol a los corintios expone ampliamente el importante y actual tema de los «carismas», que el Espíritu Santo otorga a los creyentes: varones y mujeres, casados y célibes, para que cada cual trabaje en la edificación de la Iglesia (1 Cor 12-14). Es «la Iglesia de comunión», de la que se habla en la actualidad con especial énfasis.

ACTUALIZACIÓN

Santidad y misión de los laicos en la tarea evangelizadora

El Concilio Vaticano II, en su Decreto *Apostolicam Actuositatem* sobre el Apostolado de los Laicos, dio un gran impulso al laicado de la Iglesia para que tomara conciencia de la misión activa que le corresponde por el hecho de ser cristianos (San Pedro, 18 de noviembre de 1965).

Ese llamamiento de los laicos al apostolado fue confirmado por la Exhortación Apostólica *Christifideles Laici* de S.S. Juan Pablo II, sobre la vocación y misión de los Laicos en la Iglesia y en el Mundo, promulgada el 30 de diciembre de 1988.

S.S. Juan Pablo II, en muchos momentos de su Pontificado, quiso retomar el tema de la tarea que incumbe a los laicos en la evangelización del mundo de hoy. Baste recordar la alocución del Papa dirigida a los trescientos mil representantes de «los movimientos eclesiales, fruto de la primavera de la Iglesia, anunciada por el Concilio», en la tarde de la víspera de Pentecostés, el 30 de mayo de 1998. El Santo Padre clamaba:

«Hoy, en este cenáculo de la plaza de San Pedro, se eleva una gran oración: "Ven, Espíritu Santo! ¡Ven y renueva la faz de la tierra! ¡Ven con tus siete dones! ¡Ven, Espíritu de vida, Espíritu de verdad, Espíritu de comunión y de amor! La Iglesia y el mundo tienen necesidad de ti. ¡Ven, Espíritu Santo, y haz cada vez más fecundos los carismas que has concedido! Da nueva fuerza e impulso misionero a estos hijos e hijas tuyos aquí reunidos. Ensancha su corazón y reaviva su compromiso cristiano en el mundo. Hazlos mensajeros valientes del Evangelio, testigos de Jesucristo resucitado, Redentor y Salvador del hombre. Afianza su amor y su fidelidad a la Iglesia"».

ORACIÓN

Jesús:
Aquí estamos. Tú nos has llamado
para ser tus misioneros y proclamar
en el mundo entero el testimonio del Evangelio.
Envíanos a donde tú quieras.
Sabemos que tú estás con nosotros,
todos los días, hasta el final de los tiempos.

Envía sobre nosotros tu Santo Espíritu;
úngenos y satúranos de tu Espíritu.
Y tú, Espíritu Santo, llénanos de tu presencia,
de tus dones y carismas.
Haznos santos e invítanos a trabajar
en la hermosa tarea de la evangelización
del reino de Dios y de la santificación de los hombres,
llevando el testimonio de Jesús
hasta los confines de la tierra.

Capítulo VI
EL ESPÍRITU SANTO, FUENTE DE AGUA BROTANTE DE VIDA ETERNA
Jn 4,6-26

El evangelista Juan coloca, al inicio del ministerio de Jesús, después de la primera Pascua pasada en Jerusalén, en el año 28, una escena importante de revelación: el diálogo de Jesús con la mujer samaritana (Jn 4,6-26).

Jesús había dejado Judea y se dirigía a Galilea, y el evangelista agrega: *«pero le era preciso pasar por Samaría»* (v. 4). El verbo *«es preciso»* denota un designio de Dios. Jesús debe pasar por Samaría, porque eso entra en el plan divino, es la voluntad de su Padre. Llega, pues, a una ciudad de Samaría, llamada Sijar, cerca de la heredad que dio Jacob a José su hijo. Allí estaba la fuente de Jacob.

El lugar está lleno de recuerdos bíblicos. El sitio tuvo gran importancia religiosa y política. Por allí pasó Abraham y erigió un altar a Yahvé. Jacob compró esa tierra y la dio a los hijos de José. Los restos de José fueron enterrados en una parcela de esos campos. En tiempos de Josué se celebró, entre el Ebal y el Garizím, la gran asamblea para renovar la Alianza. En Siquem se congregó todo Israel para proclamar rey a Roboam, pero fue allí también donde se inauguró el reino de Israel con Jeroboam. Sobre el Garizím los samaritanos, tal vez desde tiempos de Nehemías, habían erigido para adorar a Dios un altar, que fue profanado por Antíoco Epifanés y destruido por Juan Hircano en 129.

En este magnífico teatro se lleva a cabo una de las más hermosas escenas del ministerio de Jesús. Se entabla un diálogo entre Jesús y una mujer de Samaría. La estructura del diálogo es perfecta: siete interlocuciones, repartidas en dos cuadros de temas diferentes aunque complementarios: tres para el tema del agua viva; cuatro para la adoración al Padre. Jesús abre la conversación y Él mismo la cierra con la revelación de su mesianidad.

«*Jesús, pues, cansado del viaje, estaba sentado, así, junto a la fuente. Era como la hora sexta*» (v. 6b). La afirmación de que «Jesús estaba cansado» subraya discretamente el realismo de su naturaleza humana. Al llegar, se sentó al lado de la fuente o sobre el brocal del pozo, así, en esas condiciones, sencillamente, como estaba.

Era hacia la hora sexta, esto es, el mediodía. Esta nota es una indicación de tiempo, como es habitual en Juan; pero puede, además, encerrar un sentido más profundo: el sol está en el cenit y luce en todo su esplendor; esto significa espiritualmente que la plenitud de los tiempos mesiánicos ha llegado.

«*Llega una mujer de Samaría a sacar agua*» (v. 7). El encuentro cerca de un pozo entre un viajero fatigado y las mujeres que llegan a sacar agua es un tema clásico de la literatura patriarcal: Eliezer y Rebeca (Gn 24,10ss); Jacob y Raquel (Gn 29,1ss); Moisés y Séfora (Éx 2,15-22). Hay, además, en la Biblia una serie de historias poéticas sobre los manantiales, que esta escena evangélica viene a coronar.

I. PRIMER CUADRO

El misterio del agua viva (vv. 7b-15)

Primera interlocución: vv. 7b-9

Le dice Jesús:

«*Dame de beber*» (v. 7b). (Pues sus discípulos se habían ido a la ciudad a comprar alimentos.)

En el evangelio de Juan, las revelaciones más altas tienen frecuentemente como punto de partida hechos sencillos y naturales: el «no tienen vino» de Caná ocasiona el anuncio del vino abundante y generoso de la nueva Alianza: 2,3; el «dónde compraremos pan para todos» provoca la multiplicación de los panes en el desierto, símbolo del pan eucarístico: 6,5; la amistad íntima de Jesús hacia Lázaro difunto lo impulsa a resucitarlo y a manifestarse como «la resurrección y la vida» (11,25).

Estas tres palabras denotan: a nivel humano, el realismo de la encarnación y la necesidad de beber: Jesús tiene sed; y a nivel literario, un punto de partida muy sencillo, que culminará en una gran revelación.

Jesús se encontraba solo, pues sus discípulos habían ido a la aldea a comprar alimentos.

Dícele la mujer samaritana:

> «¿*Cómo tú, siendo judío, me pides de beber a mí, que soy una mujer samaritana?*» (v. 9). (Porque los judíos no se tratan con los samaritanos.)

La mujer se admira de que aquel hombre judío se atreva a dirigirle la palabra y a pedirle de beber, pues los judíos no se tratan con los samaritanos. Los judíos no podían usar los utensilios de los samaritanos. El odio entre judíos y samaritanos era tradicional: «*Dos pueblos me son odiosos y un tercero que ni siquiera es pueblo: los que moran en la montaña de Seír y los filisteos, y el pueblo necio que habita en Siquem*» (Eclo 50,25-26).

Los samaritanos eran una raza mixta, formada por los supervivientes del reino de Israel y los nuevos colonos traídos por los asirios (2 Re 17,24-41). Además, los samaritanos habían dificultado la restauración judía (Esd 4,1-23), y habían erigido sobre el Garizím un templo rival del de Jerusalén.

La mujer ve en su interlocutor a un hombre judío, pero diferente a los demás. Si ella accedió a darle agua para calmar su sed, el evangelista lo ha pasado por alto, pues otra intención es la que le interesa.

Segunda interlocución: vv. 10-12

Respondió Jesús y le dijo:

> «*Si conocieras el don de Dios y quién es el que te dice "Dame de beber", tú le pedirías y él te daría agua viva*» (v. 10).

Jesús no responde directamente a las palabras de la mujer, sino que, situándose en un nivel superior, se dirige a ella en un lenguaje enigmático. Dos cosas escapan al conocimiento de la mujer: cuál es el Don de Dios y con quién está hablando. «*El don de Dios*» aparece aquí como algo bien determinado: así lo indica el artículo «el». Pues bien, si la mujer supiera con quién está hablando, ella sería la que pediría y él le daría «agua viva».

El don de Dios es *«agua viva»*. El agua viva es agua que brota de manantiales, agua de fuente, opuesta al agua recogida en cisternas y aljibes. La escasez de manantiales en Palestina hace que crezca el valor y la estimación del «agua viva».

Dícele la mujer:

> *«Señor, ni siquiera tienes cubo, y el pozo es profundo; ¿de dónde, pues, tienes el agua viva? ¿Acaso tú eres más grande que nuestro padre Jacob, que nos dio el pozo y él mismo bebió de él y sus hijos y sus ganados?»* (vv. 11-12).

Jesús habla en un nivel espiritual; la mujer permanece en la perspectiva material.

La samaritana cambia el título de «judío» por el reverente de «*Señor*». La mujer ve que Jesús no tiene con qué sacar el agua y que el pozo es profundo (actualmente tiene 32 m de profundidad). Si, no obstante, le quiere dar «agua viva» de manantial, ese manantial debe tener un origen desconocido. De allí la reflexión: *«¿De dónde, pues, tienes el agua viva?»*. El agua viva queda determinada ahora mediante el artículo «el».

Con delicada ironía, la mujer interpela a Jesús: *«¿Acaso tú eres más grande que nuestro padre Jacob…?»* (v. 12b). La mujer no sospecha siquiera en la posibilidad de que Jesús sea mayor que el gran patriarca. Esta intervención va a provocar una respuesta más profunda por parte de Jesús.

Tercera interlocución: vv. 13-15

Respondió Jesús y le dijo:

> *«Todo el que bebe de esta agua tendrá sed de nuevo; pero el que beba del agua que yo le daré no tendrá sed jamás; sino que el agua que le daré se hará en él una fuente de agua brotante de vida eterna»* (vv. 13-14).

Jesús se mantiene en su nivel de altura y prosigue la revelación, paso a paso. Si el agua que promete Jesús era misteriosa por su origen: v. 10, también lo es por su naturaleza.

El agua natural, aunque sea de fuente, quita la sed por un tiempo; en cambio, el agua que promete Jesús dar en un futuro quitará la sed para siempre; más aún, se convertirá en quien la bebiere en una *«fuente brotante de vida eterna»*.

La palabra de Jesús recuerda, pero supera con creces, la afirmación de la sabiduría divina, que dice: *«Los que me comen, quedan aún con más hambre de mí; los que me beben, sienten todavía sed»* (Eclo 24,21). Quien beba del agua que Jesús dará no sentirá sed en adelante. Una palabra de Isaías sirve también de fondo a la idea de Jesús: *«Serás como huerto regado, como fuente de aguas vivas que no se agotan jamás»* (Is 58,11b).

El texto original dice: *«fuente de agua brotante para vida eterna»*. Tras la preposición griega «eis» se esconde la letra «lamed» semita, que es susceptible de la traducción «de» (cf. Éx 12,6): *«Y lo guardarán hasta el día catorce de este mes»*. Si se insiste en el significado dinámico de la preposición griega «eis», el sentido de la frase se torna escatológico: el agua que Jesús dará y que produce vida está destinada a llegar a su plenitud en la vida futura.

Le dice la mujer:

«Señor, dame de esa agua, para no tener sed, ni venir aquí a sacarla» (v. 15).

Jesús ha alcanzado uno de sus intentos: la mujer le pide finalmente de «esa agua» (v. 10). Pero permanece en el nivel de las realidades materiales; comprende que Jesús le ofrece un agua especial, pero ordenada a saciar la sed natural. No sospecha otros dones de diferente orden y calidad. Permanece ante el ofrecimiento del «agua viva», como Nicodemo ante la necesidad de un «nuevo nacimiento».

¿Qué realidad espiritual está simbolizada en el «agua viva»?

El agua viva se presenta como un agua misteriosa por varios motivos: es «el Don de Dios»; procede de Jesús, pues Él la dará; sacia la sed para siempre; y se convierte, en quien la bebe, en fuente brotante de vida eterna.

1º En el Antiguo Testamento el agua de fuente es símbolo: de la *Sabiduría* y de la *Ley,* fuentes de vida (Pr 13,14; Eclo 15,1-3; 24,23-34); y es también símbolo de la *vida* que Dios dará en los tiempos mesiánicos (Is 12,3; 55,1; Jr 2,13; 17,13; Ez 47,1).

Partiendo de estas bases, algunos autores concluyen que Jesús tenía en vista el don de la vida nueva que el Verbo Encarnado venía a traer al mundo; sólo que es considerada bajo este aspecto nuevo: como una donación de Dios que únicamente se hace nuestra por un acto gratuito de la liberalidad divina (Braun). El P. Lagrange deduce en términos más escolásticos: «Este don de Dios es claramente lo que la Iglesia llama la gracia santificante, que 1 Jn 3,9 designa, mediante otra metáfora, como la semilla de Dios que permanece en aquel que ha nacido de Él, semilla que es ya la vida eterna (1 Jn 5,11)».

Otros intérpretes piensan que el agua viva puede ser símbolo de la revelación o la enseñanza dada por Jesús; y apoyan su opinión en Is 55,1; Pr 13,14; 18,4; Eclo 24,21.

2º Según el pensamiento del Cuarto Evangelio, la realidad simbolizada en el «agua viva» es *el Espíritu Santo*. Un texto clave que identifica el agua con el Espíritu es Jn 7,37-39:

> «*Si alguno tiene sed, que venga a mí; y beba el que cree en mí. Como dijo la Escritura: "De su vientre correrán ríos de agua viva". Esto lo dijo del Espíritu, que iban a recibir los que habían creído en Él, pues todavía no había Espíritu, porque Jesús aún no había sido glorificado*».

Según este texto, el agua viva es el Espíritu. Ir a Jesús es creer en Él. De la glorificación de Jesús depende la donación del Espíritu. De Jesús brota el Espíritu Santo y es dado al creyente, y en él, el Espíritu comunica vida divina en abundancia de manera que en el corazón del creyente se forma *«una fuente de agua brotante de vida eterna»* (4,14). Es, pues, el Espíritu Santo quien, dado por Jesús glorificado, nos comunica vida eterna.

II. SEGUNDO CUADRO

La adoración al Padre (vv. 16-26)

Cuarta interlocución: vv. 16-17

Le dice:
  «*Anda, llama a tu marido y ven acá*» (v. 16).

Respondió la mujer y le dijo:
  «*No tengo marido*» (v. 17a)

Una vez que consiguió Jesús que la mujer samaritana le pidiera del agua que Él da, el diálogo cambia bruscamente de dirección. Jesús entra directamente en la vida íntima de la mujer. La intervención de Jesús tiene por objeto, no tanto sembrar en ella un sentimiento de arrepentimiento y contrición por la historia de su vida, cuanto manifestarle que el hombre, con quien ella está hablando, posee un privilegio especial: penetrar sobrenaturalmente los corazones, privilegio concedido por Yahvé a los antiguos profetas.

Quinta interolocución: vv. 18-20

Dícele Jesús:

> «Bien dijiste "no tengo marido", porque cinco maridos has tenido, y ahora el que tienes no es tu marido. Esto has dicho verdadero» (vv. 17b-18).

Jesús descubre ahora a la mujer toda la historia de su vida: ella ha vivido con cinco hombres (¿matrimonios legales o casos de fornicación?), pero ahora vive con un sexto que no es su marido.

Según la Ley de Moisés, no estaría prohibido a una mujer casarse cinco veces, en nupcias legítimas; pero los doctores judíos enseñaban que una mujer no podía tomar marido sino dos o, a lo más, tres veces. Ella llevaba ya cinco maridos, y ahora vivía con un hombre, fuera de matrimonio legal.

Ante la revelación de Jesús, la samaritana debió haber sido tocada profundamente de manera insólita; de allí, el testimonio que dará poco después a sus vecinos y la convicción de que ha encontrado al personaje que esperaban: el Mesías.

La mujer se da cuenta de que está ante un hombre dotado de un conocimiento sobrenatural y, asombrada, le dice:

> «Señor, veo que tú eres un profeta. Nuestros padres en este monte adoraron, y vosotros decís que en Jerusalén es el lugar donde es preciso adorar» (vv. 19-20).

La mujer había visto primero en Jesús a un simple *«judío»*; después le dio varias veces el título de *«señor»*; ahora lo llama *«profeta»*. El concepto que la mujer tenía de «profeta» debía corresponder al de *«Profeta-como-Moisés»* (Dt 18,15-18), pues los samaritanos sólo aceptaban la Toráh, sin admitir los libros de los Profetas, ni los Escritos.

Puesto que está delante de un profeta tan amable y condescendiente, y dotado además de un conocimiento extraordinario, qué mejor que pedirle luz sobre el problema crucial que enemista a judíos y samaritanos: ¿Dónde hay que adorar a Dios: sobre el Garizím o en Jerusalén? Hay que recordar que, en tiempos de Nehemías, los samaritanos habían erigido en el Garizím un templo rival del de Jerusalén, y había sido destruido por Juan Hircano en el 129 a.C.

Además, en el Garizím, los samaritanos localizaban numerosos pasajes bíblicos: el encuentro con Melquisédeq, el sacrificio de Isaac, el altar erigido por Jacob, la montaña de las bendiciones, el primer sacrificio de Josué (Gn 14,17-20; 22,1-19; 28,10-19; Dt 27,11-12; Jos 8,30-36).

Sexta interlocución: vv. 21-25

Dícele Jesús:

«*Créeme, mujer: Llega una hora cuando ni en este monte ni en Jerusalén adoraréis al Padre. Vosotros adoráis lo que no sabéis; nosotros adoramos lo que sabemos, porque la salvación viene de los judíos* (vv. 21-22).

Pero llega una hora, y ahora es, cuando los verdaderos adoradores adorarán al Padre en Espíritu y Verdad, porque también el Padre a tales busca que lo adoren (v. 23).

Dios es Espíritu, y los que lo adoren, es preciso que lo adoren en Espíritu y Verdad» (v. 24).

El diálogo se convierte en un pequeño discurso. Estos versículos, en tono solemne y majestuoso, son la cumbre y el corazón de la exposición. Su tema es «la verdadera adoración al Padre».

«*¡Créeme, mujer...!*». Jesús va a decir algo trascendente, que supera los límites de la razón de la samaritana. Y por eso le exige un acto de fe, un acto de entrega absoluta.

«*Llega una hora*»: esto es, está llegando un momento establecido por Dios en que la adoración trascenderá lugares y razas. Tanto Jerusalén como el Garizím pertenecen a las realidades de «abajo», «a las cosas de la tierra». Es la hora escatológica de los tiempos mesiánicos, que da inicio a la nueva era del reino de Dios. Jesús no rechaza ni a Moisés, ni a los Profetas, ni a los judíos; sino que anuncia la venida de una era nueva.

El término de la adoración es Dios, pero llamado «Padre». Es la primera vez que en el Cuarto Evangelio se da este título a Dios en sus relaciones con los hombres.

«*Vosotros adoráis lo que no sabéis...*». Los samaritanos, además de tener un culto corrompido (2 Re 17,29ss), no aceptaban más que el Pentateuco; se habían cerrado así al progreso de la revelación, perdiendo el sentido de los designios de Dios.

«*Nosotros adoramos lo que sabemos...*». Los judíos, en cambio, entre quienes se coloca Jesús mismo, poseen la revelación verdadera. Jerusalén es la poseedora del conocimiento del Dios único y verdadero (Is 2,2-5; 60,1-22; Sal 76,1); y la depositaria de las promesas mesiánicas (Za 12,9-10; 13,1; 14,8.9.16.18; Ez 47,1s).

«*¡La salvación viene de los judíos!*». Ninguna palabra más elogiosa se ha escrito sobre los privilegios de Israel. El término *«salvación»* sirve para traducir el vocablo griego «sotería» y el hebreo *«Y^eshuáh»*. Un juego de palabras, en la lengua de Jesús, imprime particular vigor a la idea y descubre una plenitud de sentido. En hebreo «salvación» se dice *«Y^eshuáh»*, y Jesús se dice *«Y^eshúa»*. La frase podría glosarse en esta forma: la salvación perfecta –que es Jesús– ha brotado, por beneplácito eterno de Dios, del pueblo judío.

En el Cuarto Evangelio la palabra *«salvación»* ocurre sólo una vez (4,22); «salvador» se encuentra en 4,42; «salvar» se halla seis veces y significa la liberación de una enfermedad corporal (11,12); o el rescate de una muerte física (12,27); pero sobre todo una *«liberación espiritual»*, tránsito de la muerte a la vida, concebida como presente o futura, obtenida por el poder vivificador de Jesús y aplicada al individuo mediante un acto de fe (3,17; 5,34; 10,9; 12,47).

El v. 23 continúa la idea del v. 21. El verbo *«llega, está a punto de venir»*, futuro-presente escatológico, es precisado con el adverbio temporal *«y ahora es»*, éste es ya el momento.

«Cuando los verdaderos adoradores...». El adjetivo «verdadero» encierra un matiz propio de autenticidad, de ser verdaderamente tal. Pues bien: el Padre sólo podrá ser «verdaderamente» adorado, si sus adoradores lo hacen *«en espíritu y verdad»*. Estos dos últimos sustantivos carecen de artículo y dependen de la sola preposición *«en»*. ¿Qué significa la expresión fuerte y concisa *«en Espíritu y Verdad»*?

«En espíritu» o «en Espíritu»

«Adorar en espíritu» es tributar a Dios un culto interior, en oposición a una religión puramente exterior de ritos y ceremonias establecidas, pero sin alma y sin espíritu. Esta interpretación es exacta y era ya el pensamiento de los antiguos profetas (Am 5,21-25; Is 1,11s; Jr 6,20; Sal 50,7-23). Pero, en las perspectivas del Cuarto Evangelio, la expresión debe decir mucho más.

Para Juan, el Espíritu es quien, al descender y posarse sobre Jesús, inaugura los tiempos mesiánicos (1,32-33). El Espíritu es quien confiere la purificación en el bautismo mesiánico (1,33). El Espíritu es quien opera el nuevo nacimiento (3,5.8). En esa misma línea, al tratarse ahora de *la adoración al Padre»*, el Espíritu será también el principio de un culto nuevo, el culto propio de los tiempos mesiánicos.

«En verdad» o «en Verdad»

La expresión «en verdad», en conexión con el adjetivo «verdadero», podría significar que la adoración al Padre, que tenga como principio al Espíritu, será un culto verdaderamente tal, un culto auténtico.

Además, si se subraya un posible origen semita de esa expresión, en tal caso la tonalidad sería diferente: tendríamos aquí una idea paralela a Jn 1,14: fidelidad, firmeza, permanencia. Y así la adoración al Padre en Espíritu y verdad será un culto que, nacido al impulso del Espíritu, será auténticamente interior, sobrenatural y divino, y consiguientemente firme, estable y permanente.

Pero, yendo al fondo de la teología joánica, es legítimo pensar que el término *«Verdad»* designa al mismo *Jesús*. En primer término, según 1,51 y 2,21, en los tiempos mesiánicos, Jesús será la nueva Casa de Dios, el nuevo Altar, el nuevo Templo, donde se localice la presencia de Dios. Además, para Juan, Jesús es la Verdad: *«Yo soy la Verdad»*: 14,6, pues Él revela la verdad de Dios a los hombres: 8,45; 18,37; y el Espíritu, que es el Espíritu de Jesús, es el Espíritu de la Verdad, que conduce los hombres a la verdad completa: 14,17; 15,26; 16,13-15.

Siendo así, los verdaderos adoradores que busca el Padre son aquellos que, *al impulso del Espíritu, lo adoren en Jesús-Verdad*. La nueva adoración es trinitaria: bajo la acción del Espíritu Santo y en Cristo, adoramos al Padre.

Esta interpretación puede ser ilustrada con la respuesta que Jesús dio a Felipe, cuando éste le dijo: *«Señor, muéstranos al Padre, y nos basta»*. Jesús le responde: *«Tanto tiempo que estoy con vosotros y no me has conocido, Felipe? El que me ha visto a mí, ha visto al Padre. ¿Cómo dices tú: Muéstranos al Padre? ¿No crees que yo estoy en el Padre y el Padre en mí?»* (14,8-10a).

«Dios es espíritu.» El término «espíritu» es predicado; carece de artículo determinado. Es como la frase de Jn 1,1: *«El Verbo era Dios»*.

En el AT, «espíritu» es una noción que regularmente expresa, no tanto un modo de ser opuesto a la materia, cuanto un principio de vida, una actividad creadora, y, tratándose de Dios, expresa un principio de vida más alta, trascendente a las criaturas. En otras palabras: *«Dios es espíritu»* significa que Dios pertenece a una esfera superior, a un nivel divino, propio de Él.

En Juan, el término «espíritu» encierra ese mismo sentido. Por consiguiente, para adorar al Padre es preciso ser elevado por un principio de vida religiosa que esté al nivel de Dios. La revelación de Dios sólo puede tener como principio a Dios: 1,18; el nacimiento a la vida de lo alto sólo puede venir de Dios: 3,6; y, por tanto, también la auténtica adoración al Padre debe brotar del impulso del Espíritu.

La samaritana recibe esta revelación sin penetrar en el misterio. No comprendiendo, y como quien quiere terminar, le dice la mujer:

Sé que un Mesías viene (el llamado Cristo); cuando venga Él, nos lo anunciará todo» (v. 25).

En esa época, los samaritanos esperaban un Mesías con el nombre de Tahéb: «el que vuelve» o «el que restaura». Más que un jefe guerrero, para ellos era «un-profeta-como-Moisés» (Dt 18,15), que traería una misión de orden religioso, un legislador, un revelador. Esta última noción se percibe en el verbo *«anunciará»* todo. Ese Tahéb reuniría a judíos y gentiles y gobernaría gloriosamente sobre todos.

Séptima interlocución: v. 26

Dícele Jesús:
«Yo soy, el que habla contigo».

Jesús termina el diálogo proclamando abierta y claramente su mesianidad. Él es el personaje que se espera. No está por llegar; se encuentra ya presente. Él es el Mesías, está con ella, le está hablando. Él es el que ha sido enviado por Dios para *«anunciar»* todo eso. Su misión mesiánica es una misión reveladora. Jesús, el Verbo de Dios, la Palabra de Dios, habla naturalmente de las cosas de Dios (3,34).

Jesús se identifica con el Tahéb de las expectativas samaritanas. Pero, al declararse «el Mesías» = «el Cristo», revela que en Él se cumplen los vaticinios de los Profetas de Israel, Él es el Ungido por el Espíritu (Is 11,2; 42,1; 61,1), y gracias a eso puede ser el Revelador del Padre y será el Dador del Espíritu en los tiempos mesiánicos.

ACTUALIZACIÓN

El pasaje del evangelio de Juan, en el que Jesús se revela a una mujer samaritana, es trascendental para la vida cristiana. No hay para nosotros verdadero y eficaz «camino a la santidad», si no es viviendo en y con Jesús, bajo la conducción continua y constante del Espíritu Santo.

Es Jesús quien nos da el Espíritu Santo, «el Don de Dios», el «Agua viva» que quita la sed y se convierte, en quien la bebe, en «fuente brotante de vida eterna». La expresión marca el dinamismo de la presencia del Espíritu en el interior del hombre: de ese manantial brota constantemente vida divina en el corazón del creyente.

La escena del agua viva, símbolo del Espíritu, nos recuerda fácilmente el sacramento de nuestro bautismo, en el que por primera vez nos es dado el Espíritu Santo. No es difícil que el diálogo encierre ese motivo bautismal, sobre todo después de la entrevista de Jesús con Nicodemo: *«En verdad, en verdad te digo: Si alguno no nace de agua y Espíritu, no puede entrar en el reino de Dios»* (3,5). Gracias a la acción del Espíritu Santo en el bautismo, nacemos de nuevo y de lo alto, entramos en el reino de Dios, se nos comunica vida eterna y llegamos a ser hijos de Dios.

El diálogo de Jesús con la samaritana contiene otra revelación vital: si queremos ser verdaderos adoradores del Padre, debemos adorarlo *«en Espíritu y Verdad»*. Esto es, para adorar verdaderamente al Padre, tenemos que ser movidos por la acción misteriosa y soberana del Espíritu, y adorarlo en el verdadero Templo donde Él habita: este nuevo Templo es Jesús, quien dijo de sí mismo: *«Yo estoy en el Padre y el Padre está en mí»* (14,10); *«Yo soy el Camino y la Verdad y la Vida; nadie va al Padre sino por mí»* (14,6). No podemos, pues, adorar a Dios Padre, sino en Jesús-Verdad, al impulso del Espíritu Santo.

ORACIÓN

¡Oh Jesús!
Comunícanos el Don de Dios.
Danos de tu Agua viva,
para nunca más tener sed.
Y que el agua viva de tu Espíritu
se transforme en nuestro corazón
en fuente de agua brotante de vida eterna.

Creemos en ti, Jesús.
¡Ha llegado nuestra hora!
Queremos adorar al Padre,
al impulso de tu Santo Espíritu,
y en ti, que eres el verdadero Templo,
donde lo podemos encontrar.

Padre:

Concédenos la gracia de adorarte,
al impulso del Espíritu Santo,
y en Jesús, verdadero Templo donde Tú habitas.

Espíritu Santo:

¡Ven! Llénanos de tu presencia.
Agua divina: apaga nuestra sed
y comunícanos vida eterna.
A tu impulso, queremos ser
verdaderos adoradores del Padre,
en Jesús, verdadero Templo donde Él mora.
Amén.

Capítulo VII
LOS DISCURSOS EVANGÉLICOS
JESÚS MAESTRO

I. EL SERMÓN DE LA MONTAÑA (Mt 5,1-7,29)

El evangelio de san Mateo presenta a Jesús en *«el Sermón de la Montaña»* como un nuevo Moisés, fundador del nuevo Pueblo de Dios (Mt 5-7). Hay en torno a Él *«una gran muchedumbre de Galilea, Decápolis, Jerusalén y Judea, y del otro Lado del Jordán»* (Mt 4,25).

Ante ese numeroso y heterogéneo auditorio, en el que se detectan habitantes de tierras de gentiles, va Jesús a pronunciar su «discurso programático», la «Carta Magna del reino de los Cielos». Su doctrina no es un sistema de verdades ocultas, destinada solamente a un grupo de iniciados; su mensaje es universal, y Él desea que llegue a todo el mundo; por eso su auditorio es tan variado.

Él es un Legislador que, como Moisés, sube al monte; pero es también un Maestro consumado que, sentándose, convoca a innumerables discípulos para entregarles sus enseñanzas, en un estilo conciso, directo y penetrante.

El Sermón de la Montaña ofrece un programa de vida virtuosa y de santidad para todo discípulo del Maestro de Nazaret. Su tema es la Ley nueva del reino de los Cielos. Lo que Jesús ahora enseña, Él mismo lo ha practicado antes; de manera que, al hablar, hace su propio autorretrato. Por eso, su palabra convence y entusiasma, porque proclama con el testimonio de su vida la verdad de lo que enseña.

El Sermón de la Montaña es la expresión principal de la nueva Ley o Ley evangélica [1].

---

1. *Comp. CIC*, n. 421.

ORACIÓN

Jesús:

*Queremos sentarnos frente a ti,
como ante nuestro único Maestro,
y recibir con corazón sencillo y abierto
las enseñanzas que quieras comunicarnos.
Háblanos, Señor, que estamos dispuestos
a escucharte.*

1. Las bienaventuranzas (5,3-12)

Las «bienaventuranzas» de Jesús son el pórtico del Sermón de la Montaña y constituyen el fidelísimo autorretrato de Jesús. Es impactante contemplar la fisonomía personal de Jesús a través de sus enseñanzas directas, incisivas y penetrantes como espada de doble filo.

Las bienaventuranzas, en el evangelio de san Mateo, son ocho y trazan un programa de vida virtuosa en la tierra con promesas de recompensa celeste. Son una invitación urgente a una vida espiritual perfecta y constituyen el programa de vida de todo discípulo de Jesús.

En esta forma, las bienaventuranzas adquieren un valor moral universal y permanente, que supera las circunstancias de un tiempo determinado, de un auditorio concreto y de un sitio particular. Son, en labios de Jesús, gritos proféticos, que invitan y exhortan a hacer una opción vital y radical. Son un ardiente llamado a la santidad.

*«¡Bienaventurados los pobres de espíritu,
porque de ellos es el reino de los Cielos!»* (v. 3)

La palabra *«¡Bienaventurados!»* significa felices, dichosos, afortunados. Esta aclamación pertenece al lenguaje sapiencial.

¿Quiénes son «los pobres de espíritu»?

— Los que no son soberbios, ni orgullosos, ni altaneros, sino humildes y sencillos: *«Aprended de mí, que soy manso y humilde de corazón»* (Mt 11,29).

- Los que, aun poseyendo bienes materiales, guardan un corazón desprendido: «*Aun cuando crezcan vuestras riquezas, no les deis el corazón*» (Sal 62,11).
- Los que, ante Dios, se sienten necesitados de Él y experimentan pobreza de bienes espirituales: «*¡Mi alma tiene sed de Dios!*» (Sal 42,3).
- Los que, por amor al reino de Dios, se han hecho pobres de sí mismos, han renunciado a muchos egoísmos, inclusive a bienes legítimos: «*Si quieres ser perfecto, anda, vende lo que tienes y dáselo a los pobres, y tendrás un tesoro en los cielos; luego, ven y sígueme!*» (Mt 19,21).

La recompensa a los pobres de espíritu es el reino de Dios, tanto en la tierra como en la vida futura: «*Entra en el gozo de tu Señor*» (Mt 25,21); más aún, su recompensa será el mismo Dios.

«*¡Bienaventurados los que lloran,
porque ellos serán consolados!*» (v. 4)

«Los que lloran» son aquellos que se ven acosados por el dolor, el sufrimiento, las penas, la angustia, la ansiedad, pero todo lo sufren en la fe y en la confianza en Dios, y unen su dolor al sacrificio de Jesús en la cruz, a favor de la salvación del mundo. Su recompensa será el consuelo mesiánico que Dios mismo les dará: «*Los que siembran con lágrimas, cosechan entre cantares*» (Sal 126,5).

«*¡Bienaventurados los mansos,
porque ellos heredarán la tierra!*» (v. 5)

Los mansos son los humildes y sencillos, que sienten respeto hacia Dios y lo veneran como se merece. Su recompensa será la patria futura, prefigurada en la tierra prometida: «*Poseerán la tierra los humildes y gozarán de inmensa paz*» (Sal 37,11).

«*¡Bienaventurados los que tienen hambre y sed de justicia,
porque ellos serán saciados!*» (v. 6)

«Ser justo» es, en el evangelio de Mateo, ser virtuoso, íntegro, bueno, perfecto; es equivalente a ser santo. Pues bien, Dios colmará el hambre y sed de aquellos que aspiren a la bondad, a la santidad y a la perfección: «*Yo mandaré hambre a la tierra, no hambre de pan, ni sed de agua, sino de oír la palabra del Señor*» (Am 8,11).

«*¡Bienaventurados los misericordiosos,
porque Dios les tendrá misericordia!*» (v. 7)

La misericordia es uno de los atributos que definen a Dios (Éx 34,6). Él siempre ama al hombre con un amor compasivo, comprensivo e indulgente. Ser misericordioso es parecerse a Dios, que contempla con amor a sus criaturas débiles y necesitadas. Con los misericordiosos, Dios ejercerá su amor indulgente y compasivo: «*Clemente y compasivo es el Señor, tardo a la cólera y lleno de amor*» (Sal 103,8).

«*¡Bienaventurados los limpios de corazón,
porque ellos verán a Dios!*» (v. 8)

Los limpios de corazón son los sencillos, transparentes de alma y corazón, en quienes no hay doblez, ni engaño, ni mentira; los que tienen una mirada limpia y pura. La recompensa a los limpios de corazón consistirá en que ellos verán a Dios, es decir, tendrán en la tierra una gran capacidad para percibir la acción de Dios en todos los acontecimientos y discernir los signos de los tiempos; y en la vida futura contemplarán cara a cara a Dios: «*Sabemos que, cuando se manifieste, seremos semejantes a Él, porque lo veremos tal cual es*» (1 Jn 3,2b).

«*¡Bienaventurados los que trabajan por la paz,
porque ellos serán llamados hijos de Dios!*» (v. 9)

Estos bienaventurados son aquellos que siguen a Dios como arquitecto de paz. Dios es «*el Dios de la paz*» (Rom 15,33). «*Cristo es nuestra paz*» (Ef 2,14). La paz no es sólo ausencia de guerra, sino concordia, comprensión y amor. Jesús dijo: «*La paz os dejo, mi paz os doy; no os la doy como la da el mundo*» (Jn 14,27). La paz, en hebreo «shalom», es restauración, perfección, nueva creación «*¡Tu fe te ha salvado; vete en paz*» (Lc 7,50). Los pacificadores tendrán un parecido muy singular con Dios-Paz y con Jesús-Paz: ellos serán llamados hijos de Dios; y es natural que los hijos se parezcan a sus padres.

*«¡Bienaventurados los perseguidos a causa de la justicia,
porque de ellos es el reino de los Cielos!»* (v. 10)

Los perseguidos a causa de la justicia son aquellos que sufren persecución por seguir las enseñanzas de Jesús, que invita y exhorta a vivir una vida de justicia y santidad: *«¿A quién iremos? Nosotros creemos y sabemos que tú eres el Santo de Dios»* (Jn 6,68-69). Éstos recibirán como recompensa el reino de los Cielos.

«¡Bienaventurados seréis cuando os injurien y os persigan, y digan con mentira toda clase de mal contra vosotros por mi causa. Alegraos y regocijaos, porque vuestra recompensa será grande en los cielos; pues de la misma manera persiguieron a los profetas anteriores a vosotros!» (vv. 11-12).

Se trata del sufrir por Jesús, del padecer tribulación por el Evangelio, del ser perseguido a causa de Jesús, del soportar el martirio por dar testimonio de Él. Éstos perseguidos a causa de Jesús recibirán una recompensa grande en los cielos. Dios mismo será su recompensa.

ACTUALIZACIÓN

Ejercicio de las virtudes cristianas

Las ocho «bienaventuranzas» de Jesús nos revelan un camino de santificación, presentándonos algunas virtudes características de la vida del cristiano; mediante su práctica, caminaremos seguros por los senderos que conducen a la cumbre de la perfección. Éstas son: la pobreza de espíritu y la mansedumbre, el saber sufrir y la justicia-santidad, la misericordia y la pureza de corazón, la paz y el soportar la persecución a causa del nombre de Jesús, inclusive hasta la entrega de la propia vida, si ésa fuere la voluntad de Dios. Que el Espíritu Santo nos impulse a caminar por la vía de estas virtudes cristianas.

El *Compendio del Catecismo de la Iglesia Católica* enseña: «Las Bienaventuranzas son el centro de la predicación de Jesús, recogen y perfeccionan las promesas de Dios, hechas a partir de Abraham. Dibujan el rostro mismo de Jesús, y trazan la auténtica vida cristiana, desvelando al hombre el fin último de sus actos: la bienaventuranza eterna, la cual consiste en la visión de Dios en la vida eterna, cuando seremos en plenitud "partícipes de la naturaleza divina"»[2].

2. *Comp. CIC*, nn. 360-361.

ORACIÓN

Jesús Maestro:
Hemos escuchado tu proclamación evangélica.
Nos has revelado dónde podemos encontrar
la verdadera y auténtica felicidad.
Haznos, Jesús, fieles discípulos tuyos.
Concédenos la gracia y el privilegio
de vivir las bienaventuranzas,
código y programa del reino de los Cielos:
la pobreza de espíritu y la mansedumbre,
el saber sufrir y la justicia-santidad,
la misericordia y la pureza de corazón,
la paz y la persecución a causa de tu nombre;
y, si tú quieres, estamos dispuestos,
con el auxilio y la fuerza del Espíritu Santo,
a entregar la vida por amor a ti
y por el reino de los Cielos.

2. El discípulo de Jesús en el mundo (5,13-16)

En cuatro metáforas elocuentes describe Jesús la misión que tiene un discípulo suyo en medio del mundo (Mt 5,13-16).

«Vosotros sois la sal de la tierra» (v. 13a)

La sal da sabor y preserva de la corrupción. Así, el discípulo de Jesús, desempeña una función positiva en la sociedad humana: por una parte, comunica buen sabor a las realidades de este mundo; y, por otra, es elemento lleno de bondad y de vida, que impide que el mal cunda y se propague y corrompa a toda la humanidad.

Pero hay que tener cuidado para que el cristiano no decaiga, ni se canse, sino que permanezca fiel; de otra manera, se convertiría en sal insípida que, al no servir más, es echada fuera y pisoteada por los transeúntes.

«Vosotros sois la luz del mundo» (v. 14a)

La luz, oposición a las tinieblas de la noche, es símbolo de vida y de verdad, de felicidad y de alegría. Dios es luz, Jesús es luz y los cristianos son luz: *«Todos vosotros sois hijos de la luz e hijos del día. No somos de la noche, ni de las tinieblas»* (1 Ts 5,5; cf. Jn 8,12; 1 Jn 1,5).

«Como ciudad edificada en la cima de un monte» (v. 14b)

El discípulo de Jesús es como una ciudad edificada sobre una colina, a la manera de numerosos pueblos de Palestina, que no pueden ocultarse a las miradas de la gente, antes bien, sirven de punto cierto de orientación y referencia.

«Como una lámpara sobre el candelero» (v. 15b)

El discípulo de Jesús es comparado a una lámpara que ilumina. Una lámpara no se enciende para ponerla debajo de la cama, sino para colocarla sobre un candelero, para que dé luz a todos los que están en la casa.

Conclusión: *«Que brille así vuestra luz delante de los hombres, para que vean vuestras buenas obras y glorifiquen a vuestro Padre que está en los cielos»* (v. 16).

ORACIÓN

Jesús:
Quiero ser sal de la tierra
que le dé buen sabor al mundo.
Quiero ser, como tú, luz para todos mis hermanos.
Hazme ciudad en la cumbre de una colina,
para que mi vida sirva de orientación a los demás;
y concédeme ser lámpara que eche fuera las tinieblas
e ilumine espiritualmente a mis hermanos.

3. Superioridad de la Ley de Jesús (5,17-48)

«No penséis que he venido a abolir la Ley y los Profetas. No he venido a abolir sino a dar cumplimiento» (v. 17).

Este pasaje evangélico es importante. Trata de la relación que existe entre «la Ley y los Profetas» de la primera Alianza, con la doctrina de Jesús. El Señor coloca la «Ley evangélica» en un nivel superior a la Ley de Moisés.

Jesús afirma que Él no ha venido a destruir ni la Ley, ni los Profetas, sino a llevarlos a su plenitud. No se trata, sin embargo, de llevar a la perfección la observancia material y minuciosa de las prescripciones de la Ley, ni menos todavía la observancia de adiciones humanas hechas según el criterio estrecho de muchos escribas y fariseos.

Lo que Jesús quiere afirmar es que la Ley, es decir, la Escritura en toda su integridad, encuentra en su persona y en su doctrina su pleno cumplimiento y su acabada culminación. No son dos Leyes, sino una sola, pero llevada a la perfección.

De allí, los perfeccionamientos a diversos preceptos de la Ley, presentados en seis antítesis. La frase de Jesús: *«Habéis oído… Pues yo os digo»*, pone de relieve la novedad y la autoridad de su doctrina.

– El homicidio y la cólera (5,21-26).
– El adulterio y los actos internos (5,27-30).
– El divorcio (5,31-32).
– El juramento (5,33-37).
– La venganza (5,38-42).
– El amor a los enemigos (5,43-47).

Este último es la cumbre de los perfeccionamientos que la Ley evangélica aporta a la Ley antigua: *«Pues yo os digo: Amad a vuestros enemigos y orad por los que os persigan, para que seáis hijos de vuestro Padre celestial, que hace salir su sol sobre malos y buenos, y llover sobre justos e injustos»* (vv. 44-45). Es el precepto del amor hacia todos los hombres, hermanos en la humanidad y en la vocación a ser hijos de Dios. El amor abraza inclusive a los mismos enemigos. Hay que notar que nuestra filiación divina es mencionada por Jesús en el cuadro del precepto del amor. El cristiano, como hijo de Dios Padre, tiene que imitarlo en su bondad y en su indulgencia.

Conclusión. Cerrando esta catequesis, Jesús proclama, como cumbre de perfección, la santidad misma del Padre de los Cielos, a la que invita a sus discípulos: *«Vosotros, pues, sed perfectos, como es perfecto vuestro Padre celestial»* (5,48).

ACTUALIZACIÓN

Jesús ha querido transmitir a sus discípulos, como camino para conseguir la vida eterna, el código de los Diez Mandamientos de la Ley de Moisés (Mt 19,16-17). Sin embargo, el discípulo, que quiere seguir a Jesús más de cerca, debe superar la práctica de esos preceptos mediante los perfeccionamientos propuestos por el Maestro (Mt 5,20-48). La cumbre de sus preceptos consiste en llegar a parecernos a Dios, nuestro Padre, en el amor aun a los enemigos. Jesús termina su catequesis invitándonos a tender a la más alta santidad, como hijos que somos de Dios: *«Vosotros, pues, sed perfectos, como es perfecto vuestro Padre celestial»*.

ORACIÓN

Padre:
*Gracias por habernos revelado tu Ley,
como camino de vida eterna;
danos tu gracia para poder observarla.
Pero, infunde en nosotros el vivo deseo
de seguir más de cerca a Jesús,
llevando a la práctica la nueva Ley del Evangelio.
Danos tu Espíritu Santo para que
Él derrame en nosotros el amor de Dios,
y podamos así llegar a la cima
de la perfección y de la santidad.*

4. La limosna, la oración y el ayuno (6,1-6.16-18)

La limosna, la oración y el ayuno eran tres prácticas que formaban parte de la piedad judía; con su ejercicio se trataba de conseguir la perfección moral y de adquirir méritos ante Dios. Jesús no rechaza el ejercicio de estas obras buenas exigidas por la Ley, pero sí la ostentación en su práctica, e invita a la discreción humilde y a la pureza de intención. La recompensa a estas obras buenas no debe ser el aplauso de los hombres, sino lo que proceda de la bondad de Dios, que mira el interior de los corazones: «Y tu Padre, que ve en lo secreto, te recompensará» (v. 18b).

5. La oración del Señor (6,7-15)

A propósito de la oración, Mateo introduce tres piezas de la tradición evangélica.

La oración de los discípulos de Jesús (6,7-8)

«Y al orar, no charléis mucho, como los gentiles, que se imaginan que por su palabrería van a ser escuchados. No seáis como ellos, porque vuestro Padre sabe lo que necesitáis antes de pedírselo.»

La oración del discípulo de Jesús no debe ser a la manera de la oración de los paganos, hecha de palabrería, fórmulas mágicas y danzas, tratando de presionar a la divinidad; sino silenciosa, interior y confiada, apoyándose en la misericordia y en la sabiduría de Dios, que conoce lo que necesitamos, aun antes de que se lo pidamos.

El «Padre nuestro» (6,9-13)

Vosotros, orad así:

«¡Padre nuestro, que estás en los cielos:
santificado sea tu Nombre;
venga tu reino;
hágase tu voluntad,
como en el cielo, también sobre la tierra.
Nuestro pan de cada día, dánoslo hoy;
y perdónanos nuestras deudas,
como también nosotros hemos perdonado

a nuestros deudores;
y no nos dejes caer en tentación;
antes bien, líbranos del Maligno!».

«El Padre nuestro» es la oración que el Señor mismo nos enseñó. Es la oración cristiana por excelencia, que el discípulo de Jesús debe recitar todos los días. Sus peticiones unen las dos Alianzas: la antigua y la nueva. Por una parte, el «Padre nuestro» es como una síntesis de la piedad judía; pero, por otra, su espíritu es totalmente cristiano. El cuerpo de la oración puede ser judío, pero su alma es cristiana. Jesús plasmó en esta *«oración por excelencia»* las súplicas que todos los pueblos pueden dirigirle a Dios.

El «Padre nuestro» consta de una introducción y siete peticiones: las tres primeras se refieren a Dios; las cuatro siguientes exponen las necesidades más radicales del ser humano.

«Padre nuestro, que estás en los cielos» (v. 9a)

La oración se inicia por una invocación directa a Dios, *«Nuestro Padre».* En la palabra *«Padre»* se esconde la ternura de Jesús, su Hijo, y con Él, el amor filial de todos aquellos que, creados a imagen y semejanza de Dios, hemos sido transformados en sus hijos de adopción. El adjetivo *«nuestro»* expresa una relación personal con Dios totalmente nueva, y su forma en plural manifiesta la comunión de una multitud de hermanos, que tienen *«un solo corazón y una sola alma»* (Hch 4,32).

La expresión *«en los cielos»* o *«en el cielo»* no indica un lugar, sino una manera de ser. Dios no es como los seres de la tierra; Él lo trasciende todo, está sobre todo lo creado, es único, soberano, santísimo y eterno; sin embargo, es nuestro Padre.

1ª *«Santificado sea tu Nombre»* (v. 9b)

«Santificar el Nombre de Dios» es alabar a Dios, bendecirlo, adorarlo, glorificarlo, darle gracias por su inmensa gloria y por todos los beneficios que ha derramado en cada uno de nosotros. La oración por excelencia es la de alabanza y la de glorificación a Dios. Además, santificamos el Nombre de Dios cuando, bajo la acción santificadora del Espíritu, trabajamos humilde y sinceramente en la obra de nuestra santificación, como es el deseo de nuestro Padre celestial, que dijo: *«Sed santos para mí, porque Yo soy santo, y os he separado de entre los pueblos para que seáis míos»* (Lv 20,26).

2ª *«Venga tu reino»* (v. 10a)

Jesús pide a su Padre que ejerza libremente su reinado en medio de nosotros: el reinado tantas veces prometido en la primera Alianza y ahora realizado en los tiempos mesiánicos: su reinado de santidad, de misericordia, de compasión, de paciencia, de justicia, de amor, de paz y de fidelidad, al que debemos corresponder tratando de poner en práctica las enseñanzas de Jesús.

3ª *«Hágase tu voluntad, como en el cielo, también sobre la tierra»* (v. 10b)

La voluntad de Dios fue el alimento de la vida de Jesús (Jn 4,34): bajó del cielo para hacer la voluntad de su Padre (Jn 6,38); llevó a cabo la obra que el Padre le encomendó que realizara (Jn 17,4); y en Getsemaní hizo la entrega de su vida, porque ésa fue la voluntad de su Padre (Mc 14,36). Jesús quiere que, así como en el cielo, también sobre la tierra se realice la voluntad santísima de Dios.

4ª *«Nuestro pan de cada día, dánoslo hoy»* (v. 11)

La necesidad más radical e inmediata de todo aquel que viene a este mundo es tener el pan de cada día, que le permita saciar su hambre y permanecer en vida. Pero, a nivel cristiano, esta petición del hambre la podemos referir al pan de la Palabra de Dios y de la Eucaristía, lo mismo que a la sed de Espíritu Santo. Le suplicamos a nuestro Padre que nos dé *«hoy»* ese nuestro pan de cada día.

5ª *«Y perdónanos nuestras deudas, como también nosotros hemos perdonado a nuestros deudores»* (v. 12)

Al pedir perdón por nuestras deudas u ofensas, nos confesamos humildemente pecadores ante Dios, y, por lo tanto, necesitados de su misericordia y de su perdón. Pero, nuestra petición supone que nosotros ya hemos perdonado a quienes nos hayan ofendido.

6ª «Y no nos dejes caer en tentación» (v. 13a)

Con esta petición reconocemos que somos débiles y limitados, y que podemos sucumbir ante la tentación. Por eso, imploramos de Dios nuestro Padre su auxilio divino para poder resistir a la tentación.

7ª «Antes bien, líbranos del Maligno» (v. 13b)

Termina la oración del Señor invitándonos a pedir a Dios que nos libre del Maligno-Satanás, que se opone a Dios y quiere impedir nuestra salvación. La victoria sobre el demonio ya fue alcanzada por Jesús; pero nosotros oramos a fin de que toda la familia humana se vea liberada de Satanás y de sus obras [3].

Como es fácil percibir, la oración del *«Padre nuestro»* brilla por su espíritu filial, brevedad, sencillez y profundidad; es muy sobria y muy directa. Es una oración colectiva: la comunidad cristiana, reunida con Jesús en espíritu de familia, eleva su plegaria a Dios su Padre. Recitada al impulso del Espíritu Santo, penetra en el corazón del Padre. Es la quintaesencia del mensaje de Jesús. Es el Evangelio hecho oración y es la fe cristiana hecha plegaria.

El *«Padre nuestro»* no debe ser solamente un rezo, repetición mecánica de frases, sino el punto de partida para una oración de meditación; y, más todavía, para una oración contemplativa. Por eso, en la oración privada y personal, no es necesario repetirla muchas veces, ni recitarla de principio a fin; se puede escoger alguna de las peticiones y, a la luz del Espíritu, ir gustando y extrayendo sus tesoros espirituales para culminar en una verdadera oración de contemplación. De esta manera la debió de haber orado el mismo Jesús.

El perdón al prójimo (6,14-15)

> «¡Que si vosotros perdonáis a los hombres sus ofensas,
> os perdonará también a vosotros vuestro Padre celestial;
> pero, si no perdonáis a los hombres,
> tampoco vuestro Padre perdonará vuestras ofensas!».

---

3. Comp. CIC, nn. 578-598.

El perdón al prójimo es tan importante en la doctrina de Jesús, que le inspiró una exhortación adicional. El discípulo de Jesús debe otorgar el perdón a quien lo haya ofendido; y esto es tan necesario, que el perdón de Dios depende de que nosotros perdonemos. El perdón mutuo pertenece a la esencia misma de la espiritualidad del Nuevo Testamento (Mt 18,35; Mc 11,25; Col 3,13; Ef 4,32; St 2,13).

ACTUALIZACIÓN

¡Hombres de oración!

El tema de la oración es central en toda la Biblia, tanto en al AT (por ejemplo, las oraciones de los Profetas y de los Salmos), como también en el NT. De allí que, en la tradición de la Iglesia, la oración y la vida de oración sean un elemento indispensable en la vida de nuestra relación con Dios.

La oración es indispensable para llegar a la santidad. No hay santidad sin oración. La razón es evidente, pues «la oración es la elevación del alma a Dios o la petición a Éste de bienes conforme a su voluntad. La oración es siempre un don de Dios que sale al encuentro del hombre. La oración cristiana es relación personal y viva de los hijos de Dios con su Padre infinitamente bueno, con su Hijo Jesucristo y con el Espíritu Santo, que habita en sus corazones»[4].

Orar es entrar en intimidad con Dios; es tener un diálogo de amor, de tú a tú, con el Señor. No se puede ser santo, si no hay una comunicación frecuente y profunda con el que es Santo.

Para tener una visión amplia y correcta sobre la oración, se debe recordar que la doctrina completa sobre un tema bíblico nunca brota de un solo texto de la Escritura, sino del conjunto de textos que contemplan el mismo tema, bajo diferentes ángulos[5].

---

4. *Comp. CIC*, n. 534.
5. Sobre la oración en el NT, ver las notas claves de la Biblia de Jerusalén, a propósito de Mt 14,23; Hch 1,14; Rom 8,27; además, la cuarta parte del *Compendio del Catecismo de la Iglesia Católica*.

ORACIÓN

Oh Jesús:
*Queremos también nosotros pedirte,
como en otro tiempo tus discípulos:
«¡Enséñanos a orar!».
Ven en nuestra compañía cuantas veces
recitemos el «Padre nuestro».
Reza tú con nosotros;
permítenos unirnos a tu oración;
si es así, nuestra plegaria será escuchada.*

Padre:
*Recibe nuestra alabanza y glorificación.
Establece tu reinado en medio de nosotros.
Que se haga siempre tu voluntad.
Ven con tu gracia
en ayuda de nuestras necesidades
corporales y espirituales.
¡Para ti todo el honor, el poder y la gloria!*

Espíritu Santo:
*Regálanos el don de la oración.
Infúndenos el carisma de la contemplación.
Ora tú en nosotros con tu propia oración,
que siempre llega al corazón del Padre.
Amén.*

6. Enseñanzas diversas (6,19-7,29)

El verdadero tesoro (6,19-21)

«No amontonéis tesoros en la tierra...
Amontonad más bien tesoros en el cielo...
Porque donde esté tu tesoro,
allí estará también tu corazón.»

En la tierra se encuentran los tesoros perecederos de este mundo. En el cielo está la riqueza eterna e infinita de Dios. Jesús quiere que Dios sea nuestro verdadero tesoro, y que en Él esté puesto nuestro corazón, que sea Él el objeto de nuestro amor.

El ojo, lámpara del cuerpo (6,22-23)

> «La lámpara del cuerpo es el ojo.
> Si tu ojo está sano, todo tu cuerpo estará luminoso...»

En la literatura bíblica, el «ojo bueno» es símbolo de generosidad; el «ojo malo», de tacañería. Al tratar de las riquezas terrenas, Jesús invita a la generosidad. La persona desprendida y que da de lo suyo está llena de luz, en tanto que la tacaña se encuentra en tinieblas (BJ 1.432). Jesús aconseja la generosidad, que hace luminosa a la persona.

Dios y el dinero (6,24)

> «Nadie puede servir a dos señores;
> porque aborrecerá a uno y amará al otro;
> o bien, se entregará a uno y despreciará al otro.
> No podéis servir a Dios y al Dinero.»

En esta palabra, Jesús presenta el dinero como deificado: es el señor-dinero, el dios-dinero. Quien tiene amor al dinero y se entrega a él como a su dios, no puede amar y servir al verdadero Dios.

Abandono en la providencia divina (6,25-34)

Este pasaje evangélico, rebosante de poesía, es de una elevación espiritual extraordinaria. Es un ferviente cántico a la providencia paternal de Dios. El discípulo no tiene que inquietarse excesivamente por el sustento material. Debe vivir en la fe y en la confianza filial:

> «*Por eso os digo: No andéis preocupados por vuestra vida, qué comeréis, ni por vuestro cuerpo, con qué os vestiréis. ¿No vale más la vida que el alimento, y el cuerpo más que el vestido?* (v. 25).
>
> *Mirad las aves del cielo: no siembran, ni cosechan, ni recogen en graneros; y vuestro Padre celestial las alimenta. ¿No valéis vosotros más que ellas?* (v. 26).
>
> *Por lo demás, ¿quién de vosotros puede, por más que se preocupe, añadir un solo codo a la medida de su vida?* (v. 27).
>
> *Y del vestido, ¿por qué preocuparos? Observad los lirios del campo, cómo crecen; no se fatigan, ni hilan. Pero yo os digo que ni Salomón, en toda su*

gloria, se vistió como uno de ellos. Pues si a la hierba del campo, que hoy es y mañana se echa al horno, Dios así la viste, ¿no lo hará mucho más con vosotros, hombres de poca fe? (vv. 28-30).

No andéis, pues, preocupados diciendo: ¿Qué vamos a comer?, ¿qué vamos a beber?, ¿con qué vamos a vestirnos? Que por todas esas cosas se afanan los gentiles; pues ya sabe vuestro Padre celestial que tenéis necesidad de todo eso (vv. 31-32).

Buscad primero el reino de Dios y su justicia, y todas esas cosas se os darán por añadidura (v. 33).

Así que no os preocupéis del mañana: el mañana se preocupará de sí mismo. Cada día tiene bastante con su propio mal» (v. 34).

Lo importante es «buscar el reino de Dios» hasta encontrarlo; y, luego, trabajar con ahínco para ir alcanzando la justicia-santidad del reino. Todo lo demás pasa a un segundo término. Dios mismo dará como añadidura todo lo que sea necesario para el sustento de la vida. San Jerónimo comenta: «¡Es necesario trabajar, pero sin angustia!».

No juzgar al prójimo (7,1-5)

«*No juzguéis, para que no seáis juzgados*» (v. 1).

El discípulo de Jesús debe abstenerse de dar juicios sobre el hermano. Es a Dios a quien corresponde juzgar. Antes bien, el seguidor de Jesús debe ser comprensivo e indulgente, y trabajar primero por su propia perfección.

No profanar las cosas santas (7,6)

«*No deis a los perros lo que es santo*» (v. 6a).

Lo santo o las cosas santas eran los manjares sagrados, alimentos santificados por haber sido ofrecidos al Templo. Como aplicación: no hay que proponer una doctrina preciosa y santa a gente incapaz de recibirla bien y que podría abusar de ella (BJ 1.432).

Eficacia de la oración (7,7-11)

La oración es uno de los temas mayores del Sermón de la Montaña (6,56; 6-8; 9-13; 7,7-11). Jesús nos invita a pedir con confianza:

> «*Pedid y se os dará; buscad y hallaréis;
> llamad y se os abrirá.
> Porque todo el que pide recibe;
> el que busca, halla;
> y al que llama, se le abrirá...
> Si, pues, vosotros, siendo malos,
> sabéis dar cosas buenas a vuestros hijos,
> ¡cuánto más vuestro Padre que está en los cielos
> dará cosas buenas a los que se las pidan!».*

Tras los verbos impersonales *«se os dará, se os abrirá»* se esconde el verdadero sujeto que es Dios. No obstante la formulación absoluta de esta palabra de Jesús, hay que dejar el resultado de nuestra petición en la voluntad de Dios, como lo hizo el mismo Jesús, la noche de Getsemaní: *«No sea lo que yo quiero, sino lo que quieras tú»* (Mc 14,36b).

Lucas, en el lugar paralelo, en vez de *«cosas buenas»*, escribe: *«¡Cuánto más el Padre del cielo dará el Espíritu Santo a quienes se lo pidan!».* El Espíritu Santo es el don por excelencia y el regalo máximo que Dios nos da (Lc 11,9-13).

La regla de oro (7,12)

> «*Todo cuanto queráis que os hagan los hombres,
> hacédselo también vosotros a ellos;
> porque ésta es la Ley y los Profetas.*»

Esta máxima era conocida en el judaísmo (Tb 4,15), pero en forma negativa: no hacer al prójimo, lo que no quisiéramos que él nos hiciera. Jesús da a este pensamiento un tono positivo, que resulta más exigente (Lc 6,31; Rom 13,8-10). En esta conducta generosa se resumen la Ley y los Profetas.

La entrada estrecha y el camino angosto (7,13-14)

> «*¡Qué estrecha es la entrada
> y qué angosto el camino que lleva a la Vida!*»

Puerta estrecha o puerta amplia, camino espacioso o camino angosto, doctrina exigente de Jesús o prácticas acomodaticias son las alternativas ineludibles que se le presentan a todo hombre; pero en la base de todo está el misterioso beneplácito de Dios y su elección libre que, sin suprimir la responsabilidad humana, da la salvación al que se salva.

Los falsos profetas (7,15-20)

> «Todo árbol bueno da frutos buenos,
> pero el árbol malo da frutos malos...»

Jesús pone en alerta a sus discípulos contra los falsos maestros que pueden seducirlos y perderlos. ¿Cómo discernir a los maestros y profetas verdaderos y buenos, de los falsos? «¡*Por sus frutos los reconoceréis!*».

Los verdaderos discípulos (7,21-23)

> «¡No todo el que me diga: "Señor, Señor",
> entrará en el reino de los Cielos,
> sino el que haga la voluntad de mi Padre
> que está en los cielos!».

El carisma de profecía, los exorcismos y los milagros, son ciertamente dones valiosos de Dios, ordenados a la construcción del reino; pero no son ellos la garantía para entrar en el reino de los Cielos. La verdadera llave para poder ingresar en el reino de Dios es hacer la voluntad de nuestro Padre celestial. Hacer la voluntad del Padre fue la pasión de Jesús (Jn 4,34), y debe ser también el programa de su discípulo: Padre, ¿qué quieres que haga? ¡Que tu voluntad se realice en toda mi vida!

La verdadera sabiduría (7,24-27)

Al terminar el Sermón de la Montaña, Carta Magna del reino de los Cielos, Jesús hace una urgente invitación a sus discípulos para que construyan su propia casa espiritual sobre roca firma y no sobre arena. Esto se logra no sólo escuchando las enseñanzas de Jesús, sino poniéndolas en práctica:

> «Así pues, todo el que oiga estas palabras mías y las ponga en práctica,
> será como el hombre prudente que edificó su casa sobre roca:
> cayó la lluvia, vinieron los torrentes, soplaron los vientos
> y embistieron contra aquella casa; pero ella no cayó,
> porque estaba cimentada sobre roca.

> Y todo el que oiga estas palabras mías, pero no las ponga en práctica,
> será como el hombre insensato que edificó su casa sobre arena:
> cayó la lluvia, vinieron los torrentes, soplaron los vientos,
> irrumpieron contra aquella casa y cayó, y fue grande su ruina».

Bien sabemos que no podemos construir el reino de los Cielos, ni vivir a perfección la ley de Jesús, apoyándonos solamente en nuestras propias fuerzas. Sin embargo, lo que para nosotros es imposible, no lo es para Dios, *«porque ninguna cosa es imposible para Él»* (Lc 1,37). Con el auxilio constante del Espíritu Santo: con su gracia y sus inspiraciones, con sus mociones y sus dones, podremos construir nuestra casa espiritual sobre roca firme.

Conclusión del Sermón de la Montaña (7,28-29)

> «Sucedió que cuando acabó Jesús estos discursos,
> la gente se asombraba de su doctrina;
> porque les enseñaba como quien tiene autoridad,
> y no como sus escribas.»

ACTUALIZACIÓN

Este conjunto doctrinal ofrece a nuestra vida espiritual pistas importantes de conducta:

- ¡Donde esté nuestro tesoro, allí estará nuestro corazón!
- No podemos servir a Dios, si tenemos el dinero como Señor de nuestra vida.
- Debemos entregarnos, con fe y confianza filial, a la providencia amorosa de Dios, nuestro Padre.
- No debo juzgar a mis hermanos. Es a Dios a quien toca juzgarlos.
- Dios es nuestro Padre del cielo; podemos pedirle lo que necesitemos, sabiendo que Él nos dará aquello que nos convenga, según su voluntad.
- Hay que hacer al prójimo el bien que nosotros queramos recibir.
- El «camino a la vida» es estrecho y angosto, pero la gracia del Espíritu Santo es la garantía para poderlo transitar.
- No basta oír y aprender las enseñanzas de Jesús; es necesario, además, ponerlas en práctica.

ORACIÓN

Jesús Maestro:

Hemos escuchado con amor tus enseñanzas.
Grábalas en lo más hondo de nuestro corazón.
Sé tú nuestro tesoro y en ti estará nuestro corazón.
Concédenos el desapego de las cosas de la tierra,
queremos servirte sólo a ti.

Padre:

Padre, tú sabes lo que necesito.
Quítame toda angustia y dame infinita confianza en ti.
Establece en mí tu reino con toda su santidad;
y que para mí todo lo demás sea una añadidura.
Padre, hazme bueno con los demás.
Concédeme el don de no juzgar a mis hermanos.
Escucha, Padre, mi oración:
dame cuanto me sea necesario
para mi cuerpo y para mi alma,
pero te suplico que, ante todo, me des tu Espíritu Santo.
Concédeme el olvido de mí mismo
y comunícame la gracia de darles a mis hermanos
lo que yo quisiera para mí.

Espíritu Santo:

Condúceme por el camino estrecho
y hazme entrar por la puerta angosta
de los mandamientos de Jesús.
No permitas que me pierda siguiendo las lisonjas
de falsos profetas y de maestros sospechosos.

Padre:

Concédeme ser como Jesús
y hacer en todo tu voluntad.
Muéstramela y dame la gracia de cumplirla.
Quiero edificar mi casa espiritual
sobre la roca de las enseñanzas de Jesús,
de manera que, aun cuando vengan vendavales,
mi casa permanezca firme,
porque está cimentada sobre la roca de sus palabras.
Amén.

II. EL SERMÓN DE LA LLANURA (Lc 6,27-45)

El «Sermón de la Llanura» en Lucas es el equivalente del Sermón de la Montaña en Mateo. Y, aun cuando es más breve, no por eso es menos importante. El evangelista ha captado la hondura del espíritu de Jesús, a través de sus palabras. Jesús es el Mesías-profeta que, *«alzando los ojos hacia sus discípulos»*, les presenta la magna Constitución del reino de Dios, que Él ha venido a inaugurar.

Después de mencionar cuatro «bienaventuranzas» y cuatro «¡ay!», Lucas nos transmite unas palabras que el Maestro de Galilea quiso proponer como su doctrina propia; por eso se expresa así: *«Pero yo os digo a los que me escucháis»*.

El amor a los enemigos (7,27-31)

«*Amad a vuestros enemigos, haced bien a los que os odien,
bendecid a los que os maldigan, rogad por los que os difamen.
Al que te hiera en una mejilla, preséntale también la otra;
y al que te quite el manto, no le niegues la túnica.
A todo el que te pida, da, y al que tome lo tuyo, no se lo reclames.
Y tratad a los hombres como queréis que ellos os traten.*»

El amor gratuito y el nuevo mérito (7,32-34)

«*Si amáis a los que os aman, ¿qué mérito tenéis?
Pues también los pecadores aman a los que les aman.
Si hacéis bien a los que os lo hacen a vosotros, ¿qué mérito tenéis?
¡También los pecadores hacen otro tanto!
Si prestáis a aquellos de quienes esperáis recibir, ¿qué mérito tenéis?
También los pecadores prestan a los pecadores
para recibir lo correspondiente.*»

Amor, misericordia, perdón y generosidad (7,35-38)

«*Más bien, amad a vuestros enemigos;
haced el bien y prestad sin esperar nada a cambio;
entonces vuestra recompensa será grande
y seréis hijos del Altísimo, porque Él es bueno
con los desagradecidos y los perversos.*

Sed compasivos como vuestro Padre es compasivo.
No juzguéis y no seréis juzgados,
no condenéis y no seréis condenados;
perdonad y seréis perdonados.
Dad y se os dará; una medida buena, apretada, remecida,
rebosante pondrán en el halda de vuestros vestidos.
Porque con la medida con que midáis se os medirá.»

La instrucción del discípulo (7,39-40)

Les añadió una parábola:
«¿Podrá un ciego guiar a otro ciego?
¿No caerán los dos en el hoyo?
No está el discípulo por encima del maestro.
Será como el maestro cuando esté perfectamente instruido.»

La humildad y la comprensión (6,41-42)

«¿Cómo es que miras la brizna que hay en el ojo de tu hermano
y no reparas en la viga que hay en tu propio ojo?
¿Cómo puedes decir a tu hermano:
"Hermano, deja que saque la brizna que hay en tu ojo",
si no ves la viga que hay en el tuyo?
Hipócrita, saca primero la viga de tu ojo
y entonces podrás ver para sacar la brizna
que hay en el ojo de tu hermano.»

De lo que rebosa el corazón habla la boca (6,43-45)

«Porque no hay árbol bueno que dé fruto malo
y, a la inversa, no hay árbol malo que dé fruto bueno.
Cada árbol se conoce por su fruto.
No se recogen higos de los espinos,
ni de la zarza se vendimian uvas.
El hombre bueno, del buen tesoro del corazón saca lo bueno,
y el malo, del malo saca lo malo.
Porque de lo que rebosa el corazón habla su boca.»

Necesidad de las obras (6,47-49)

«¿Por qué me llamáis:
"Señor, Señor" y no hacéis lo que digo?
Todo el que venga a mí y oiga mis palabras
y las ponga en práctica,
os voy a mostrar a quién es semejante:
Es semejante a un hombre que, al edificar una casa,
cavó profundamente y puso los cimientos sobre roca.
Al sobrevenir una inundación,
rompió el torrente contra aquella casa,
pero no pudo destruirla por estar bien edificada.
Pero el que haya oído y no haya puesto en práctica
es semejante a un hombre que edificó una casa sobre tierra,
sin cimientos, contra la que rompió el torrente
y al instante se desplomó
y fue grande la ruina de aquella casa.»

ACTUALIZACIÓN

El Sermón de la Llanura se presenta como un hermoso jardín en donde brotan, como bellas flores de diversas clases, innumerables virtudes cristianas: en primer lugar, el amor aun a los enemigos; y en seguida, la oración, la paciencia, la generosidad, la benevolencia, la comprensión, la misericordia, el perdón, la instrucción, la humildad, la bondad del corazón y el empeño por la sólida construcción del reino de Dios.

Todas estas virtudes no solamente presentan un bello panorama para ser contemplado, sino un programa de vida por realizar. El discípulo de Jesús de Nazaret que, al impulso de la virtud del Espíritu Santo, las vaya practicando con esmero, estará trabajando en serio por adquirir la santidad del reino de Dios: «¡Bienaventurados los que tienen hambre y sed de justicia, porque ellos serán saciados!».

ORACIÓN

Jesús:

Graba tus palabras en nuestro corazón,
para que de ellas hable nuestra boca.
Infunde tu amor en nosotros
y haz que amemos a los demás como tú amaste.

Haznos humildes y caritativos;
queremos ser misericordiosos,
como misericordioso es nuestro Padre Dios.
Edifica, Señor, nuestra casa espiritual
sobre la roca firme de tus enseñanzas.
Amén.

Capítulo VIII
LOS MILAGROS DE JESÚS, SIGNOS MESIÁNICOS
JESÚS TAUMATURGO

I. ACTIVIDAD TAUMATÚRGICA DE JESÚS

Desde el principio de su actividad evangelizadora, Jesús comenzó a proclamar la cercanía o la presencia del reino de los Cielos con «*palabras de sabiduría*» y con «*obras de poder*», ejercidas sobre enfermos aquejados por diversos sufrimientos y sobre los endemoniados:

> «*Recorría Jesús toda Galilea, enseñando en sus sinagogas, proclamando la Buena Nueva del reino y curando toda enfermedad y toda dolencia en el pueblo... Y le trajeron todos los que se encontraban mal con enfermedades y sufrimientos diversos, endemoniados, lunáticos y paralíticos, y los curó*» (Mt 4,23-24).

Con esta actividad pluriforme, manifestó Jesús de inmediato su misión reveladora del reino de Dios, acompañada con obras de misericordia y de compasión a favor de los más necesitados.

La sabiduría, la autoridad en la palabra y el poder sobre los espíritus que esclavizaban a los hombres, constituían la novedad de la predicación de Jesús: «*¿Qué es esto? ¡Una doctrina nueva, expuesta con autoridad! Manda hasta a los espíritus inmundos y le obedecen!*» (Mc 1,27).

La multitud, al oírle, quedaba maravillada y decía: «*¿De dónde le viene esto? Y ¿qué sabiduría es esta que le ha sido dada? ¿Y esos actos de poder hechos por sus manos? ¿No es éste el carpintero, el hijo de María y hermano de Santiago, José, Judas y Simón? ¿Y no están sus hermanas aquí entre nosotros?*» (Mc 6,2-3).

La predicación del reino, mediante la palabra llena de autoridad, era lo esencial; pero los milagros confirmaban la verdad de la palabra y eran signos sensibles manifestativos de la implantación y de la presencia del reino de Dios.

II. LOS MILAGROS DE JESÚS

Los evangelios nos refieren unos treinta y cuatro casos particulares de milagros obrados por Jesús a lo largo de sus años de ministerio público. El número es muy discreto y son casos muy valiosos por su objetivo, sobriedad, precisión y naturalidad.

Los prodigios son realizados sin ostentación, pero con suma autoridad; con frecuencia basta una sola palabra. Lo serio, simple y sencillo de los milagros de Jesús son una garantía de su autenticidad. Algunos milagros pudieran explicarse por una influencia síquica, sin embargo ésta va acompañada de un sentido sobrenatural.

Los milagros no son por sí mismos una prueba de la divinidad de aquel que los realiza. No obstante, hay que apreciar debidamente, en los milagros de Jesús, la autoridad personal con la que Él realiza esas acciones, el sentido y la finalidad de las mismas y la presencia de esas obras de poder durante toda su vida ministerial. Se tendrá entonces un argumento global que puede conducir a la manifestación de su divinidad.

He aquí la lista de los treinta y cuatro milagros, según su presencia en tal o cual evangelio:

Mateo-Marcos-Lucas-Juan:

1) La primera multiplicación de los panes y los peces (Mt 14,15-23; Mc 6,34-47; Lc 9,12-17; Jn 6,1-15). Es el único milagro narrado por los cuatro evangelistas.

Mateo-Marcos-Lucas:

2) La suegra de Simón-Pedro (Mt 8,14-15; Mc 1,29-31; Lc 4,38-39).
3) Curación de un leproso (Mt 8,1-4; Mc 1,40-45; Lc 5,12-16).
4) Un paralítico y el perdón de los pecados (Mt 9,1-8; Mc 2,1-12; Lc 5,17-26).
5) El hombre de la mano paralizada (Mt 12,9-14; Mc 3,1-6; Lc 6,6-11).
6) La tempestad calmada (Mt 8,23-27; Mc 4,35-41; Lc 8,22-25).

7) El endemoniado de Gerasa (Mt 8,28-34; Mc 5,1-20; Lc 8,26-39).
8) La hemorroísa (Mt 9,20-22; Mc 5,25-34; Lc 8,43-48).
9) La hija de Jairo vuelta a la vida (Mt 9,18-19.23-26; Mc 5,21-24.35-43; Lc 8,40-42.49-54).
10) El endemoniado epiléptico (Mt 17,14-20; Mc 9,14-29; Lc 9,37-43).
11) El ciego de Jericó (Mt 20,29-34; Mc 10,46-52; Lc 18,35-43).

Mateo-Marcos-Juan:

12) Jesús camina sobre las aguas (Mt 14,24-33; Mc 6,48-52; Jn 6,16-21).

Mateo-Marcos:

13) La hija de una mujer cananea (Mt 15,21-28; Mc 7,24-30).
14) La segunda multiplicación de los panes (Mt 15,32-39; Mc 8,1-10).
15) La higuera estéril (Mt 21,18-22; Mc 11,12-14.20-25).

Mateo-Lucas:

16) El criado del centurión de Cafarnaúm (Mt 8,5-13; Lc 7,1-10).
17) La sanación de un poseso ciego y mudo (Mt 12,22; Lc 11,14).

Marcos-Lucas:

18) Un endemoniado en la sinagoga de Cafarnaúm (Mc 1,21-28; Lc 4,31-37).

Mateo:

19) Curación de dos ciegos (Mt 9,27-31).
20) Curación de un endemoniado mudo (Mt 9,32-34).

Marcos:

21) Un sordo tartamudo (Mc 7,31-37).
22) El ciego de Betsaida (Mc 8,22-26).

Lucas:

23) La pesca milagrosa (Lc 5,1-11).
24) El hijo de la viuda de Naín (Lc 7,11-17).
25) La mujer encorvada (Lc 13,10-17).
26) Curación de un hidrópico (Lc 14,1-6).
27) Curación de los diez leprosos (Lc 17,11-19).
28) Jesús en Getsemaní cura la oreja de Malco (Lc 22,50-51).

Juan:

29) El vino de Caná (Jn 2,1-11).
30) El hijo del funcionario regio (Jn 4,46-54).
31) El paralítico de Besthesdá (Jn 5,1-18).
32) El ciego de nacimiento (Jn 9,1-41).
33) La resurrección de Lázaro (Jn 11,1-44).
34) La pesca milagrosa (Jn 21,3-14).

En resumen:

- 21 casos de curación de enfermos.
- 5 exorcismos.
- 5 donaciones (vino, panes, pescados).
- 2 milagros de salvamento (el caminar sobre las aguas y la tempestad calmada).
- 1 acción simbólica (la maldición a la higuera que no daba frutos).

Esta lista es reveladora. La curación de enfermos ocupa el primer lugar en las acciones poderosas de Jesús; en seguida vienen las liberaciones del demonio y la donación de elementos necesarios para la vida del hombre. Esto manifiesta que para Jesús es importante el hombre en su totalidad y en su integridad.

Por lo que toca a los evangelistas, se puede hacer la siguiente síntesis:

- En Marcos, los milagros son *«una llamada a la fe»*.
- En Mateo, son *«las obras de Jesús, Señor de su comunidad»*.
- En Lucas, son *«acciones misericordiosas de Jesús Salvador»*.
- En Juan son *«la manifestación de la gloria del Hijo Único»*.

En total: Lucas narra 20 milagros; Mateo 19; Marcos 18; y Juan 8.

III. ELEMENTOS EN UN MILAGRO

1. El milagro es el resultado de una «acción de poder» de Jesús: la dýnamis o enérgeia que reside en Él.

2. Se produce en un ambiente de implantación de «el reino de Dios» y es un signo sensible de la presencia de ese «reinado».

3. Normalmente se requiere la «fe».

4. Existe ordinariamente la «oración de imploración».

5. La sanación no es algo que se impone desde fuera, mediante la inducción de un elemento externo, sino que se produce y salta, gracias a la virtud-dýnamis o enérgeia divina, desde dentro del enfermo, desde sus células, desde su psijé o desde su espíritu. Las células somáticas o las energías síquicas o espirituales son vigorizadas por la virtud divina.

La sanación se produce en el hombre de acuerdo a la función que Dios ha establecido en cada parte del organismo humano que Él mismo ha creado.

No es, pues, de extrañar que para que se logre una sanación intervengan las mismas energías que Dios ha puesto en los seres que Él mismo ha creado (células, órganos, sicología).

6. ¿Por qué a los milagros se les llama *«dynámeis»*? Porque la dýnamis, fuerza y poder de Dios pasaba por Jesús, estaba en Él, para sanar a los enfermos: *«El poder del Señor (Dios) le hacía obrar cura-*

ciones» (Lc 5,17). *«Salía de Él una fuerza que sanaba a todos»* (Lc 6,19). *«Nadie puede realizar las señales que tú realizas, si Dios no está con él»* (Jn 3,2b).

7. El papel que la fe tiene en las sanaciones es mencionado frecuentemente en los evangelios (Mc 2,5; 5,34.36; Mt 9,22; Lc 7,50; Jn 4,50-51; 11,25-27).

IV. TEOLOGÍA DE LOS MILAGROS

1. Los milagros no son lo más importante en la misión de Jesús, pero sí juegan un papel específico en su evangelización. Si, por hipótesis, se suprimieran en los evangelios los milagros, se produciría un enorme vacío y quedarían sin comprenderse muchas palabras y actitudes de Jesús, y numerosísimas reacciones de la gente. La predicación de Jesús fue con *«palabras»* y *«obras»*.

2. El milagro es *«una parte esencial del mensaje»*, y no una sobrecarga al mensaje evangélico. El milagro, más que una ayuda para la fe, es la expresión acabada de la revelación (Mc 2,10-11). Si Jesús hizo prodigios para que creyeran en Él, más los realizó porque creían en Él. Y si es hermoso y admirable creer en Jesús por sus milagros, más admirable y hermoso es creer en los milagros a causa de Jesús.

3. Los milagros, más que ser una garantía externa de la revelación, son una parte genuina de la misma. No son únicamente acciones que demuestran el extraordinario dominio de Jesús sobre la naturaleza, sino que son *«signos reveladores de ciertos aspectos de su persona»*.

4. Siendo así, además de ser *«hechos portentosos»* y *«fuerzas»* que manifiestan en Jesús un poder sobrenatural y una virtud divina que Él posee como propia, los milagros son *«acciones-signos»* que proyectan un mensaje específico y propio. No basta, por lo tanto, afirmar en bloque la realidad de los milagros como «acciones de poder», sino que es preciso intuir el significado o el mensaje que proyecta cada uno de ellos.

5. Jesús jamás realiza un milagro por ostentación, sino por un fin superior: acreditar su misión, dar garantía a su palabra, manifestar

algún aspecto de su propio misterio o mostrar su compasión hacia el pobre necesitado. Entonces accede a una petición o Él mismo toma la iniciativa. Para obrar un milagro, Jesús exige la fe, no en Dios creador y omnipotente, sino en su propia persona y en su misión.

6. En una forma global, salvo excepciones, se puede mencionar una triple finalidad de los milagros:

1º Algunos milagros aparecen como «*la manifestación en Jesús de la compasión y misericordia de Dios*». Con frecuencia se lee: «*Y Jesús se compadeció...*» (Mc 1,41; 6,34; 8,2; Mt 9,36; Lc 7,13).

2º Otros milagros son «*signos de que con Jesús y en Jesús han sido inaugurados ya los tiempos mesiánicos*» (Mt 11,2-5; Jn 6,14).

3º Particularmente en el evangelio de Juan, los milagros son «*signos*» que manifiestan aspectos particulares del misterio de Jesús (Jn 2,11.18; 4,48.54; 5,36; 6,26.30).

ACTUALIZACIÓN

Hoy también como entonces, lo que más desea Jesús es establecer el reinado de Dios en nosotros. Él quiere reinar y gobernar en cada uno de nosotros, en nuestras familias, en todas las comunidades humanas, en la sociedad y en el mundo.

Como en tiempos de Jesús, estamos necesitados de toda clase de liberación y de sanación de innumerables enfermedades de alma y cuerpo. Además, el abrir nuestro corazón al reinado de Dios y ser liberados de nuestros pecados y de sus consecuencias es el principio de nuestro caminar «hacia la santidad».

Abramos nuestra mente a la palabra poderosa del Señor; acrecentemos nuestra fe en Él, y recibamos su invitación para que el reino de Dios se establezca en medio de nosotros y pidámosle que manifieste la presencia de su reino ejerciendo en beneficio nuestro sus acciones de poder y de misericordia.

Que, ante todo, nos libre de las asechanzas del Maligno, pero que también escuche nuestras súplicas inmediatas, pidiéndole que solucione los problemas múltiples de nuestra vida y nos sane de nuestras enfermedades espirituales, síquicas y corporales.

V. PRESENTACIÓN DE ALGUNOS MILAGROS

Primera multiplicación de los panes (Mt 14,15-23; Mc 6,34-47; Lc 9,12-17; Jn 6,1-15)

En medio de gran sencillez, cerca de la pascua del año 29, al año y medio de su ministerio, Jesús realiza el gran prodigio: ¡La multiplicación de los panes y de los peces para unos cinco mil hombres, sin contar mujeres y niños! Un prodigio de poder sobre las leyes de la materia para multiplicarla; un milagro de compasión y de misericordia hacia un pueblo que sufría el hambre; y una acción preñada de simbolismo: anuncio expresivo de la futura Eucaristía, alimento que saciará espiritualmente a las multitudes. Si Jesús era el autor del milagro, era bueno que los Doce fueran los que repartieran los panes y fueran ellos también quienes recogieran, en doce canastos, los fragmentos sobrantes de ese alimento milagroso.

ORACIÓN

Jesús, Pastor y Maestro:
Somos como ovejas descarriadas, sin pastor.
Ten compasión de nosotros.
Sé nuestro Pastor y nuestro Maestro.
Nuestra vida avanza momento tras momento,
y puede hacérsenos ya tarde.

Danos de comer, que tenemos hambre.
Reúnenos en comunidad de hermanos.
Toma el pan, levanta tus ojos y pronuncia la bendición.
Pártenos el pan de la Eucaristía
y dánoslo en abundancia.
Ansiamos vivir de «vida eterna»,
y esperamos que nos resucites en el último día.

Un paralítico y el perdón de los pecados
(Mt 9,1-8; Mc 2,1-12; Lc 5,17-26)

Jesús predica incansablemente la palabra del reino. La fe, que es entrega total, impulsa a cuatro hombres a presentarle un paralítico: «¡Hijo, tus pecados están perdonados!». ¡Perdonar los pecados...! Un atributo exclusivo de Dios, pero ejercido por Jesús con derecho propio. Esto parece demasiado, más aún, imposible. Pero un enérgico: «¡*Levántate, toma tu camilla y anda!*» pone de manifiesto que Jesús, el Hijo del hombre, tiene autoridad para sanar las enfermedades del cuerpo y salvar espiritualmente a los hombres. El pueblo sencillo se admira y glorifica a Dios: «¡*Jamás vimos cosa parecida!*».

ORACIÓN

Jesús, Hijo del hombre:

Mira nuestra fe:
es sencilla, aunque débil y tal vez utilitaria.
Perdona nuestros pecados.
Te presentamos a nuestros familiares y amigos enfermos.
Levántanos de nuestras enfermedades corporales;
pero sobre todo, líbranos de toda parálisis espiritual.
Padre, te glorificamos y te damos gracias
por haber puesto en Jesús, nuestro hermano,
el poder de salvarnos del pecado
y aliviar las enfermedades de nuestro cuerpo.
Amén.

La tempestad calmada (Mt 8,23-27; Mc 4,35-41; Lc 8,22-25)

Jesús, el predicador del reino de Dios, es un hombre como nosotros que se cansa y se duerme...; pero su persona encierra un misterio sobrehumano, porque basta una orden de imperio dada al viento y al mar para que éstos obedezcan, se aquieten y callen. Y es grande y es poderoso y es Señor de la naturaleza y exige fe... «*¿Quién será Él?*».

ORACIÓN

Jesús, Maestro bueno:

Descansa tranquilo en nuestra barca.
Duerme a gusto y sosegadamente.

> Queremos ofrecerte un poco de reposo.
> Contigo se esfuman nuestros miedos.
> ¿Cómo no vamos a tener fe en ti?
> Pero, cuando surja de improviso peligrosa tempestad,
> ¡despierta, Señor, y sosiega, con tu palabra soberana,
> los vientos impetuosos y las olas del mar,
> por donde cruza la frágil y pequeña nave de nuestra vida!
> Amén.

El endemoniado epiléptico (Mt 17,14-20; Mc 9,14-29; Lc 9,37-43)

«¡Todo es posible para el que cree!» – «¡Creo: ayuda mi poca fe!». Jesús, con su palabra soberana, increpa al espíritu sordo y mudo que se había apoderado del muchacho: «¡Yo te lo mando: sal de él y no entres más en él!». Y lo que no pudieron hacer los discípulos, Jesús lo realizó en un instante. Luego, la gran lección: «¡Esta clase con nada puede ser arrojada sino con la oración!». Fe y oración son las armas eficaces que echan fuera a Satanás.

ORACIÓN

¡Jesús Maestro!
El mal nos domina y nos esclaviza:
enfermedades físicas, mentales, sicológicas y espirituales,
y a veces desde la primera infancia.
Con frecuencia por el cúmulo de penas y sufrimientos,
de angustias y dolores,
que nos llevan hasta el borde de la muerte
y cuyas causas no podemos discernir,
pensamos que es el Enemigo mismo quien nos oprime.
Sabemos que tu fe y confianza en Dios, tu Padre,
es total y absoluta; y, por tanto, todo lo puedes.
Ven, Jesús, y compadécete de nosotros.
Aumenta nuestra poca fe.
Pronuncia, en la fuerza de tu Espíritu,
tu palabra todopoderosa,
y haz desaparecer de nosotros todo mal.
Hazlo, Jesús, para gloria tuya y gloria de tu Padre.
Amén.

Jesús camina sobre las aguas (Mt 14,24-33; Mc 6,48-52; Jn 6,16-21)

Jesús mostró su poder sobre la materia multiplicando los panes y los peces; ahora lo muestra también sobre los elementos de la naturaleza y sobre su propio cuerpo, al acercarse a sus discípulos *«caminando sobre el mar»*. Había razones acumuladas para que quedaran profundamente impresionados: Jesús se muestra Señor de la materia, Señor de los elementos y Señor de sí mismo; ¿no podrá decir un día, al tomar un poco de pan: *«Tomad y comed, éste es mi cuerpo»*?

ORACIÓN

Jesús, «Yo soy»:
He aquí que navegamos en tinieblas,
y nuestra noche avanza.
Soplan contra nosotros vientos impetuosos,
que nos impiden bogar con seguridad.
Ven, Jesús, sobre las aguas y súbete a nuestra barca.
Sabiendo que eres Tú, estaremos seguros.
Sosiega el viento, tranquiliza las olas, y haznos oír:
«¡Tened confianza! ¡Yo soy! ¡No temáis!».
Amén.

La hija de una mujer cananea (Mt 15,21-28; Mc 7,24-30)

Jesús anda en tierras de gentiles. Es la región de Tiro. Una mujer pagana tiene fe en Jesús. ¿La rechazará el Señor o la acogerá? ¿La salvación será sólo para el pueblo judío o también para el mundo de los gentiles? Finalmente la mujer clama con confianza y con audacia, pero Jesús le responde: *«¡Deja que primero se sacien los hijos...!»*. Sí, la salvación, por voluntad divina, es primero para Israel, el Pueblo de la elección; pero será también para los que están fuera; y por eso, como signo presagioso y gracias a la fe y a la súplica de la sirofenicia, Jesús implanta el reino de Dios, echando fuera de una niña pagana un demonio que la esclavizaba.

ORACIÓN

Señor Jesús, Hijo de David:
En el mundo hay mucho mal.
Nuestro enemigo nos oprime y nos esclaviza.
Tú has sido enviado a las ovejas perdidas de Israel;
pero tu rebaño lo formamos las ovejas del redil universal.
Muéstranos, Señor, a todos tu misericordia.
Fortalece nuestra fe y hazla «grande».
¡Jesús, Salvador de los hombres, sálvanos!

El criado del centurión de Cafarnaúm (Mt 8,5-13; Lc 7,1-10)

Llegó Jesús a Cafarnaúm. El criado de un centurión romano estaba mal y a punto de morir. El centurión, no sintiéndose digno de presentarse personalmente ante Jesús, le envía una embajada formada por notables de la ciudad. Éstos apoyan la petición del centurión, pues, aunque se trata de un pagano, es un bienhechor de la comunidad y les ha construido la sinagoga.

El centurión había oído lo que Jesús hacía, y la fe había nacido en su corazón. Su fe era tal, que no sentía necesaria la presencia física de Jesús para sanar a su siervo. Bastaba que lo ordenara con su palabra poderosa, aunque fuera a distancia: «¡Dilo con una palabra y mi criado quedará sano!». Al oír esto Jesús, quedó admirado de él, y volviéndose dijo a la muchedumbre que lo seguía: «¡Os digo que ni en Israel he encontrado una fe tan grande!». Y cuando llegaron a casa, hallaron al siervo sano.

ORACIÓN

Señor Jesús:
Mira a nuestros enfermos que tanto sufren,
o están en peligro de muerte.
Ven a visitarlos; o, si prefieres,
pronuncia sólo una palabra y sanarán.

> *Conforta, Jesús, nuestra fe;*
> *e invítanos a participar*
> *en el banquete*
> *del reino de los Cielos.*

Un endemoniado en la sinagoga de Cafarnaúm
(Mc 1,21-28; Lc 4,31-37)

«*¡El reino de Dios se ha acercado!*». ¡El reinado de Dios está aquí! Ése fue el grito inaugural de Jesús. Es lógico que su primer milagro en el evangelio de Marcos sea un acto de poder que libera del espíritu del mal a un pobre hombre que había caído bajo la opresión del demonio. El reinado de Dios desplaza el imperio de Satanás. Éste abandona a su presa contra su voluntad y manifiesta su rabia. Todos se quedaron pasmados: «*¡Una doctrina nueva, expuesta con autoridad! Manda hasta a los espíritus inmundos y éstos le obedecen!*». Y su fama corrió por todas partes, en toda la región de Galilea.

ORACIÓN

Jesús Maestro evangelizador:
Queremos escucharte.
Háblanos con la autoridad del Espíritu
con el que el Padre te ha ungido.
Enséñanos tu doctrina siempre nueva.
Tú, el Santo de Dios, has venido
a liberar al hombre, a restaurarlo y a redimirlo.
Echa fuera de nosotros todo lo que no sea tuyo;
no nos dejes caer bajo el dominio del mal,
y sobre todo líbranos del Maligno.
Amén.

La mujer encorvada (Lc 13,10-17)

Se encontraba en una sinagoga una mujer jorobada, que desde hacía dieciocho años no podía enderezarse. El evangelista atribuye su enfermedad a una influencia del demonio. Jesús vio a la mujer, la llamó y, sin exigirle nada, le impuso las manos y le dijo: «¡Mujer, queda desatada de tu enfermedad!». Al punto se enderezó y glorificaba a Dios. Nada puede oponerse a la acción soberana de Jesús. En el presente caso, la liberación del mal corporal es signo claro de liberación interior; la enfermedad física era efecto de una atadura espiritual.

Al reclamo del jefe de la sinagoga, disgustado de que Jesús hubiera obrado esa curación, éste respondió: «¡Hipócritas! ¿No desatáis del pesebre todos vosotros en sábado a vuestro buey o vuestro asno para llevarlos a abrevar? Y a ésta, que es hija de Abraham, a la que ató Satanás hace ya dieciocho años, ¿no estaba bien desatarla de esta ligadura en día de sábado?».

Esta sanación hay que comprenderla en el contexto de la batalla escatológica librada por Jesús contra Satanás, y de la implantación del reino de Dios realizada por Él.

ORACIÓN

Señor Jesús:

*En nuestra sociedad hay mujeres disminuidas,
obligadas a caminar encorvadas durante largos años.
Toma la iniciativa, impón tus manos sobre ellas
y pronuncia tu palabra soberana y liberadora:
«Mujer, ¡queda desatada de tu enfermedad!».
Rompe sus cadenas y haz que se enderecen.
Y que nosotros nos alegremos al experimentar
las maravillas de tu bondad y de tu poder.
Amén.*

El vino de Caná (Jn 2,1-11)

«¡No tienen vino!», dijo a Jesús su madre; y éste, de manera insólita y oscura, le respondió: «¡Qué hay entre tú y yo, Mujer! ¡Todavía no llega mi hora!». A lo que ella agregó: «¡Haced lo que Él os diga!». Y el agua de seis tinajas, que contenían unos seiscientos litros, quedó convertida al punto en vino generoso. ¡Cantidad y calidad...!

El significado de este *«primer signo»* no es evidente a primera vista. Pero entendido a la luz del evangelio de Juan, el vino que se ha acabado simboliza la primera Alianza que ha llegado a su término. Con Jesús va a comenzar la era mesiánica, y una *«nueva Alianza»* está por sellarse. Jesús es el novio de la boda mesiánica; la novia es el nuevo Pueblo que va a surgir. Para una era nueva y para una Alianza nueva se requiere también un vino nuevo: discreta alusión al futuro vino de la Eucaristía.

Más aún: se trata del anuncio de un mundo nuevo, de una nueva humanidad, que está a punto de venir. Son necesarios, por tanto, un *«nuevo Hombre»* y una *«nueva Mujer»* (Jn 19,26-27).

ORACIÓN

Jesús Mesías, nuevo Adán:
Por mediación e intercesión de tu madre,
la nueva Mujer, la nueva Eva,
danos siempre el vino abundante y generoso
de la nueva Alianza: ¡la Eucaristía!
Concédenos la gracia de seguir su maternal consejo:
«¡Haced lo que Él os diga!».
Queremos seguir siempre tus pasos
y escuchar y cumplir tus mandamientos.
Manifiéstanos constantemente tu gloria,
y concédenos la gracia de «creer» siempre en ti.

La resurrección de Lázaro (Jn 11,1-44)

Lázaro lleva ya cuatro días muerto. Llega Jesús a Betania. Marta le dice: *«Señor, si hubieras estado aquí, no habría muerto mi hermano. Pero aun ahora yo sé que cuanto pidas a Dios, Dios te lo concederá».* Jesús le responde: *«¡Tu hermano resucitará!».* Marta comprende la palabra de Jesús como referencia a la resurrección al final de los tiempos. Entonces Jesús declara solemnemente: *«¡Yo soy la Resurrección y la Vida!».*

He aquí la cumbre doctrinal de la escena. Jesús es la resurrección porque Él es la Vida. El Padre le ha dado al Hijo tener la vida en sí mismo; y, siendo así, puede vivificar a quien Él quiera. Y agrega: «*El que cree en mí, aun cuando muera, vivirá; y todo el que vive y cree en mí no morirá eternamente. ¿Crees esto?*». La muerte es la consecuencia necesaria del pecado. El hombre debe morir, pero gracias a la fe en Jesús, volverá a la vida y resucitará para no morir jamás.

La escena corre llana y natural. Jesús va al sepulcro donde ha sido colocado Lázaro. Se conmueve profundamente. Marta no piensa sino en la terrible realidad del cadáver descompuesto. Jesús replica: «*¿No te dije que si crees verás la gloria de Dios?*». Quitan la piedra. Jesús eleva sus ojos al cielo para orar. En su plegaria resplandece la perfecta unión de su voluntad con la del Padre. Terminada la oración, Jesús grita con fuerte voz: «*¡Lázaro, sal fuera!*». Y salió el muerto, ligado con vendas y envuelto el rostro con un sudario. Jesús ordena: «*¡Soltadlo y dejadlo ir!*».

La narración termina sin detalles. Juan quiere recalcar lo esencial: Jesús es la Resurrección y la Vida. La resurrección de Lázaro es signo de que Jesús puede comunicar a los hombres «vida eterna» en este mundo, y volverlos a la vida en el último día. Además, colocada muy cerca de la última Pascua, la resurrección de Lázaro se convierte en anuncio de la propia resurrección de Jesús.

ORACIÓN

¡Oh Jesús, amigo mío!
Ya sé que me amas.
Heme aquí delante de ti, semejante a Lázaro,
espiritualmente enfermo o muerto.
Ven, glorifica a tu Padre,
y glorifícate a ti mismo, salvándome.
Tú eres la Luz de la vida.
Líbrame, Señor, de este letargo prolongado
y profundo en que me encuentro.
Despiértame de este terrible sueño de muerte.

Tú eres, Jesús, «la Resurrección y la Vida».
Resucítame y comunícame vida eterna.
Yo creo en ti, y sé que, aun cuando haya muerto, viviré.
Contigo, no moriré eternamente.

> Creo que eres el Mesías, que eres el Hijo de Dios,
> que eres el que debía venir al mundo.
> Conmuévete, Jesús, y ten piedad de mí.
> Derrama tus lágrimas a causa de mi enfermedad mortal.
> Detente y manifiesta en mí la gloria de Dios.
> Dale ya gracias a tu Padre, que siempre te escucha.
> Y ahora, Jesús, pronuncia fuertemente mi nombre,
> y con tu palabra omnipotente devuélveme a la vida.
> Amén.

La pesca milagrosa (Jn 21,3-14)

Después de una noche infructuosa, Jesús grita desde la orilla al pequeño grupo de pescadores: «¡*Echad la red a la derecha de la barca y encontraréis!*». La echaron, y Pedro sacó la red con ciento cincuenta y tres peces grandes; y la red no se rompió. Entonces reconocen a Jesús: «¡*Es el Señor!*».

Los ciento cincuenta y tres peces fueron la realidad. ¿Cuál sería el simbolismo del prodigio? Mediante esa pesca real, Jesús anuncia la «*gran pesca espiritual*» que los discípulos realizarán en un futuro próximo. Será una «*pesca posible*», porque intervendrá Jesús; sin Él nada se puede hacer. Será una «*pesca bajo la dirección de Simón Pedro*» a quien Jesús ha puesto como roca de su Iglesia. Será una «*pesca universal*», por eso son capturados ciento cincuenta y tres peces, cifra del total de clases de peces, según la antigua piscicultura griega. Y será una «*pesca perfecta y única*», por eso es una única red y no se rompe.

Después de la pesca, Jesús los invita a un sencillo banquete; y con gestos eucarísticos les reparte el pan y el pez que Él mismo les ha preparado.

ORACIÓN

Señor Jesús:

*Queremos trabajar en la barca de tu Iglesia
para conquistar hombres para el reino de los Cielos.
Deseamos realizarlo bajo la dirección de tu Vicario,
el Sumo Pontífice.*

*Guíanos tú, Señor, en esta entusiasmante tarea,
pues «sin ti nada podemos hacer».
Dinos hacia dónde hay que lanzar nuestras redes.
Recibe nuestro humilde trabajo
y haznos partícipes de tu fecundidad.
Danos mirada limpia para reconocerte,
e invítanos a tu mesa para compartir
en el banquete eucarístico
que tú mismo nos has preparado.
¡Jesús, bendito seas!*

Capítulo IX
LA CRUZ Y LA GLORIA DEL HIJO DEL HOMBRE

I. JESÚS, EL PROFETA QUE DEBÍA VENIR AL MUNDO

1. La multiplicación de los panes

En torno a la segunda Pascua del ministerio público de Jesús, el año 29 d.C., tuvo lugar la multiplicación de los panes y peces, a orillas del mar de Galilea.

Según el evangelio de san Juan, cuando la multitud se dio cuenta del prodigio que Jesús había realizado al multiplicar los panes y los peces, dijeron: «*Éste es verdaderamente el Profeta que iba a venir al mundo*», e intentaron tomarle por la fuerza para hacerlo rey, declarándolo el Mesías.

Fue un momento de apoteosis en la vida de Jesús. Pero Él bien sabía que su mesianismo no era de carácter político, ni nacionalista, ni terreno. Por eso, dándose cuenta de ello, huyó al monte Él solo (Jn 6,14-15).

2. El anuncio de la Eucaristía

El mismo evangelista nos cuenta que, al día siguiente, pronunció Jesús su discurso sobre el pan de la vida, anunciando la futura Eucaristía: «*El que come mi carne y bebe mi sangre, tiene vida eterna, y yo lo resucitaré el último día. Porque mi carne es verdadera comida y mi sangre verdadera bebida. El que come mi carne y bebe mi sangre, permanece en mí y yo en él*» (Jn 6,54-56).

Pero muchos de sus discípulos, al oírle, dijeron: «*Es duro este lenguaje. ¿Quién puede escucharlo?*». Y desde entonces muchos de sus discípulos comenzaron a separarse de Jesús. Ante esta situación, Jesús preguntó a los Doce: «*¿También vosotros queréis marcharos?*». A lo que Simón Pedro respondió: «*Señor, ¿a quién vamos a ir? Tú tienes palabras de vida eterna; y nosotros creemos y sabemos que tú eres el Santo de Dios*» (Jn 6,67-69). Con esta palabra, Pedro confesaba implícitamente la mesianidad de Jesús.

3. Muchos discípulos de Jesús lo abandonan

A pesar de tantos prodigios, de tantas obras de poder, de tanta misericordia de parte de Jesús la crisis había estallado. Es más o menos en estas mismas circunstancias donde hay que colocar el conjunto de Marcos 8,27-9,32 y los lugares paralelos de Mateo y de Lucas.

Se trata de un momento clave y trascendental en la vida y ministerio de Jesús. Se entretejen perspectivas de gloria y de sufrimiento, de luz y de sombras, de muerte y de resurrección. Unido a la voluntad de su Padre y dócil a las inspiraciones del Espíritu, Jesús va descubriendo detalles de su misión mesiánica, de acuerdo a los designios de Dios.

Entonces Jesús dejó Galilea y partió para la región de Tiro, Sidón y la Decápolis, y regresó luego a Galilea.

II. PEDRO CONFIESA LA MESIANIDAD DE JESÚS
(Mc 8,27-30)

Hacia la mitad del año 29 d.C., Jesús se encuentra por los pueblos de Cesarea de Filipo. Según el relato de Lucas, Jesús había estado en oración a solas con Dios (Lc 9,18). Por la pregunta que de improviso va a dirigir a sus discípulos, se puede pensar que el tema de su conversación con Dios había sido el misterio de su propia persona y de su misión.

Yendo de camino, Jesús hace de pronto a sus discípulos una pregunta directa sobre su propia identidad: «*¿Quién dicen los hombres que soy yo?*». Esto revela que ya desde hacía tiempo existía, entre los judíos, un interrogante acerca de quién era Jesús. Las respuestas mostrarán que en Jesús veían a una persona misteriosa, difícil de definir y de identificar.

Los discípulos responden dando tres opiniones. Unos piensan que es Juan Bautista, vuelto a la vida. Ésta era ya la opinión de Herodes Antipas (Mc 6,16). Otros afirman que es el profeta Elías, que ha regresado, según las predicciones de Malaquías (Ml 3,23). Otros dicen simplemente que es alguno de los profetas.

Finalmente, Jesús preguntaba simple y directamente a los discípulos que habían estado con Él desde hace tiempo: «*Y vosotros, ¿quién decís que soy yo?*». El verbo griego utilizado por el evangelista está en tiempo imperfecto: «*les preguntaba*», indicando una pregunta insistente.

Pedro contesta «*¡Tú eres el Mesías!*». La respuesta de Pedro parece representar naturalmente la opinión también de sus compañeros. «Mesías» es un término hebreo-arameo que en griego se traduce por «Cristo».

Jesús es el Mesías. Lo que se venía apuntando a partir del bautismo en el Jordán, ahora queda revelado. Jesús no quiso revelar por sí mismo su mesianidad, sino que prefirió que fuera deducida por sus discípulos, representados por Pedro. Jesús la acepta sin discusión. Solamente ordena *enérgicamente* que no publiquen esa realidad mesiánica. Se trata nuevamente del «secreto mesiánico».

Sí, Jesús es el Mesías, el rey davídico, ungido por Dios con su Espíritu; pero su mesianismo no es el mesianismo nacionalista, político y glorioso que esperaba el pueblo judío contemporáneo. Su mesianismo, y también su profetismo, son de diferente naturaleza (Mc 1,10-11). Esto lo irá manifestando Jesús poco a poco a partir de este momento.

La escena de la confesión clara y directa de Pedro acerca de la mesianidad de Jesús es una cumbre en la vida del Maestro, y con ella Marcos pone término a la primera parte de su evangelio (1,14-8,30).

III. PRIMER ANUNCIO DE LA PASIÓN Y RESURRECCIÓN (Mc 8,31-33)

Con la confesión de la mesianidad de Jesús, termina la primera parte del evangelio de Marcos. En la segunda parte del evangelio, Jesús comienza una etapa nueva y diferente en sus enseñanzas. Él seguirá siendo el Maestro que comunica sus instrucciones con acciones y palabras; pero ahora, el tema principal de su nuevo magisterio será el anuncio de su futura, pero a la vez cercana, pasión y resurrección.

1. La revelación de Jesús sobre su dolorosa muerte y su resurrección

> *Y comenzó a enseñarles que el Hijo del hombre debía sufrir mucho y ser reprobado por los ancianos, los sumos sacerdotes y los escribas, ser matado y resucitar a los tres días.*
> *Hablaba de esto abiertamente* (vv. 31-32a).

La expresión *«comenzó a enseñarles»* marca un momento crucial y decisivo en la vida y misión de Jesús.

El título *«El Hijo del hombre»*, que se registraba sólo en dos pasajes en la primera parte del evangelio de Marcos (2,10.28), ahora aparece hasta doce veces (8,31.38; 9,9.12.31; 10,33.45; 13,26; 14,21.41.62). Jesús gusta designarse con este nombre, como sintetizando con él su misterio y su ministerio.

Por una parte, su mesianismo se realizará en la humildad y sencillez como de *«un-Hijo-de-hombre»*, que ha querido asumir la condición humana en toda su realidad, si bien realizando la misión regia asignada al personaje de Daniel (Dn 7,13-14); y, por otra, ese mesianismo se llevará a cabo en el desprecio y sufrimiento, en la reprobación de los dirigentes del pueblo, y en su misma muerte; pero a los tres días seguirá su glorificación, a la manera del *«doliente y glorioso siervo de Dios»*, descrito por el profeta Isaías (Is 52,13-53,12).

Jesús no sólo anuncia, sino que *enseña formalmente* que Él deberá sufrir mucho, ser reprobado por el sanedrín –formado por los ancianos, sumos sacerdotes y escribas–, ser matado y resucitar a los tres días. Con esta sucesión de hechos, el evangelista expone ya a sus lectores el misterio completo de la pascua del Señor. A partir de este momento, Jesús comienza a mencionar a los *«sumos sacerdotes»*, los cuales jugarán el papel más importante en el juicio y condenación de Jesús.

Marcos subraya que Jesús hablaba de estas cosas *«abiertamente»*. Mientras que al tratar de su mesianismo era muy parco y prudente, ahora, al hablar de su pasión y resurrección, lo hace con toda claridad.

2. La tentación de Pedro a Jesús

Tomándole aparte, Pedro se puso a increparle.
Pero Él, volviéndose y mirando a sus discípulos,
reprendió a Pedro, diciéndole:
«¡Quítate de mi vista, Satanás!, porque tus pensamientos
no son los de Dios, sino los de los hombres» (vv. 32b-33).

Pedro no comprende ese misterioso plan de salvación de Dios a través de un Mesías sufriente, rechazado y muerto, –sin atender tal vez suficientemente al dato de la resurrección–, y quiere apartar a Jesús de ese camino.

Jesús, entonces, *«mirando a sus discípulos»* (como significándoles que lo que dirá a Pedro se lo dice también a ellos), reprendió severamente a Pedro, diciéndole: *«¡Quítate de mi vista, Satanás! Tus pensamientos no son los de Dios, sino los de los hombres»*. Pedro y los discípulos posiblemente pensaban en el mesianismo glorioso y triunfante que esperaban los hombres de su pueblo; más aún, podían estar jugando, sin darse cuenta, un papel semejante al de Satanás en las tentaciones (1,12-13).

IV. EL VERDADERO DISCÍPULO SIGUE LAS HUELLAS DE JESÚS (Mc 8,34-37)

En el contexto del anuncio de su propia muerte y de su resurrección, es cuando Jesús proclama el programa de vida de aquel que quiera seguirlo. Llamando a la gente, a la vez que a sus discípulos, les dijo:

«Si alguno quiere venir en pos de mí, niéguese a sí mismo,
tome su cruz y sígame.
Porque quien quiera salvar su vida, la perderá;
pero quien pierda su vida por mí y por el Evangelio, la salvará.
Pues ¿de qué le sirve al hombre ganar el mundo entero
si arruina su vida?
Pues ¿qué puede dar el hombre a cambio de su vida?».

En el corazón del evangelio de Marcos, a la mitad de su escrito, se encuentra la gran palabra de Jesús sobre su seguimiento: «Seguir a Jesús; ir en pos de Él». Como siempre, Jesús se dirige, no sólo a sus discípulos, sino a la multitud. El evangelio es para todos. La suerte de Jesús debe ser también la suerte de todo discípulo que quiera seguir a Cristo. Ir en pos de Él lleva consigo:

1º Negarse a sí mismo como Jesús, que no optó por un camino fácil de gloria terrena, sino que, dejando a un lado su propia voluntad, se adhirió siempre a la voluntad de su Padre.

2º Tomar la propia cruz e ir detrás de Él, siguiendo sus huellas.

3º Entregar la vida por Jesús y por el Evangelio.

4º No poner el alma en los bienes de la tierra. Las cosas del mundo tienen un brillo efímero, su valor no sólo es relativo, sino que pueden ser causa de perder la propia vida, la verdadera vida, la vida futura y definitiva; y ¿qué podrá dar el hombre a cambio de su vida?

La formulación de las palabras de Jesús, al hablar de «tomar la cruz», supone los acontecimientos ya sucedidos de su pasión y muerte en la cruz. Esta palabra de Jesús, comunicada por el evangelista, cobraba un sentido vital para los cristianos de Roma, que sufrían la persecución de Nerón y a quienes Marcos escribía su evangelio. El proyecto del Hijo del hombre y de sus discípulos es un camino de sufrimiento y de muerte, pero que finalmente termina en la vida.

El *«negarse a sí mismo»*, mencionado antes del *«tomar su cruz»*, puede aludir, por anticipado, a la oración de Jesús en el huerto de los Olivos, cuando se negó a sí mismo, dejando a un lado su deseo de no morir, para abrazar la voluntad de su Padre, que quería que bebiera el cáliz de su muerte en la cruz.

Les decía también:

> «Yo os aseguro que entre los aquí presentes hay algunos
> que no gustarán la muerte hasta que vean venir
> con poder el reino de Dios» (Mc 9,1).

Colocada por el evangelista esta palabra en este sitio, puede conectarse con la alusión a la resurrección de Jesús, mencionada en 8,31. Con el triunfo de Jesús resucitado, del que serán testigos algunos de los presentes, se inaugurará *«el reino de Dios»*, anunciado en las Escrituras y proclamado por el mismo Jesús. Será un reino que se desplegará con *«el poder»* de Dios, esto es, con la fuerza del Espíritu Santo de Pentecostés (cf. Rom 1,4).

V. LA TRANSFIGURACIÓN DE JESÚS
(Mc 9,2-13; cf. Mt 17,1-8; Lc 9,28-36)

1. Jesús sube a la montaña con tres discípulos

*«Seis días después, toma Jesús consigo a Pedro, Santiago y Juan,
y los lleva, a ellos solos, aparte, a un monte alto»* (v. 2).

«Seis días después.» Sin urgir el número de días, Marcos quiere unir cerradamente acontecimientos importantes de estos días: la confesión de la mesianidad de Jesús, el primer anuncio de su pasión y resurrección, las condiciones para seguir a Jesús y la transfiguración.

Jesús toma a Pedro, Santiago y Juan como compañeros de su ascensión al monte alto. Este detalle recuerda a Moisés, acompañado de Aarón, Nadab y Abihú, cuando subieron al Sinaí y vieron a Dios (Éx 24,9). El monte alto de la transfiguración es otro Sinaí.

La tradición identifica este «monte alto» con el monte Tabor, en la llanura de Esdrelón, de 562 m de altura. Se ha pensado también en el monte Hermón, en la cadena del Antilíbano, a 2.224 m sobre el nivel del mar.

2. La transfiguración

*«Y se transfiguró delante de ellos,
y sus vestidos se volvieron resplandecientes, muy blancos,
tanto que ningún batanero en la tierra sería capaz
de blanquearlos de ese modo»* (v. 3).

El misterio interior de la persona de Jesús se exterioriza en la blancura y lo resplandeciente de sus vestidos. La blancura, la luz y el resplandor son signos de la presencia de Dios. La gloria divina, reflejada en el rostro de Moisés, es superada con mucho en la transfiguración del rostro y de la vestidura de Jesús (Éx 34,29; Lc 9,29). La escena supone una fuerte experiencia de Jesús en su naturaleza humana. Es una escena esencialmente cristológica.

3. Moisés y Elías conversan con Jesús

«Se les aparecieron Elías y Moisés, y conversaban con Jesús» (v. 4).

Moisés y Elías, representantes de la Ley y de los Profetas, conversan con Jesús. Esto proclama muy en vivo la unidad y continuidad de la revelación en el antiguo y en el nuevo Testamento. Lucas comenta que los tres personajes conversaban acerca de la *«salida»* de Jesús, esto es, sobre su muerte y resurrección, que tendrían lugar en Jerusalén (Lc 9,31).

4. Intervención de Pedro

> *«Toma la palabra Pedro y dice a Jesús:*
> *"Rabbí, bueno es estarnos aquí.*
> *Vamos a hacer tres tiendas, una para ti,*
> *otra para Moisés y otra para Elías";*
> *–pues no sabía qué responder ya que estaban atemorizados–»* (vv. 5-6).

Pedro, desconcertado e invadido de temor reverencial ante la presencia de lo divino, toma la palabra y dice a Jesús: *«Rabbí, es bueno estarnos aquí. Haremos tres tiendas: una para ti, otra para Moisés y otra para Elías».* Esta intervención de Pedro es una reminiscencia más de los tiempos del desierto, y posiblemente también una alusión a la fiesta judía de los Tabernáculos (septiembre-octubre del año 29). El título de *«Rabbí»*, que Pedro le da a Jesús, no significa tanto «Maestro», cuanto «Señor». Es un título que denota majestad.

La palabra de Pedro deja entrever que él prefiere para Jesús, más una vida de gloria y felicidad, que un camino de dolor, de cruz y de muerte (8,31). Esta frase recuerda las tentaciones en el desierto y la tentación que Pedro mismo le había propuesto a Jesús (8,32-33).

5. La nube y la voz celeste

> *«Entonces se formó una nube que les cubrió con su sombra,*
> *y vino una voz desde la nube:*
> *"Éste es mi Hijo amado, escuchadle"»* (v. 7).

Se formó luego *«una nube que los cubrió con su sombra».* Este fenómeno evoca también la nube que acompañó a los israelitas durante su marcha por el desierto. En la transfiguración de Jesús, la nube hace las veces del Espíritu de Dios, que en forma de paloma descendió sobre Él en el momento de su bautismo. Los discípulos, al ser envueltos en la nube, signo de la presencia actuante de Dios, son hechos partícipes, en cierta manera, del trascendental acontecimiento.

Y de la nube vino una voz: «*¡Éste es mi hijo amado, escuchadle!*». Es nuevamente la voz de Dios que, como Padre, mira en Jesús a su Hijo (1,11; Mt 3,17; Lc 3,22), e invita a los presentes a que lo escuchen. La expresión «*mi hijo*» recuerda los oráculos mesiánicos (2 Sm 7,14; Sal 2,7); y el «*escuchadlo*» remite a Moisés, profeta de Dios (Dt 18,15), y a los poemas del siervo-profeta de Yahvé (Is 42,1). Jesús es, a la vez, el Mesías, el Profeta y el Siervo de Dios.

La teofanía del Jordán, acontecimiento mesiánico y profético, daba inicio a la primera parte del evangelio de Marcos; ahora, la teofanía en el monte alto, también de colorido mesiánico y profético, se encuentra al principio de la segunda parte de la obra. La transfiguración de Jesús se enlaza, así, con su bautismo mesiánico (1,11) y con la confesión de Pedro (8,29).

Como había comenzado todo de improviso, así también «*de pronto, mirando en derredor, ya no vieron a nadie más que a Jesús solo con ellos*».

6. La venida de Elías (Mc 9,9-13)

*«Y cuando bajaban del monte les ordenó
que a nadie contasen lo que habían visto
hasta que el Hijo del hombre resucitara de entre los muertos»* (v. 9).

Jesús ordena a sus discípulos que no cuenten a nadie la visión; es una insistencia en guardar el secreto mesiánico. Pero podrán hacerlo más tarde, cuando el Hijo del hombre haya resucitado de entre los muertos. La figura de *«el Hijo del hombre»* aparece aquí vinculada con la resurrección; por lo tanto, con triunfo y gloria (Dn 7,14).

*«Ellos observaron esta recomendación,
discutiendo entre sí qué era eso de
"resucitar de entre los muertos"»* (v. 10).

Marcos afirma que los discípulos observaron la recomendación de Jesús; pero la mención de la resurrección causó impacto en ellos, y discutían sobre qué significaría «resucitar de entre los muertos». Ellos debieron de percibir algún acontecimiento de orden mesiánico, lo que explica su pregunta sobre la venida de Elías.

*«Y le preguntaban:
"¿Por qué dicen los escribas que Elías debe venir primero?"*.

> Él les contestó: "Elías vendrá primero y restablecerá todo;
> mas, ¿cómo está escrito del Hijo del hombre que sufrirá mucho
> y que será despreciado?
> Pues bien, yo os digo: Elías ha venido ya y han hecho con él
> cuanto han querido, según estaba escrito de él"» (vv. 12-13).

Jesús responde en dos tiempos:

1º Afirma que Elías ya ha venido, preparando la venida del Mesías (Mal 3,23), y que ha sufrido la suerte que le estaba destinada según la Escritura. Mateo aclara que Juan el Bautista realizó ya esa misión de Elías (Mt 17,12).

2º En cuanto al Hijo del hombre, Jesús revela que sufrirá mucho y será despreciado; y con esto, identifica ahora al Hijo del hombre con el sufriente Siervo de Yahvé (Is 53). La figura del Hijo del hombre es, pues, ambivalente: evoca, al mismo tiempo, al Siervo de Yahvé de los oráculos de Isaías y al personaje celeste de la profecía de Daniel (7,13-14).

VI. SEGUNDO ANUNCIO DE LA PASIÓN Y RESURRECCIÓN (9,30-32; Mt 17,22-23; Lc 9,43b-45)

Caminaban por Galilea. Galilea seguía siendo el teatro de la actividad de Jesús. El Maestro no quería que la gente lo identificara y buscaba soledad y tranquilidad, pues iba instruyendo a sus discípulos: el tema era la revelación de elementos trascendentales de su misión. Les decía:

> «"El Hijo del hombre será entregado en manos de los hombres;
> lo matarán y, a los tres días de haber muerto, resucitará".
> Pero ellos no entendían lo que les decía y temían preguntarle» (vv. 31b-32).

Su enseñanza continúa siendo la de la pasión, muerte y resurrección del Hijo del hombre. Marcos revela dos sentimientos en los discípulos: no entendían y sentían temor de preguntarle. El misterio de la muerte y de la resurrección de Jesús supera los niveles de la comprensión puramente humana; y la perspectiva del sufrimiento siempre causa temor. Se prefiere ignorar o esquivar.

En cuanto a la resurrección, si la idea era aceptada por los fariseos, no había penetrado todavía en las masas populares. Por otra parte, lo que les maravillaba era sobre todo que Jesús hablaba como de algo próximo y cercano, de manera que los discípulos no podían comprender.

VII. TERCER ANUNCIO DE LA PASIÓN Y RESURRECCIÓN (10,32-34; Mt 20,17-19; Lc 18,31-34)

Han pasado los meses y se acerca ya la fiesta de la Pascua del año 30 d.c. «*Iban de camino subiendo a Jerusalén, y Jesús marchaba delante de ellos.*» Este anuncio lo coloca Marcos en algún sitio entre la Transjordania y Jericó. La expresión «subir a Jerusalén» se utiliza siempre que se va a la Ciudad Santa, edificada en la montaña de Judá. Marcos describe el estado de ánimo de los personajes: «*Estaban sorprendidos, y los que le seguían tenían miedo*».

Tomó otra vez a los Doce y comenzó a decirles lo que le iba a suceder:

«*Mirad que subimos a Jerusalén,*
y el Hijo del hombre será entregado
a los sumos sacerdotes y a los escribas;
le condenarán a muerte y le entregarán a los gentiles,
y se burlarán de él, le escupirán, le azotarán y le matarán,
y a los tres días resucitará» (vv. 33-34).

El primer anuncio de la pasión y resurrección había tenido lugar después de que Pedro hiciera la brillante confesión de la mesianidad de Jesús; y Pedro no comprendió que era preciso que Jesús pasara por su muerte para llegar a la gloria de su resurrección.

El segundo anuncio había seguido a la gloriosa transfiguración de Jesús, cuando Pedro quiso permanecer en esa gloria.

El tercer anuncio de la pasión y resurrección se presenta ahora en el momento en que Jesús sube a Jerusalén, la Ciudad Santa, donde tendrán lugar grandes acontecimientos; pero los discípulos no comprenden lo que va a suceder.

Jesús, por su parte, sabe bien adónde va; y, lejos de rehuir su destino, toma la delantera y avanza con tal firmeza que causó sorpresa a los discípulos. Los compañeros de expedición tenían miedo, como presintiendo un drama que se avecinaba.

Jesús, siempre Maestro, quiere hacer saber a sus discípulos que Él conocía de antemano su destino doloroso y glorioso. Más aún, Jesús quiere asociar en cierta forma a sus discípulos: de allí el verbo en plural: «*subimos*».

Esta tercera predicción se distingue de las anteriores por su precisión: en Jerusalén, Él será entregado a los sumos sacerdotes y a los escribas, lo condenarán a muerte, lo entregarán a los gentiles, se burlarán de Él, le escupirán, lo azotarán, lo matarán, pero a los tres días resucitará. Esta precisión en la formulación puede estar influenciada por los acontecimientos ya sucedidos. Jesús se nombra «*el Hijo del hombre*», el título más humano y a la vez el más grandioso (Dn 7,13-14).

ACTUALIZACIÓN

¿QUÉ HACER CON NUESTRA PROPIA CRUZ? ¿CÓMO DARLE VALOR A NUESTRO SUFRIMIENTO PARA QUE NO SE PIERDA?

Jesús sabe bien que, según el plan de Dios, para llevar a cabo la misión de salvación del mundo que le ha sido encomendada, Él tiene que entregar su vida a través del sufrimiento y de la muerte, y una muerte de cruz; pero también sabe que esa salvación llegará a la plena realización mediante su resurrección. En esta forma, muerte y vida, sufrimiento y gloria se combinan y entretejen.

El discípulo de Jesús tiene que recorrer el mismo camino: debe tomar su propia cruz y seguir al Maestro. Este pasaje del evangelio es capital para la vida de todo cristiano. Se trata de una revelación y de una invitación. Jesús revela que nosotros, discípulos suyos, debemos seguir sus huellas para tener una participación en su misión; y nos invita a tomar nuestra propia cruz, a fin de que el sufrimiento y el dolor de nuestra vida no se pierda sino que tenga un valor de salvación a favor de los demás.

Tal vez esta palabra de Jesús parezca dura y, como los mismos apóstoles, no la comprendamos; sin embargo, es altamente liberadora, porque nos libera del miedo al sufrimiento y a la muerte, y da sentido y valor a la cruz que, queramos o no, tenemos que llevar cada día, a lo largo de la vida.

Es la cruz del cumplimiento diario del deber y de la aceptación de la voluntad de Dios; es la cruz del trabajo de cada día y de las innumerables penas de la existencia humana; es la cruz de las enfermedades con su dolor y sufrimiento; es la cruz de nuestra propia muerte. Y así como la pasión y muerte de Jesús nos alcanzó la salvación, así también nuestro sacrificio, en unión con el de Jesús, tendrá un valor de redención.

Sabemos, además, que no todo termina para nosotros en la muerte, sino que creemos en nuestra futura resurrección, cuando, en unión también de Jesús, gocemos de Dios por toda la eternidad.

ORACIÓN

Oh Jesús:
Yo quiero ir en pos de ti y acompañarte
en tu misión de salvar al mundo.
Comunícame tu fortaleza
para tomar, con amor, mi cruz de cada día.
Para que mi cruz tenga un valor de redención,
uno mis sufrimientos a los que sufriste
en tu pasión y en la cruz del Calvario.
Creo, Jesús, que me salvarás,
me resucitarás en mi último día
y me concederás la gracia de la vida eterna,
donde gozaré de ti por toda la eternidad.
Amén.

Capítulo X
LAS PARÁBOLAS DEL EVANGELIO

«El que tenga oídos para oír, que oiga...»

I. JESÚS, UN RABBÍ DE GALILEA

1. Jesús, el Rabbí de Nazaret, fue un maestro integrado en todo y por todo a las tradiciones religiosas de su judaísmo nativo; eso era una consecuencia natural del misterio de la encarnación. Sin embargo, los evangelios notan que Jesús era muy diferente de los escribas y rabinos de su tiempo; Él enseñaba con «autoridad» propia, y en su doctrina brillaba una «sabiduría» superior.

2. Como hijo de su pueblo, en su enseñanza Jesús utilizó dos géneros oratorios: la predicación en discurso directo y la predicación por medio de parábolas, según los métodos rabínicos de su época. Refiriéndose a sus parábolas, el mismo Jesús decía: *«El que tenga oídos para oír, que oiga»* o *«el que tenga oídos, oiga bien»*.

II. LAS PARÁBOLAS

1. ¿En qué consiste una parábola?

   – La parábola es una narración que por su fantasía, sus intuiciones y su realismo afecta a la persona en su totalidad: en su entendimiento y en su afectividad.

- Mediante la parábola, el narrador intenta comunicar una experiencia personal y una convicción. En el caso de Jesús, la parábola es canal para comunicar su experiencia de Dios y su doctrina.
- La parábola engloba al narrador y al oyente. Establece una corriente que penetra los sentimientos de los interlocutores.
- La parábola, en lugar de aquietar, hace pensar, suscita la reflexión e invita al oyente a tomar partido y a optar por una decisión.
- La parábola realiza lo que narra, creando un acontecimiento. De allí su gran potencial de actualización.

2. Parábola: narración e interpretación

La parábola, llamada en hebreo *«mashal»*, es una de las formas más clásicas para presentar, de manera imaginaria o simbólica, un pensamiento abstracto. Por lo general, consta de dos partes: la narración de carácter ficticio y la interpretación de la parábola en función de la vida.

Las parábolas de Jesús se sitúan en la corriente de la *«haggadáh = narración»* y de los *«meshalím = parábolas»* de sus contemporáneos tanaítas. Así, Jesús fue un verdadero *«moshél»*, es decir, un maestro que habla en parábolas.

Las parábolas del Evangelio son como «el libro en imágenes del NT»; y dentro de la literatura hebrea constituyen, con su dialéctica paradójica, un punto culminante.

3. Las parábolas en tiempos de Jesús

La comunicación de la enseñanza mediante parábolas era muy común entre los escribas. Lo extraño era que Jesús se dirigiera también al gran público con parábolas y que con frecuencia no revelara el significado. De allí la pregunta que los discípulos le hacen: ¿Por qué les hablas en parábolas?

III. FINALIDAD DE LA PREDICACIÓN DE JESÚS EN PARÁBOLAS

A lo largo de los siglos han surgido a este propósito diferentes opiniones:
- Unos dicen que las parábolas constituyen un género literario enigmático para ocultar la verdad.
- Otros afirman que es un género semioscuro que sólo manifiesta parte de la verdad.
- Otros piensan que el género parabólico es claro y, por sí mismo, apto para hacer comprender más fácilmente una verdad difícil.

De acuerdo a estas hipótesis:
- Unos piensan que Jesús comenzó a proclamar su doctrina abierta y claramente, pero muchos se cerraron a su predicación clara y directa. Fue entonces, como castigo, cuando acudió Jesús al género parabólico para comunicar su mensaje. Es la tesis del castigo.
- Otros opinan que Jesús, al hablar en parábolas, quiso fundamentalmente servirse de este método para que el pueblo pudiera comprender mejor la doctrina trascendente que les proponía. Es la tesis de la misericordia.

¿Qué pensar?
- Ante todo, parece obvio que Jesús quería ser comprendido y, con sus parábolas, quiso atraer la atención de sus oyentes, que eran un público constituido en general por gente sencilla, pobre y humilde. En esta línea, muchas de sus parábolas resplandecen por su claridad, sencillez y profundidad.
- Las parábolas donde aparece propiamente el problema son las referentes al «reino de los Cielos».
- Pues bien, para dar una respuesta correcta, hay que tener en cuenta varios elementos: Jesús proclamaba que el reino de los Cielos era un reino espiritual, oculto y misterioso, y que con su persona se hacía presente en el mundo.

Ante esta predicación, se produjo un endurecimiento voluntario y culpable, sobre todo de parte de los grandes (cf. Mt 11,16-

19.20-24; 12,7-14.24.32.39.45). Jesús no podía continuar hablando tan claramente; sin embargo, tampoco debía callar; su misión no podía fracasar sino seguir adelante. Es entonces cuando acude a un método insinuante, brotado de su misericordia: «*las parábolas*».

A esos espíritus oscurecidos, a quienes la plena luz sobre el carácter humilde y oculto del verdadero mesianismo cegaría más, Jesús quiere proporcionarles una luz tamizada por símbolos: media-luz que todavía es una gracia y un llamamiento a abrir los ojos y admitir el reino de los Cielos según la voluntad del Padre. Sin embargo, ni así se han abierto a las enseñanzas de Jesús.

— Mateo ve que con la predicación de Jesús en parábolas se cumplió la profecía de Isaías 6,9-10:

Y acercándose los discípulos le dijeron:
«¿Por qué les hablas en parábolas?».
Él les respondió:
«Es que a vosotros se os ha dado conocer
los misterios del reino de los Cielos, pero a ellos no...
Por eso les hablo en parábolas,
porque viendo no ven, y oyendo no oyen, ni entienden»
         (Mt 13,10-11.13).

IV. INVENTARIO DE LAS PARÁBOLAS

El Cuarto Evangelio es rico en imágenes, metáforas y alegorías; sin embargo, los Evangelios Sinópticos son los que mejor han recogido el tesoro de las parábolas de Jesús.

Jesús habló en parábolas durante todo su ministerio público, desde las primeras predicaciones en Galilea hasta los últimos días en Jerusalén. La primera parábola en el evangelio de Marcos es «el remiendo de paño sin tundir en un vestido viejo y el vino nuevo en odres nuevos» (Mc 2,21-22); y la última en el evangelio de Mateo es «el Juicio final», con la que el evangelista cierra el ministerio público de Jesús (Mt 25,31-46).

Las parábolas no se presentan en los evangelios en un orden sistemático, ni parten de palabras de la Escritura. Podemos catalogar unas cuarenta y cinco parábolas, y distribuirlas ya sea por los temas tratados, ya sea por su disposición en los evangelios.

1. Por razón de los temas, las parábolas se pueden agrupar en cuatro apartados:

> 1º Las parábolas del reino de Dios y del juicio que lo precede; estas parábolas pueden definirse «Parábolas escatológicas».
>
> 2º Parábolas de la conducta de Dios con el hombre.
> *Ejemplos:*
> La oveja perdida: Mt 18,12-14; Lc 15,4-7.
> El contratista generoso: Mt 20,1-16.
> Los dos deudores o la pecadora perdonada: Lc 7,36-50.
> El padre bueno o el hijo pródigo: Lc 15,11-32.
>
> 3º Parábolas sobre los deberes del hombre con Dios.
> *Ejemplos:*
> Los talentos y las minas: Mt 25,14-20; Lc 19,11-27.
> El fariseo y el publicano: Lc 18,9-14.
>
> 4º Parábolas sobre las obligaciones del hombre con su prójimo.
> *Ejemplos:*
> El siervo malvado: Mt 18,23-35.
> El buen samaritano: Lc 10,25-37.

2. Por su colocación en los evangelios, se pueden hacer cinco grupos:

> 1º El discurso de las parábolas: Mc 4,1-34; Mt 13,1-53.
>> 1. Parábola del sembrador: Mc 4,1-20; Mt 13,1-23; Lc 8,4-15.
>> 2. Parábola de la lámpara: Mc 4,21-23; Mt 5,15; 10,26; Lc 8,16-17; 11,33.
>> 3. Parábola de la medida: Mc 4,24-25; Mt 7,2; 13,12.25.29; Lc 6,38; 8,18.
>> 4. La semilla que crece en secreto: Mc 4,26-29.
>> 5. El grano de mostaza: Mc 4,30-32; Mt 13,31-32; Lc 13,18-19.
>> 6. El trigo y la cizaña: Mt 13,24-30.36-43.

7. Parábola de la levadura: Mt 13,33; Lc 13,20-21.
8. Parábola del tesoro escondido: Mt 13,44.
9. Parábola de la perla: Mt 13,45-46.
10. Parábola de la red: Mt 13,47-50.

2º Parábolas de triple tradición: Marcos, Mateo y Lucas.
11. Los amigos del esposo: Mc 2,18-20; Mt 9,14-15; Lc 5,33-35.
12. Vino nuevo en odres nuevos: Mc 2,21-22; Mt 9,16-17; Lc 5,36-39.
13. Los viñadores homicidas: Mc 12,1-12; Mt 21,33-46; Lc 20,9-19.
14. Parábola de la higuera: Mc 13,28-29; Mt 24,32-33; Lc 21,29-31.
15. El vigilante: Mc 13,33-37; Mt 24,42; Lc 12,35-38.

3º Parábolas de doble tradición: Mateo y Lucas.
16. El arreglo oportuno: Mt 5,25-26; Lc 12,58-59.
17. Las dos casas: Mt 7,24-27; Lc 6,47-49.
18. Los chicos en la plaza: Mt 11,16-19; Lc 7,31-35.
19. Regreso del espíritu inmundo: Mt 12,43-45; Lc 11,24-26.
20. La oveja perdida: Mt 18,12-14; Lc 15,4-7.
21. El gran banquete: Mt 22,1-10; Lc 14,15-24.
22. Parábola del ladrón: Mt 24,43-44; Lc 12,39-40.
23. El administrador fiel y prudente: Mt 24,45-51; Lc 12,42-46.
24. Los talentos y las minas: Mt 25,14-20; Lc 19,11-27.

4º Parábolas de Mateo.
25. El siervo malvado: 18,23-35.
26. El contratista generoso: 20,1-16.
27. Los dos hijos: 21,28-32.
28. El huésped sin vestido de boda: 22,11-14.
29. Las diez vírgenes: 25,1-13.
30. El juicio final: 25,31-46.

5º Parábolas de Lucas.
31. Los dos deudores o la pecadora perdonada: 7,36-50.
32. El buen samaritano: 10,25-37.
33. El amigo que ayuda al amigo aun a media noche: 11,5-8.
34. El rico insensato: 12,13-21.
35. La higuera estéril: 13,6-9.
36. La puerta estrecha y la puerta cerrada: 13,22-30.
37. La elección de asientos: 14,7-11.
38. Parábolas de la torre y de la guerra: 14,28-32.
39. La dracma perdida: 15,8-10.
40. El padre bueno o el hijo pródigo: 15,11-32.
41. El administrador injusto: 16,1-13.
42. El hombre rico y el pobre Lázaro: 16,19-31.
43. ¡Somos siervos inútiles!: 17,7-10.
44. El juez injusto y la viuda tenaz: 18,2-8.
45. El fariseo y el publicano: 18,9-14.

En resumen: Marcos presenta 10 parábolas; Mateo 29 y Lucas 34.

V. LAS PARÁBOLAS DEL REINO

En la imposibilidad de presentar todas las parábolas, hemos elegido catorce del reino de los Cielos, sintetizando el mensaje de cada una de ellas.

1. El sembrador y la semilla: Mt 13,3-9; Mc 4,3-9; Lc 8,5-8

La llegada del reino de Dios fue el tema de la predicación de Jesús desde los primeros días de su ministerio. Ese mismo tema es el de la parábola del sembrador (Mt 13,19). Jesús deja caer, como una semilla, la Buena Nueva, la Palabra del reino. Las semillas corren suerte diferente. Unas se pierden, pero otras caen en tierra fecunda. Sin embargo, tanto trabajo parecería inútil y sin fruto.

Pero ¡no! Ya desde ahora Jesús, rebosante de optimismo y lleno de alegre confianza, lanza su vista al porvenir, más aún, a los últimos días, y contempla la cosecha final, ¡asombrosa cosecha que sobrepasa todas las expectativas humanas! Es una parábola escatológica. Lo que Jesús mira complacido tras las espigas cuajadas de fruto es el triunfo final del reino de los Cielos.

2. El reino es como un campo donde hay trigo y cizaña
(Mt 13,24-30)

El judaísmo contemporáneo de Jesús opinaba que el establecimiento del reino de Dios traería consigo una depuración enérgica y violenta del mal y de los perversos. Una coexistencia del reinado de Dios y de pecadores parecía imposible. Juan el Bautista expresaba la misma idea con energía (Mt 3,7-12).

Jesús, por su parte, piensa de manera diferente. El reino de los Cielos, en su fase terrena, abrigará a buenos y malos. La maldad no puede venir de Dios; viene del enemigo. Pero hay que ser tolerantes, hay que esperar, hay que tener calma, hay que ser pacientes y benignos. Una eliminación intempestiva de los malos elementos sería peligrosa aun para la buena semilla. La obra de Dios ciertamente prosperará.

Que los hombres no se precipiten a querer arrancar el mal o eliminar a los pecadores. Dios espera la conversión. Él es el Señor de la mies y de la cosecha. Él hará a su tiempo lo que sea necesario. Es una parábola escatológica.

3. El reino es como un grano de mostaza
(Mt 13,31-32; Mc 4,30-32; Lc 13,18-19)

> «*El reino de Dios es como un grano de mostaza que, cuando se siembra en la tierra, es más pequeña que cualquier semilla...; pero, una vez sembrada, crece y se hace mayor que todas las hortalizas, y echa ramas tan grandes que las aves del cielo anidan a su sombra.*»

La semilla de mostaza es tan pequeña e insignificante, que apenas se puede percibir; sin embargo, al fin de su desarrollo se convierte casi en un pequeño árbol. Así es y será del reino de Dios. A los ojos humanos el reino de Dios, que Jesús predica e implanta, tiene orígenes humildes y humanamente imperceptibles, pero su vitalidad es tal que crecerá superando toda previsión humana.

4. El reino es como un poco de levadura (Mt 13,33; Lc 13,20-21)

«El reino de los Cielos es semejante a la levadura que una mujer tomó y escondió en tres medidas de harina, hasta que fermentó todo.»

Así sucede con el reino de Dios que Jesús está inaugurando. Sus principios son minúsculos y ocultos, como el poco de levadura que una mujer esconde en cuarenta y cinco litros de harina. El verbo *«esconder»* es muy significativo: quiere enseñar que la fuerte actividad de Dios, aunque secreta e invisible, es sin embargo soberanamente eficaz.

5. El reino es como un tesoro escondido (Mt 13,44)

«El reino de los Cielos es semejante a un tesoro escondido en un campo que, al encontrarlo un hombre, vuelve a esconderlo y, por la alegría que le da, va, vende todo lo que tiene y compra el campo aquél.»

¡Sí, el reino de los Cielos es un tesoro escondido! Es una gracia y una fortuna dar con él. Pero quien lo encuentra se ve inundado de una alegría tal que con gusto se desprende de cuanto tiene y finalmente conquista ese tesoro.

6. El reino es como una perla preciosa (Mt 13,45-46)

«El reino de los Cielos es semejante a un mercader que anda buscando perlas finas, y que, al encontrar una perla de gran valor, va, vende todo lo que tiene y la compra.»

La perla de gran valor es imagen del reino de Dios. Quien lo encuentra de verdad, queda de tal manera subyugado que tiene valor para desprenderse de todo a fin de conseguirlo.

7. El reino es como una red llena de peces (Mt 13,47-50)

«El reino de los Cielos es semejante a una red que se echa en el mar y recoge peces de todas clases; y cuando está llena, la sacan a la orilla, se sientan, y recogen en cestos los buenos y tiran los malos.»

El reino de los Cielos, en su fase de peregrinación, abrigará a buenos y malos; pero al fin habrá una separación. El rechazo de los malos queda reservado para el fin de los tiempos. Es una parábola escatológica.

8. El reino es como la semilla que crece en secreto
   (Mc 4,26-29)

   «*El reino de Dios es como un hombre que echa el grano en la tierra; duerma o se levante, de noche y de día, el grano brota y crece, sin que él sepa cómo. La tierra da el fruto por sí misma; primero hieba, luego espiga, después trigo abundante en la espiga.*»

   Con la predicación de Jesús la hora de Dios ha sonado. El reino de Dios, que Jesús está sembrando, posee por sí mismo una fuerza de germinación, de crecimiento y de fructificación tan irresistible que escapa a todo cálculo humano y supera con mucho nuestra actividad. En la siembra está ya implícita la cosecha. Solamente hay que esperar con fe y sin impaciencia, con confianza y sin desaliento. Dios llevará a espléndida consumación la obra que ha comenzado.

9. El reino y la magnanimidad del rey que perdona
   (Mt 18,23-35)

   Dios es un rey de corazón magnánimo, cuya indulgencia y misericordia son tan grandes que perdona las enormes deudas que el hombre tiene con Él y que jamás le podría pagar:

   «*Movido a compasión, el señor de aquel siervo, le dejó en libertad y le perdonó la deuda*» (v. 27).

   Pues bien, si tal es la conducta divina, el hombre deberá también tener misericordia con su hermano el hombre, y perdonarle con sinceridad de corazón las pequeñas deudas que tenga con él:

   «*¿No debías tú también compadecerte de tu compañero, del mismo modo que yo me compadecí de ti?*» (v. 33).

10. El reino y el contratista generoso (Mt 20,1-16)

    Jesús debió de dirigir esta parábola a sus enemigos fariseos y legistas, que murmuraban contra Él y lo criticaban por acercarse a los pecadores, acogerlos, aceptar su amistad y prometerles la recompensa del reino. Jesús responde a esas críticas aludiendo a la bondad de Dios que, sin lesionar las leyes de la justicia, supera las categorías humanas de la retribución considerada como una paga debida:

«*Amigo, no te hago ninguna injusticia. ¿No te ajustaste conmigo en un denario? Pues toma lo tuyo y vete. Por mi parte, quiero dar a este último lo mismo que a ti. ¿Es que no puedo hacer con lo mío lo que quiero?*» (vv. 13-14).

No se trata de tasas según el criterio del hombre, sino de dones de la liberalidad divina. Así como Dios es bueno, así también lo es Jesús; y porque es bueno, llama también a los pecadores al reino de los Cielos. ¡Que ante la gran bondad de Dios y de su Hijo hacia los pecadores no se enciendan los celos y la envidia en el corazón de los que se creen buenos!

11. El reino y los pecadores que se arrepienten (Mt 21,28-32)

Los publicanos y las prostitutas precederán en el reino de los Cielos a los jefes religiosos de Israel. Éstos han dicho un «sí» a Dios, pero no han aceptado el mensaje que Él les mandaba por medio de Jesús; aquéllos, al contrario, que habían llevado una vida de pecadores diciendo un «no» a Dios, ahora se arrepienten, vuelven a Él, aceptan la Buena Nueva y cumplen los mandatos del Señor.

12. El reino y el banquete de bodas (Mt 22,1-10)

La parábola es un resumen de la historia de las infidelidades de Israel, el pueblo elegido. Esta parábola, como se lee en la tradición de Mateo, supone ya la destrucción de Jerusalén en el año 70 d.C. El rey es Dios que celebra ahora las bodas mesiánicas de su Hijo-rey. El banquete regio es el símbolo de la comunión gozosa y definitiva de Dios con su pueblo.

Primeramente Dios había enviado a los profetas para invitar a los judíos a participar de la fiesta; pero «*ellos no quisieron venir*»; envió luego a los apóstoles y misioneros con una nueva invitación, pero los judíos tampoco la aceptaron y aun dieron muerte a los enviados.

El banquete mesiánico, ya preparado, no puede perderse:
«*La boda está preparada, pero los invitados no fueron dignos. Id, pues, a los cruces de los caminos y, a cuantos encontréis, invitadlos a la boda*» (vv. 8-9).

Habiéndose cerrado el pueblo judío en sí mismo, y no habiendo querido aceptar el reino de los Cielos que Dios le había prometido y ofrecido, ahora será el mundo entero, los gentiles, buenos y malos sin discriminación alguna, quienes disfruten del reino. ¡Ellos sí escucharán la invitación del Padre!

13. El reino y la venida del novio (Mt 25,1-13)

La parábola de las diez vírgenes es una urgente invitación a la vigilancia, en espera del Señor, que viene sin que se sepa ni cómo ni cuándo:

> «¡Velad, pues, porque no sabéis ni el día ni la hora!» (v. 13).

El reino de los Cielos, en una fase nueva, está por llegar. ¡Hay que estar preparados para salir al encuentro del novio que viene de un momento a otro...!

14. El reino y el producto de los talentos (Mt 25,14-30)

En el reino de los Cielos se exige dedicación al trabajo. El amo que se ha marchado es Jesús. Ha confiado sus tesoros a los hombres para que los trabajen. Cada uno recibe según sus capacidades y según éstas se le pedirá cuentas. Hay premios proporcionados a los talentos confiados, pero la recompensa principal es para todos igual: entrar en el gozo del festín del reino de los Cielos. El castigo para el siervo perezoso será la privación del talento confiado, pero sobre todo la exclusión del reino y su colocación en la condenación eterna:

> «Porque a todo el que tiene, se le dará y le sobrará; pero al que no tiene, aun lo que tiene se le quitará. Y a ese siervo inútil, echadle a las tinieblas de fuera. Allí será el llanto y el rechinar de dientes» (vv. 29-30).

ACTUALIZACIÓN

Las parábolas de Jesús guardan su frescura hasta el día de hoy. Su tema dominante, el reino de Dios, es de gran actualidad. La palabra de Jesús es la semilla que el Sembrador lanza en los surcos de nuestra vida y que producirá, a su tiempo, el fruto esperado. El tesoro escondido y la perla de gran valor es el reino de Dios, que gozosos debemos recibir.

En el evangelio de san Juan, la noción del reino de Dios se identifica con la «vida eterna» que comunica Jesús en abundancia (Jn 3,3.5; 10,10).

Dios es nuestro Padre misericordioso que nos busca como a ovejas perdidas o como a hijos ingratos que se han ido de la casa paterna. Él nos espera para sanarnos y llevarnos en sus brazos.

El Espíritu Santo nos ha dado talentos personales que necesitamos trabajar y aumentar. Son sus dones y carismas. No seamos como la higuera estéril que, por no haber dado fruto, fue arrancada de su suelo; antes bien, edifiquemos nuestra casa sobre la roca firme del cumplimiento de las palabras de Jesús.

Seamos humildes ante Dios, como el publicano que oraba en el Templo; compasivos con nuestro prójimo, como el buen samaritano; desprendidos de las riquezas de la tierra, ya que nuestro verdadero tesoro está en los cielos.

Entremos por la puerta estrecha; y vivamos siempre vigilantes, en espera de la venida del Señor y en la esperanza de ser colocados a la derecha del gran Rey en el reino de los Cielos.

ORACIÓN

Jesús Maestro:
Abre tus labios y haznos escuchar tus parábolas.
Ilumina nuestra mente para poder comprenderlas.
Siembra en nosotros la semilla de tu Palabra
y haz que produzca fruto al ciento por uno.
Implanta tu reino en nuestro corazón,
como diminuto grano de mostaza o como trigo
que crezca continua y secretamente en nosotros.
Sí, danos el tesoro escondido y la perla preciosa de tu reino.
Vístenos el vestido adecuado para la gran fiesta
e invítanos a participar de tu banquete regio.
Haz fructificar los talentos que nos has dado
y, al final de nuestra vida, colócanos
a tu diestra en la felicidad eterna de tu reino.
Amén.

Capítulo XI
LA ENTRADA MESIÁNICA DE JESÚS EN JERUSALÉN Y SUS ÚLTIMOS DÍAS

La última semana de la vida de Jesús puede dividirse en dos grandes partes:

— La primera, de domingo a miércoles, se caracteriza por una extraordinaria actividad mesiánica de Jesús en Jerusalén, que se comprende mejor si se tiene en cuenta que los Evangelios Sinópticos presentan sólo una vez a Jesús en la Ciudad Santa.

— La segunda, de jueves a domingo, constituye el corazón y el coronamiento máximo de la vida de Jesús: su «Pascua», es decir su paso de este mundo al Padre, que será integrado por la Última Cena, por su Pasión y Muerte, y por su Glorificación mediante su resurrección, ascensión y exaltación a la diestra de Dios.

I. LA ENTRADA TRIUNFAL (Mc 11,1-11; Mt 21,1-11; Lc 19,28-40; Jn 12,12-19)

La entrada mesiánica de Jesús en Jerusalén nos ha sido transmitida por los cuatro evangelistas. Este dato manifiesta la importancia histórica del acontecimiento. Juan ha colocado este episodio el domingo anterior a la Pascua y de él depende la cronología litúrgica del Domingo de Ramos o Domingo de las Palmas.

Marcos escribe:

«*Cuando se aproximaban a Jerusalén, cerca ya de Betfagé y Betania, al pie del monte de los Olivos, envía a dos de sus discípulos, diciéndoles: "Id al pueblo que está enfrente de vosotros, y no bien entréis en él, encontraréis un pollino atado, sobre el que no ha montado todavía ningún hombre. Desa-*

> tadlo y traedlo. Y si alguien os dice: '¿Por qué hacéis eso?', decid: 'El Señor lo necesita, y lo devolverá en seguida'".
>
> Fueron y encontraron el pollino atado junto a una puerta, fuera, en la calle, y lo desataron. Algunos de los que estaban allí les dijeron: "¿Qué hacéis desatando el pollino?". Ellos les contestaron según les había dicho Jesús, y les dejaron.
>
> Traen el pollino ante Jesús, echaron encima sus mantos y se sentó sobre él. Muchos extendieron sus mantos por el camino; otros, follaje cortado de los campos. Los que iban delante y los que le seguían, gritaban:
> "¡Hosanna! ¡Bendito el que viene en nombre del Señor!
> ¡Bendito el reino que viene, de nuestro padre David!
> ¡Hosanna en las alturas!"».

Betfagé y Betania son dos pueblecitos que se levantan en la ladera oriental del monte de los Olivos. Jesús envía a dos de sus discípulos para que desaten un asno, que está a la entrada del poblado, y se lo traigan. El caserío, según Marcos, podría ser la misma Betania. El animal era un asno joven y cerril, que parece preparado de antemano para la entrada triunfal de Jesús.

Se discute si las palabras de Jesús a sus discípulos responden a su conocimiento sobrenatural o simplemente a un acuerdo previo con amigos conocidos. Algunos presentes, al ver que desataban al asno, reaccionaron; pero los enviados respondieron, según las instrucciones de Jesús, que éste lo necesitaba y luego lo devolvería.

Después que la gente echó sus mantos sobre el asno, Jesús se montó en él. Jesús iba en medio del cortejo. Muchos extendían sus mantos al paso de Jesús; otros cortaban follaje de los campos.

Junto con eso, comenzaron las aclamaciones: «¡Hosanna! ¡Bendito el que viene en nombre del Señor!». «Hosanna» significa «¡Salva, por favor!». No se trata aquí de un grito que implore propiamente salvación, sino que es una exclamación de júbilo.

«¡Bendito el reino que viene, de nuestro padre David!». Con esta palabra, sin ser en sí misma un texto mesiánico, Jesús es aclamado por la gente como el Hijo de David, el Mesías esperado. «¡Hosanna en las alturas!». Las alturas son el cielo, la habitación de Dios. Se trata de un versículo tomado del Salmo 118,25-26, que los sacerdotes recitaban como una bendición ritual sobre los peregrinos que entraban a Jerusalén para la fiesta de los Tabernáculos o para otras festividades. Cantado por la muchedumbre como un saludo para Jesús, este salmo adquiere un sentido fuerte. La multitud aclama a Jesús como a su libertador nacional, a su Mesías esperado.

«Y entró en Jerusalén, en el Templo.»

¡Jerusalén! Es la primera y única vez que, en los Evangelios Sinópticos, Jesús sube a la Ciudad Santa, la Sión bíblica, la capital de Judea, centro religioso del judaísmo. El deseo natural y la intención de todo peregrino que llegaba a Jerusalén era entrar en el Templo del Señor.

Significado teológico de la escena

La entrada triunfal de Jesús en la Ciudad Santa y su ingreso en el Templo tiene carácter de acción mesiánica y de signo profético-simbólico. Todo sugiere que con Jesús se realizan acontecimientos anunciados en la Escritura y que Él es la persona clave.

Marcos y Lucas no aducen ningún texto bíblico para explicar esa entrada triunfal de Jesús, montado en un asno; pero Mateo y Juan manifiestan que con el gesto profético y la acción simbólica, acompañada con las aclamaciones del pueblo, Jesús quiso mostrar que entraba triunfalmente en Jerusalén, realizando la palabra del profeta Zacarías: «*¡Exulta sin freno, hija de Sión; grita de alegría, hija de Jerusalén! He aquí que viene a ti tu rey: justo él y victorioso, humilde y montado en un asno, en un pollino, cría de asna!*» (El profeta Zacarías presenta al rey mesías entrando humildemente en Jerusalén, montado sobre un asno (Za 9,9).

¿Qué pretendió Jesús con el gesto simbólico de entrar de esa forma en Jerusalén? Quiso colocar en sus justos límites las aclamaciones mesiánicas del pueblo. Jesús acepta ser reconocido como el rey de Israel, el que viene en el nombre del Señor; pero Él es el rey mesiánico «manso y humilde», montado sobre un asno, descrito por el profeta Zacarías, sin nacionalismos de ninguna especie.

Mateo hace alusión a la conmoción que sufrió toda la ciudad de Jerusalén con la entrada triunfal de Jesús: «*Al entrar Él en Jerusalén, toda la ciudad se conmovió. "¿Quién es éste?", preguntaban. Y la gente decía: "Éste es el profeta Jesús, de Nazaret de Galilea"*» (Mt 21,10-11).

La gente se preguntaba sobre la identidad del personaje. Su respuesta manifiesta una identificación profética: *Éste es el profeta Jesús, de Nazaret de Galilea*». Él es, además del Mesías, el Profeta que debía venir, el profeta anunciado en otro tiempo por Moisés (Dt 18,18).

El evangelio de Juan (Jn 12,16-19) hace notar, además, que los discípulos no comprendieron por el momento los alcances del gesto profético de Jesús, sino hasta que fue glorificado: Y luego añade: *«La muchedumbre, que estaba con Él cuando llamó a Lázaro del sepulcro y lo resucitó de entre los muertos, daba testimonio de Él. Por eso también la muchedumbre le salió al encuentro, porque oyeron que Él había hecho ese signo».*

Para Juan, la notoriedad de la reciente resurrección de Lázaro jugó un papel decisivo en el éxito de la procesión triunfal hacia Jerusalén. Los fariseos, que habían querido dar muerte a Jesús (Jn 11,53), reconocieron que nada habían conseguido y que sus planes habían fracasado: «¡Mirad que nada ganáis. He aquí que el mundo se ha ido tras Él!».

Marcos termina su relato diciendo que Jesús observó todo a su alrededor. Este detalle prepara los acontecimientos del día siguiente. Siendo ya tarde, regresó a Betania con los Doce.

II. LA EXPULSIÓN DE LOS VENDEDORES DEL TEMPLO
(Mc 11,15-19 y paralelos)

El episodio de la purificación del Templo, o de la expulsión de los vendedores y compradores, ha sido conservado por los cuatro evangelistas. En Marcos tiene lugar al día siguiente de la triunfal entrada mesiánica de Jesús en Jerusalén. La expulsión de los vendedores fue una acción profética de Jesús, y es el único incidente de violencia que registra el evangelio. Este acontecimiento tuvo repercusión determinante en el proceso de la muerte de Jesús. Inmediatamente después de este hecho, los sumos sacerdotes y los escribas buscaron la ocasión para eliminar a Jesús (11,18a).

*«Llegan a Jerusalén; y entrando en el Templo,
comenzó a echar fuera a los que vendían
y a los que compraban en el Templo;
volcó las mesas de los cambistas
y los puestos de los vendedores de palomas
y no permitía que nadie transportase cosas por el Templo»* (vv. 15-16).

Tanto a vendedores como a compradores Jesús los arrojó fuera. En el área del Templo, en el patio de los gentiles, se vendían las víctimas para los sacrificios de pascua (Lv 23,8), las palomas para los sacrificios de purificación de las mujeres (Lv 12,6-8), las víctimas que debían ofrecer los leprosos por su curación (Lv 14,22), y otras cosas necesarias para el culto pascual. Volcó también las mesas de

LA ENTRADA MESIÁNICA DE JESÚS EN JERUSALÉN Y SUS ÚLTIMOS DÍAS 167

los cambistas, los cuales recibían monedas griegas o romanas y proporcionaban, en cambio, el dinero del Santuario (Éx 30,13). Algo más todavía: Jesús no permitía que nadie transportase nada por el patio del Templo.

«Se enteraron de esto los sumos sacerdotes y los escribas y buscaban cómo podrían matarle; porque le tenían miedo, pues toda la gente estaba asombrada de su doctrina» (v. 18).

Los sumos sacerdotes, autoridades del Templo, y los escribas, encargados de adoctrinar al pueblo, tomaron la decisión de dar muerte a Jesús. Hay que notar que los fariseos no son mencionados. Pero no se atrevieron, pues la gente, asombrada por la enseñanza de Jesús, les inspiraba temor para realizar de inmediato sus planes.

«Y al atardecer, salía fuera de la ciudad» (v. 19).

Jesús pasaba la noche en las cercanías de Jerusalén. Podría ser Betania o algún sitio en la ladera del monte de los Olivos. Betania, la casa de sus amigos, estaba cerca de la ciudad; y al pie del monte de los Olivos, en el huerto de Getsemaní, Jesús se reunía frecuentemente con sus discípulos (Jn 18,2).

Significación teológica de la acción simbólica

Según los evangelistas sinópticos, Jesús realizó la expulsión de los vendedores del Templo para purificarlo de una profanación, pues en vez de ser Casa de oración, se la había convertido el Templo en un sitio de comercio y de rapiñas: *«¿No está escrito: Mi casa será Casa de oración para todas las naciones? ¡Pero vosotros la tenéis hecha una cueva de bandidos!»*. Esa acción severa iba acompañada de una enseñanza, tomada de los profetas (Is 56,7; Jr 7,11).

La mención de *«su enseñanza»* es importante. Jesús, en Jerusalén, no sólo realizó esa acción impactante en el Templo, sino que se dedicó a enseñar al pueblo. *«Enseñar»* es, en el evangelio de Marcos, una misión calificada de Jesús profeta, ungido por el Espíritu; «enseñar» es un *leit-motif*. Jesús enseñó, fue Maestro, hasta el último momento de su vida.

El Cuarto Evangelio ofrece de esa escena otra interpretación más profunda. Juan hace referencia al Salmo 69,10: *«El celo por tu Casa me devorará»*, y da un hondo significado cristológico del acontecimiento: Jesús echó fuera del Templo a los animales (y derribó las mesas de los cambistas), porque en adelante esas víctimas-animales ya no serían necesarias, pues quedarían sustituidas por el cuerpo mismo de Jesús, nueva Víctima y nuevo Templo-Santuario (Jn 2,21-22).

Hay que recordar, a este propósito, que cuarenta años más tarde, el año 70 d.C., el Templo de Jerusalén fue incendiado y destruido por los romanos, y con él terminaron los sacrificios de víctimas animales que allí se ofrecían a Dios.

III. LOS ÚLTIMOS DÍAS DEL MINISTERIO DE JESÚS

Según los cuatro evangelistas, después de la entrada triunfal en Jerusalén y la expulsión de los mercaderes del Templo, Jesús desplegó una intensa actividad de enseñanzas sobre su propia identidad –quién es Él–, sobre su misión mediante su muerte redentora y su resurrección (Jn 12,20-36), y sobre otros importantes temas:

- La maldición a la higuera estéril (Mt 21,18-22 y paralelos);
- numerosas enseñanzas al pueblo y a sus discípulos, y fuertes controversias con los sumos sacerdotes, escribas, ancianos, fariseos, herodianos y saduceos (Mt 21,23-23,12 y paralelos);
- maldiciones a escribas y fariseos (Mt 23,13-36);
- apóstrofe a Jerusalén (Mt 23,37-39 y paralelos);
- el discurso escatológico sobre: la futura destrucción de Jerusalén, la venida del Hijo del hombre y el fin del mundo (Mt 24,1-44);
- y las últimas parábolas (24,45-25,46 y paralelos).

De este abundante material, sólo queremos subrayar algunos pasajes significativos.

1. LOS VIÑADORES HOMICIDAS (Mc 12,1-12; Mt 22,33-46; Lc 20,9-19)

Esta parábola sintetiza la historia de Israel y es fuertemente cristológica; no solamente lleva la trama del destino de Jesús a su culminación, sino que también resume la trama misma de todo el Evangelio. En la parábola se encuentran algunas identificaciones claramente alegóricas, por ejemplo: Dios es el dueño de la viña; la viña es Israel; los labradores son los jefes del pueblo; el hijo amado es Jesús.

La parábola de los viñadores homicidas tiene sus raíces en el pasaje de Isaías sobre Israel, la viña de Yahvé (Is 5,1-2). La cerca sirve para impedir la entrada a los animales; el lagar es el sitio donde se pisan las uvas para hacer el vino; la torre es el lugar de vigilancia. Los labradores son aquellos a quienes se ha encomendado la viña para su cultivo y cuidado. El propietario se ausentó.

Llegado el momento de recibir parte de los frutos de la viña, el dueño de la viña envió mensajeros. La parábola menciona una sucesión de tres envíos individuales. Cada uno de los enviados fue recibiendo mayores maltratos de parte de los labradores, hasta que al tercero lo mataron. Todavía el propietario envió a otros muchos, que fueron heridos y matados. Estos personajes representan a los numerosos mensajeros enviados por Dios al pueblo de Israel, a lo largo de su historia, sin que sea posible identificarlos uno por uno.

Finalmente, les envió a *«uno, el último»*, que era su *«hijo amado»*. Los labradores, viendo en él al heredero, lo agarraron, lo mataron y lo arrojaron fuera de la viña. Sin atenerse a las reglas del derecho, soñaron apoderarse de la viña.

La expresión *«hijo amado»* recuerda las escenas del bautismo y de la transfiguración (Mc 1,11; 9,7) e invitan a identificar este personaje con Jesús. Este pasaje es muy importante para la identidad de Jesús como Hijo de Dios. El mesianismo en el evangelio de Marcos es claro; pero –además del mesianismo– se dibuja en algunos pasajes la filiación divina de Jesús (Mc 1,1.11; 9,7; 12,6; 13,31).

Jesús es el heredero del reino de Dios; Él es el verdadero dueño de la viña de Israel. Las autoridades del judaísmo quisieron adueñarse del Templo y señorearse del pueblo, usurpando los derechos de propiedad que sólo corresponden a Dios.

En el evangelio de Marcos, parece que el mismo Jesús da respuesta a su pregunta: dará muerte a esos labradores y confiará la viña a otros.

La parábola, leída a la luz de Is 5,1-7, sirve para reafirmar dos realidades: por una parte, la infidelidad de las autoridades del pueblo, que no han dado los frutos que Dios esperaba de ellos; y por otra, la perenne e inagotable predilección de Dios por Israel, su viña.

Los tres evangelistas introducen, entre la respuesta de Jesús y el intento de las autoridades para capturarlo, una cita del Salmo 118,22-23. Este texto fue uno de los más utilizados por los primeros cristianos para probar la resurrección de Jesús y su exaltación gloriosa (Hch 4,11; Ef 2,20; 1 Pe 2,7).

Los circunstantes: sumos sacerdotes, escribas y ancianos comprendieron que la parábola iba dirigida a ellos, y por eso quisieron apoderarse de Jesús; pero, por temor al pueblo, lo dejaron y se fueron.

2. El banquete nupcial (Mt 22,1-14; Lc 14,15-24)

La parábola del festín sigue, en el evangelio de Mateo, a la de los viñadores homicidas y contiene numerosos detalles encaminados a alegorizar las palabras del Maestro, con el fin de aplicarlas a circunstancias concretas de la Iglesia primitiva.

Mateo comienza por comparar explícitamente el reino de los Cielos al banquete ofrecido por un rey con ocasión de las bodas de su hijo. El reino es presentado como un banquete mesiánico, organizado por Dios (Is 25,6-8). Siendo un rey, tenía a disposición numerosos siervos, y los invitados no debían de ser pocos. Llegado el momento del banquete, envió a sus siervos a llamar a los invitados, pero éstos no quisieron ir.

El rey envió luego a otros siervos con un mensaje de urgencia: «*Mirad, mi banquete está preparado, se han matado ya mis novillos y animales cebados, y todo está a punto; venid a la boda*» (v. 4). Pero los invitados, sin hacer caso, se fueron, quién a su campo, quién a sus negocios..., y los demás se apoderaron de los siervos, los escarnecieron y los mataron.

Es fácil reconocer la alegorización de la parábola. El rey es Dios que celebró las Bodas mesiánicas de su Hijo Jesús. Envió con anticipación a los Profetas para invitar a los judíos a participar de la fiesta, pero «*no quisieron venir*». Más tarde, envió a otros siervos suyos, los Apóstoles y misioneros, para invitar una vez más a los judíos a que participaran del festín mesiánico que había llegado: platos exquisitos les esperaban, y todo estaba ya listo... Pero ellos despreciaron la nueva y urgente invitación y aun dieron muerte a los nuevos enviados. Recuérdese la muerte de Esteban y la persecución dirigida contra la Iglesia de Jerusalén (Hch 7,55-60; 8,1).

Entonces el Rey envió sus ejércitos y acabó con los asesinos y con su ciudad: alusión clara a la destrucción de Jerusalén por los ejércitos de Roma, el año 70. En cuanto al banquete, una vez preparado, no podía perderse.

El pueblo judío se cerró en sí mismo y no quiso aceptar el reino de los Cielos que Dios le había prometido y ofrecido. Pues bien, ahora será el mundo entero, los gentiles, buenos y malos, sin discriminación alguna, los que serán invitados a disfrutar del reino. Ellos aceptarán con gusto y gratitud la invitación del Padre.

3. El mandamiento del amor (Mc 12,28-34; Mt 22,34-40)

Un escriba, que había escuchado las anteriores discusiones, se acerca a Jesús con corazón sencillo y abierto, y le pregunta cuál es, para Él, el primero de todos los mandamientos. Es de saber que los maestros de la Ley contaban 613 preceptos, de los cuales 248 eran positivos y 365 negativos.

Jesús responde citando las primeras palabras del Sh‹má'. El primer mandamiento es: *«Escucha, Israel: el Señor, nuestro Dios, es el único Señor; y amarás al Señor, tu Dios, con todo tu corazón, con toda tu alma, con toda tu mente y con todas tus fuerzas»* (vv. 29-30). El texto citado por Jesús incluye la confesión del monoteísmo (Éx 20,2-3; Dt 5,7) y la obligación de amar al único Dios con la intensidad de todos los recursos de la persona, sintetizados en la mención del corazón, del alma, de la mente y de las fuerzas.

Y, sin ser interrogado, Jesús agrega: *«El segundo es: Amarás a tu prójimo como a ti mismo. No existe otro mandamiento mayor que éstos»* (v. 31). El mandamiento del amor al prójimo se lee en Lv 19,18. El lazo que une los dos preceptos es el amor.

El escriba, sin ninguna hostilidad ni ironía, muestra su conformidad con la enseñanza de Jesús. A los preceptos del amor, el doctor de la Ley añade alusiones a Os 6,6 y 1 Sm 15,22: *«(Esto) vale más que todos los holocaustos y sacrificios»*.

Jesús, viendo que le había contestado con sensatez, le dijo: *«No estás lejos del reino de Dios»* (v. 34). No se trata del reino futuro, sino del reino de Dios actual, en el que el escriba podría entrar, si se diera cuenta de que el reino está ya presente en y con Jesús. Marcos concluye el pasaje diciendo que nadie más se atrevía ya a hacerle preguntas.

4. ¡Estad alerta y vigilad! (Mc 13,33-37; Mt 24,42; Lc 21,34-36)

Jesús termina su discurso escatológico con una urgente invitación a la vigilancia. Jesús, el dueño de la casa, se va; pero deja a sus discípulos y les hace a cada uno su encomienda. El día de su regreso nadie lo sabe. Al ignorar el día y el momento de la venida del Señor, se impone estar atentos y permanecer en vela, como debe hacerlo el siervo-portero que espera la llegada de su señor o al atardecer, o a media noche, o al canto del gallo, o a la madrugada.

El evangelista termina la advertencia dirigiéndola no sólo a los discípulos, sino a todo mundo: «*A todos lo digo: ¡Velad!*» (v. 37).

5. Parábola de los talentos (Mt 25,14-30)

La parábola de los talentos consta de tres partes. La primera: el señor encomienda su hacienda a sus siervos (vv. 14-15). La segunda: los siervos negocian los talentos que se les han confiado (vv. 16-18). La tercera: el señor regresa y pide cuentas a sus siervos (vv. 19-30).

«*(El reino de los Cielos) es también como un hombre...*» Esta nueva parábola ilustra otro aspecto del reino de los Cielos (25,1). Tenemos ahora a un gran negociante que se ausenta *«por largo tiempo»*. Llama a tres de sus siervos, empleados de confianza, y les entrega un buen capital para que lo trabajen. El hombre, sabio y prudente, confía a cada uno una cantidad, de acuerdo con las capacidades personales de cada siervo: a uno confía cinco talentos; a otro, dos; y al tercero, uno. El talento era un peso de 34.272 kg y equivalía a seis mil denarios.

Los dos primeros siervos pusieron en actividad sus capacidades y cada uno duplicó los talentos recibidos. La ganancia fue del ciento por ciento.

El siervo que sólo recibió un talento, en lugar de trabajarlo, lo escondió bajo tierra. Por una parte, obró con precaución y cuidado, pues enterró el talento para mantenerlo en seguridad y no exponerlo a un robo. Sin embargo, el talento resultó en definitiva improductivo; ¿para qué le fue dado?

Después de mucho tiempo, regresa el señor y toma cuenta a sus siervos. Los dos primeros reciben un elogio del señor y, como recompensa por haber sido buenos y fieles en lo poco, son primero constituidos en mayores responsabilidades, y luego son introducidos *«en el gozo de su señor»*. El «gozo» significa la alegría de una fiesta; y, dado el contexto, es el gozo escatológico del reino de los Cielos (25,1).

En cuanto al siervo que sólo había recibido un talento, hay varias consideraciones que hacer. El siervo describe las razones que tuvo para esconder el talento, todas ellas en desprestigio del amo: «*hombre duro, que cosecha lo que no siembra, recoge lo que no esparce*». El temor a una reacción más injusta lo obligó a ocultar en tierra el dinero del amo. Cuando el amo reclama al siervo, éste responde con cierta insolencia: «*¡Mira, tienes lo tuyo!*» (v. 25b).

El amo reacciona de acuerdo con las palabras del siervo a quien tacha de «*malo y perezoso*». El siervo, al conocer cómo es el señor, hubiera puesto el dinero en el Banco para recibir al menos los réditos; pero su indolencia ni eso le permitió hacer. En definitiva, el siervo no quiso explotar sus capacidades personales, aun cuando fueran mínimas.

La parábola presenta un doble castigo: 1º el siervo es despojado del talento que se le había confiado; 2º el siervo será arrojado por su inutilidad «*a la tiniebla exterior, donde será el llanto y el rechinar de los dientes*» (cf. Mt 8,12; 13,42.50; 22,13; 24,51), símbolos de la separación definitiva del reino de Dios. El talento, propiedad del amo, no debe quedar infructuoso; se le dará al que ya tiene diez, «*porque a todo el que tenga se le dará y le sobrará; pero al que no tenga, aun lo que tiene se le quitará*» (cf. Mt 13,12; Mc 4,25; Lc 8,18).

La parábola de los talentos ha sido colocada por el evangelista en el ambiente escatológico de la parusía y del fin del mundo.

1º El tinte cristológico es evidente. El amo que se marcha es Jesús que ha partido por largo tiempo, pero vendrá. El día de la parusía se percibe en el horizonte de la parábola.

2º Jesús confía sus tesoros a los hombres para que los trabajen. La perspectiva es netamente individual. Es el tiempo de la Iglesia. Cada uno recibe carismas según sus cualidades y capacidades, y según esto se le pedirá cuentas.

3º Las recompensas son de doble género: terrenas y eternas. Hay premios proporcionados a los talentos confiados según las capacidades y carismas personales, pero la recompensa fundamental es igual: entrar en el gozo del festín del reino de los Cielos.

4º Los castigos al siervo malo y perezoso, por sus omisiones, serán igualmente de dos clases: la privación del talento confiado, y sobre todo la separación del reino y su colocación en la condenación eterna.

6. El juicio de las naciones (Mt 25,31-46)

¡Cuadro admirable que cierra el Discurso escatológico y pone fin al ministerio público de Jesús! Este espectáculo solemne, cuyos elementos están tomados del escenario del Apocalipsis, está imbuido del más puro espíritu de Jesús, fuertemente opuesto al del judaísmo, el cual esperaba del juicio universal el exterminio de sus enemigos. El cuadro es básicamente una pintura profética del juicio final.

El pasaje presenta tres cuadros y una conclusión.

Gigantesco escenario del Hijo del hombre (vv. 31-33)

El Hijo del hombre aparece en todo el esplendor de su poder y de su gloria; a Él están sujetas todas las cosas, hasta los ángeles del cielo. Él actúa en lugar de Dios. «La gloria» es el halo que lo envuelve. Es un soberano universal. En esta figura grandiosa del Hijo del hombre se presiente un carácter divino. Otros textos de Mateo se integran en este concierto (13,41; 16,27; 19,28).

Ante Él serán congregadas *«todas las naciones»*, la humanidad entera: judíos y gentiles. La perspectiva es de un universalismo absoluto: todos los hombres de todos los tiempos. La forma pasiva del verbo revela que el sujeto es Dios. Se trata de un juicio definitivo. La idea de Jesús juez se dibuja a lo largo del Evangelio (Mt 16,27; 19,28; Mc 8,38).

«Las ovejas y los cabritos.» Es un rasgo parabólico. La imagen es netamente palestinense. Por lo demás, la naturaleza misma de las ovejas y los cabritos conduce a la distinción: las ovejas son símbolo de dulzura y docilidad, su color blanco atrae, obedecen fácilmente al llamado del pastor. No así las cabras, que son de color oscuro y se muestran ariscas, hurañas, montaraces e independientes.

«La derecha y la izquierda» han servido siempre de signos convencionales para marcar mayor o menor dignidad o preferencia.

El juicio de los buenos (vv. 34-40)

El Hijo del hombre es el Rey-Mesías, comisionado por su Padre para realizar el gran juicio. El reino preexiste en los designios divinos, desde antes de la creación del mundo y está reservado para aquellos que han sido objeto de la bendición del Padre: *«los benditos de mi Padre»*.

La lista de seis obras de misericordia: dar de comer al hambriento, dar de beber al sediento, dar posada al peregrino, vestir al desnudo, visitar al enfermo, ver al que está en la cárcel no es exhaustiva, ni excluye el ejercicio de las demás virtudes. Lo que es digno de observar es que estos actos de caridad, ejercidos sobre los menesterosos, son reconocidos por el Rey-Juez como practicados en su propia persona. La respuesta, llena de extrañeza, va a provocar la revelación plena del pensamiento del Rey.

Y ¿quiénes son esos *«los más pequeños, hermanos»* del Rey?

En primer término, son los miembros de la comunidad cristiana, los discípulos y seguidores de Jesús, que proclaman el Evangelio a los otros, a veces en medio de gran oposición. Quien hace un acto de amor a un hermano, es, en definitiva, a Jesús a quien se lo hace.

Pero, en fuerza del horizonte universalista del principio (v. 32), *«los hermanos»* del Rey universal parecen todos los miembros de la gran familia humana. En esta perspectiva, la expresión *«los más pequeños»* puede referirse a los más pobres, miserables y necesitados de este mundo.

El juicio de los malos (vv. 41-45)

¡Tremendo contraste! Nótese que hablando de los «malditos» no se menciona el nombre del Padre; y, tratándose de «el fuego eterno», no se dice que fue preparado para el hombre, sino para el diablo y los ángeles que lo siguieron.

Sigue luego la razón de la condenación de los malos y la réplica de éstos, eco de la extrañeza de los justos. La razón del castigo es digna de reflexión. La condenación no ha sido por actos positivos cometidos contra esos *«los más pequeños»*, sino por omisiones de actos de misericordia y de amor.

Conclusión (v. 46)

«E irán éstos a un castigo eterno, y los justos a una vida eterna.»

«Castigo eterno y vida eterna» son clara afirmación de los posibles estados definitivos del hombre en la vida futura (cf. Dn 12,2; Jn 5,29).

«Formidable y consoladora alternativa que pone fin a las enseñanzas de Jesús, y que domina la vida moral del cristiano. Si alguna cosa pudiera atenuar la impresión de terror y fortificar la esperanza, sería el lugar que ocupan estas palabras: después de una tan urgente recomendación de la caridad, y antes de la Pasión» (M. J. Lagrange).

ACTUALIZACIÓN

Jesús es nuestro Rey. Él es un Soberano manso y humilde, que ha venido en el nombre de Dios. Debemos acogerlo con júbilo y con amor.

El Templo es la casa de Dios; y es, ante todo, un lugar de oración y de encuentro personal con Dios. En él encontramos a Jesús-eucaristía, el verdadero templo en el que se encuentra al Padre y la verdadera Víctima, ofrecida voluntariamente para la expiación de los pecados del mundo.

Jesús es el Hijo de Dios; habiendo sido enviado por el Padre, la humanidad pecadora le dio muerte. Jesús es el Mesías. El Padre ha preparado el banquete mesiánico de las bodas de su Hijo. Los judíos fueron los primeros invitados, pero rechazaron la invitación. Esa invitación pasó a todos los gentiles. Ellos aceptaron con gusto y gratitud la invitación al banquete mesiánico.

El mandamiento principal de la Ley es el precepto del doble amor: amor a Dios con todo el corazón, con toda el alma y con todas las fuerzas; y el amor al prójimo, como nos amamos a nosotros mismos.

Durante nuestro paso por la tierra, debemos hacer fructificar al máximo los dones y carismas que el Espíritu Santo nos ha dado para construir el mundo y edificar la Iglesia, Pueblo de Dios. Tanto el ejercicio fructuoso de los dones como su descuido o desperdicio tienen sus consecuencias para esta vida y sobre todo para la eternidad.

ORACIÓN

Jesús:

Yo te reconozco como mi Rey. Te alabo, te bendigo
y te aclamo como el enviado del Señor.
Gracias, Señor, porque tú eres
el verdadero Templo donde puedo encontrar a Dios
y adorar al Padre.
Gracias porque fuiste la víctima divina
que expió nuestros pecados.
Te suplico tengas misericordia de mí
y me admitas a participar de la felicidad de tu reino.

Padre:

Gracias por la invitación que me has hecho
para participar en el banquete mesiánico de tu Hijo Jesús.
No permitas que sea yo ingrato a tu invitación.

Espíritu Santo:

Infunde en mí la virtud del amor
para amar a Dios con todo mi corazón
y amar a mis hermanos como me amo a mí mismo.
Acompáñame siempre a lo largo de mi vida,
y hazme estar vigilante y pendiente
para oír tu voz y gozar eternamente
de la bienaventuranza del reino de los Cielos.

TERCERA PARTE
LA PASCUA DEL SEÑOR

INTRODUCCIÓN

El «Misterio de la Pascua del Señor» es el corazón y la cumbre de la obra salvífica de Jesús. La entrega de su Cuerpo y de su Sangre en la Cena, como el don de su vida en el Calvario, no son sino el último eslabón de toda una serie de donaciones que arrancan desde la eternidad de Dios: *«De tal manera amó Dios al mundo que dio al Hijo Unigénito, para que todo el que crea en Él no perezca, sino que tenga vida eterna»*: Jn 3,16 (cf. *Catecismo de la Iglesia Católica,* nn. 571-573).

El misterio pascual, en toda la extensión y riqueza de su contenido, no se limita sólo a la muerte y resurrección de Jesús, sino que comprende:

1º La ÚLTIMA CENA, cuyo momento culminante fue la institución de la Eucaristía, en la que Jesús entregó su Cuerpo y su Sangre como cordero pascual, víctima de expiación y sacrificio de la Alianza nueva y eterna.

2º La PASIÓN DE JESÚS, prolongada y angustiosa, con sus puntos relevantes como fueron: la agonía en Getsemaní, el juicio ante el Sanedrín, el proceso ante Pilato, la coronación de espinas, la flagelación y la crucifixión, las horas pasadas en la cruz y el momento sublime y trascendente de su muerte.

3º La GLORIFICACIÓN DE CRISTO por su retorno al Padre en el instante mismo de su resurrección gloriosa, en virtud de la cual quedó instaurado el «mundo escatológico», mundo nuevo y definitivo, en el que el espíritu y la materia quedaron radicalmente transformados.

Y, como consecuencia de todo lo anterior, la EFUSIÓN DEL ESPÍRITU SANTO, don prometido por el Padre, y fruto, conquista y premio de la obra redentora y salvífica de Jesús; donación del Espíritu, que Juan sitúa en la tarde misma del día de la resurrección, y que Lucas prefiere colocar en la mañana de Pentecostés, describiéndola con tintes grandiosos de epifanía.

A propósito del «Misterio pascual» en el tiempo de la Iglesia, el *Catecismo de la Iglesia Católica* ha subrayado la dimensión de su permanencia constante:

> «En la liturgia de la Iglesia, Cristo significa y realiza principalmente su misterio pascual. Durante su vida terrestre Jesús anunciaba con su enseñanza y anticipaba con sus actos el misterio pascual. Cuando llegó su hora (Jn 13,1; 17,1), vivió el único acontecimiento de la historia que no pasa: Jesús muere, es sepultado, resucita de entre los muertos y se sienta a la derecha del Padre "una vez por todas" (Rom 6,10; Heb 7,27; 9,12). Es un acontecimiento real, sucedido en nuestra historia, pero absolutamente singular: todos los demás acontecimiento suceden una vez, y luego pasan y son absorbidos por el pasado. El misterio pascual de Cristo, por el contrario, no puede permanecer solamente en el pasado, pues por su muerte destruyó a la muerte, y todo lo que Cristo es y todo lo que hizo y padeció por los hombres participa de la eternidad divina y domina así todos los tiempos y en ellos se mantiene permanentemente presente. El acontecimiento de la Cruz y de la Resurrección permanece y atrae todo hacia la Vida» (*CIC*, n. 1.085).

La riqueza espléndida de este «misterio pascual de salvación» no sólo es gloria para el Padre y el Hijo (Jn 17,1), sino que está destinada a ser herencia valiosa de todos los creyentes. En efecto, el Concilio Vaticano enseña que

> «por el bautismo, los hombres son injertados en el misterio pascual de Cristo: muertos con Él, sepultados con Él, resucitados con Él, reciben el Espíritu de adopción de hijos, por el cual clamamos: ¡Abbá! ¡Padre!, y se convierten así en los verdaderos adoradores que busca el Padre» (*Sacrosanctum Concilium*, n. 6).

Teniendo en cuenta el misterio pascual en toda su riqueza y amplitud, nuestro estudio sobre la Pascua del Señor será dividido en tres partes:

1º La Cena del Señor.
2º La Pasión de Jesús.
3º La Glorificación de Cristo.

Cada uno de estos títulos quiere ser reflejo de una idea fundamental.

INTRODUCCIÓN

Al designar la última Cena como «*La Cena del Señor*», queremos subrayar la función de Señor y Maestro que desempeñó Jesús la noche anterior a su muerte (cf. Jn 13,14; 1 Cor 11,23).

Al titular la pasión como «*La Pasión de Jesús*», intentamos poner de relieve la condición pasible y mortal de la naturaleza humana asumida por Jesús con todas sus limitaciones y debilidades, excepto el pecado, como lo enseña la Epístola a los Hebreos (Heb 4,15).

Y al presentar los misterios de la resurrección de Jesús, su ascensión al cielo y su exaltación a la derecha del Padre, bajo la rúbrica «*La Glorificación de Cristo*», deseamos recalcar la enseñanza de Pedro en su discurso de Pentecostés: «*Sepa, pues, con certeza toda la Casa de Israel que Dios ha constituido Señor y Cristo a este Jesús, a quien vosotros habéis crucificado*» (Hch 2,36).

Finalmente, el último capítulo estará dedicado a la exposición de «*La efusión del Espíritu Santo*», el día de Pentecostés.

Antes de dar principio a las reflexiones sobre la Pascua del Señor, invitamos al lector a tener a su lado el texto de los evangelios, pues será la base de las explicaciones que vienen a continuación.

ACTUALIZACIÓN

El misterio de la Pascua del Señor: la Eucaristía, la Pasión y Muerte de Jesús y la Resurrección de Cristo es el corazón de la obra de salvación llevada a cabo por Jesús. Dios, en su infinita sabiduría y en su providencia paternal, quiso que ese acontecimiento redentor no pasara, sino que permaneciera siempre presente y se actualizara constantemente, comunicando, de generación en generación, la salvación conquistada por la muerte y resurrección del Señor.

La Iglesia nos invita, a través de la Liturgia, a que conozcamos con profundidad ese misterio central de nuestra fe y que vivamos de él, ya que es un manantial perenne de vida divina para todos los creyentes. Es instrumento de purificación y fuente de vida eterna.

Vivamos con intensidad y plenitud la Cena del Señor, participando conscientemente en la Eucaristía; participemos personalmente en el misterio de dolor y muerte de Jesús, tomando con amor nuestra propia cruz de cada día, a fin de gozar después con Él de la gloria de la resurrección.

> El Misterio pascual es un divino tesoro de santificación que tenemos al alcance de nuestras manos: ¿seremos capaces de desperdiciarlo, una vez que Dios nos ha dado la gracia de comprender su valor?

ORACIÓN

Señor Jesús:
Concédeme la gracia de comprender
y vivir tu misterio pascual.
Quiero vivir el misterio de la Eucaristía en plenitud.
Quiero acompañarte en el sufrimiento
de tu pasión y de tu muerte redentora.
Quiero gozar eternamente contigo
en la vida de la futura resurrección.
Amén.

Capítulo I
LA CENA DEL SEÑOR

I. LA ÚLTIMA CENA (Mc 14,12-17; Mt 26,17-20; Lc 22,7-14)

1. La Pascua judía

Origen de la Pascua y de los Ázimos

La fiesta de la Pascua y la de los Ázimos fueron originalmente dos festividades diferentes, anteriores a la constitución del pueblo de Israel.

La «*Pascua*» era una fiesta de pastores y debía celebrarse en la noche de luna llena más cercana al equinoccio de primavera. Se inmolaba un cordero al dios de los rebaños para asegurar que éste siguiera concediendo la fecundidad a los animales. El cordero se comía como sacrificio de comunión entre el dios y los pastores, y la sangre se untaba sobre las tiendas o casas para alejar toda clase de males imprevistos.

Los «*Ázimos*» era una fiesta de agricultores y se celebraba en primavera. El uso de panes ázimos reflejaba la creencia de evitar todo riesgo de contaminación con la antigua levadura al comenzar a comer de la nueva cosecha. Para asegurar esto, había completa abstención de levadura durante siete días.

Los hebreos adoptaron estas dos fiestas de primavera, las combinaron en una sola festividad y les imprimieron fuertemente el recuerdo del Éxodo, cuando Yahvé dio muerte a los primogénitos de los egipcios y liberó a su Pueblo de la servidumbre, transformándola así en la gran fiesta de la liberación.

Los textos principales que contienen los ritos de la Pascua y de los Ázimos se encuentran en Éxodo 12,1-20; Levítico 23,5-8; Números 28,16-25 y Deuteronomio 16,1-8.

El rito de la Pascua judía

Por el Talmud, que conserva las tradiciones del judaísmo, sabemos que el ritual de la cena pascual comprendía dos partes: una fase introductoria y el banquete propiamente dicho.

A. *Fase preliminar*

El padre de familia pronunciaba una palabra dedicatoria para bendecir el día de fiesta y la primera copa.

Se lavaba la mano derecha y se consumía el platillo preliminar que consistía en verduras, hierbas amargas y una salsa de puré de frutas (jaróset).

Se servía luego la comida, pero no se comía en este momento; igualmente, se servía la segunda copa y se colocaba en su lugar, pero no se bebía.

B. *Liturgia pascual*

1º *Sentido de la Fiesta*

- La Haggadáh de la Pascua. El padre de familia recordaba el sentido de la fiesta y el simbolismo de los diversos alimentos: el pan ázimo recordaba el pan que no había tenido tiempo de fermentar durante la noche del éxodo; el cordero evocaba la primera pascua, cuya sangre, aplicada en es dintel de las puertas de sus casas, había preservado a los hebreos del Ángel exterminador (Éx 12,23); el vino era símbolo de la alegría y de la acción de gracias por los beneficios de Dios.
- Se recitaba la primera parte del Hallel (Sal 113-114) y se bebía la segunda copa.
- Luego, se lavaban las manos.

2º *Banquete pascual*

– El padre de familia pronunciaba la acción de gracias sobre los panes ázimos (mazzót), que rompía y distribuía entre los comensales.
– Venía luego la comida propiamente dicha, que consistía en el cordero pascual, pan ázimo, hierbas y puré de frutas.
– El padre de familia pronunciaba la acción de gracias sobre la tercera copa, «copa de la bendición», y la hacía circular.

3º *Conclusión*

Se recitaba la segunda parte del Hallel (Sal 115-118).

2. La Pascua de Jesús

Según el evangelio de Juan, Jesús celebró su última Cena la víspera de la Pascua oficial de las autoridades religiosas de Jerusalén (Jn 18,28; 19,14.31). Los Evangelios Sinópticos (Mt-Mc-Lc), en cambio, afirman que la cena de Jesús fue una «cena pascual»: *«El primer día de los Ázimos, cuando inmolaban la Pascua, le dicen sus discípulos: "¿Dónde quieres que vayamos a preparar para que comas la Pascua?"»* (Mc 14,12).

¿Cómo conciliar estos datos evangélicos aparentemente opuestos?

Tanto las fuentes rabínicas como los manuscritos de Qumrán revelan que en tiempos de Jesús existían varios calendarios para celebrar la Pascua.

Siendo así, Jesús celebró su última Cena de acuerdo a un calendario diferente al oficial del sacerdocio de Jerusalén, como *«verdadera Cena pascual»*. Esto último se desprende de numerosos detalles, a saber: Jesús celebra la cena en Jerusalén y no en Betania; no al mediodía sino al anochecer; recostados y no sentados; rompe el pan después de un primer servicio y no desde el principio (Mc 14,18-21); y concluye con el canto del Hallel (Mc 14,18-26; Mt 26,21-30).

En el cuadro de la Cena pascual judía, los datos de los evangelios se pueden repartir de la siguiente manera:

1º Jesús debió de pronunciar la palabra escatológica inmediatamente al principio de la cena: «*Con ansia he deseado comer* esta Pascua con vosotros antes de padecer; porque os digo que ya no la comeré más hasta que halle su cumplimiento en el reino de Dios» (Lc 22,15-16).

2º El lavatorio de los pies coincidió con las abluciones del rito preparatorio (Jn 13,1-20).

3º El anuncio de la traición de Judas y el bocado que Jesús le ofreció tuvieron lugar durante el primer servicio de hierbas amargas y de salsa. En este caso, Judas salió antes de la institución de la Eucaristía (Jn 13,21-30).

4º La palabra de Jesús sobre el pan coincide con la acción de gracias que el padre de familia pronunciaba sobre los panes ázimos.

5º La palabra de Jesús sobre el vino la pronuncia sobre la tercera copa, la copa de la bendición.

6º Terminado el Hallel, salieron del cenáculo para el monte de los Olivos.

Sentido teológico de la Cena pascual de Jesús

a) En los Evangelios Sinópticos: siendo la última Cena de Jesús una Cena pascual, el sentido teológico queda manifiesto: el banquete de la antigua Alianza queda sustituido por el banquete de la nueva Alianza, esto es, la Cena pascual judía es sustituida por la Cena pascual de Jesús; y el cordero que conmemoraba la liberación de la esclavitud es reemplazado por el Cuerpo y la Sangre de Cristo, el verdadero Cordero de Dios, que obra una liberación más profunda y universal: la remisión de los pecados de la humanidad (Mt 26,28).

b) La perspectiva de Juan, aunque diferente, es también profundamente teológica. Al decir que la Cena pascual de las autoridades de Jerusalén era nuestro viernes por la noche, queda subrayado como consecuencia un hecho simbólico, a saber: Jesús muere en el Calvario a la misma hora en que las víctimas pascuales eran inmoladas en el Templo. Con ello quiere enseñar que el cordero pascual, sacrificado a mediodía, queda reemplazado por Jesús, inmolado en la cruz a la hora sexta: Él es verdaderamente el nuevo Cordero pascual, «el Cordero de Dios, que quita el pecado del mundo» (Jn 1,29).

II. EL LAVATORIO DE LOS PIES (Jn 13,1-20)

1. Introducción (vv. 1-3)

El evangelista Juan, antes de narrar el lavatorio de los pies, ha elaborado una solemne introducción que consta de los siguientes elementos:

1º Jesús sabe que ha llegado su hora de pasar de este mundo al Padre.
2º Jesús ha amado a los suyos y ahora los amará hasta «el extremo».
3º Se encuentran en una cena, y el diablo ha entrado activamente en juego a través de Judas.
4º Jesús lo sabe todo: sabe que su Padre ha puesto todo en sus manos, y sabe que salió de Dios y que ahora, pasando por la muerte, regresa a Dios.

Pues bien, teniendo en cuenta todo esto, Jesús va a realizar un «*signo*», que será una acción profundamente simbólica: lavará los pies de sus discípulos.

2. La acción simbólica (vv. 4-5)

El ceñirse una toalla y lavar los pies de los amos era deber de los esclavos (1 Sm 25,41); pero, según la tradición rabínica, un esclavo judío no estaba obligado a prestar ese servicio a su señor, pues eran hermanos en la misma fe. Así pues, en el caso de Jesús, su acción denotaba un abajamiento inaudito.

Las expresiones griegas *«deja, pone a un lado»* los vestidos y *«tomó»* los vestidos, son significativas, pues los verbos «poner» y «tomar» habían sido utilizados anteriormente por Jesús en relación con su muerte y resurrección: *«Por eso el Padre me ama, porque pongo mi vida para tomarla de nuevo»* (Jn 10,17). Los vestidos son símbolo de la persona: Jesús se despojará de sí mismo por la muerte, para luego volver a tomar su vida.

3. Primera interpretación del lavatorio (vv. 6-11)

Se trata de un diálogo estrictamente joánico, que sirve al autor como vehículo literario para descubrir el sentido profundo de la acción simbólica de Jesús. Para captar ese simbolismo se requiere tener presente que:

1º El «lavar los pies» es un acto de abajamiento a la condición de esclavo; y esclavo es aquel que no se pertenece a sí mismo, sino que es propiedad de otro, de su amo. Simón percibe ese acto de suprema humillación, y por eso dice: «¡No me lavarás los pies jamás!» (v. 8a).

2º Pero, ese acto de Jesús es indispensable para que Simón Pedro tenga parte con Él; por eso le dice: «Si no te lavo, no tienes parte conmigo» (v. 8b). Simón se sitúa sólo en la realidad material y, queriendo asegurarse una buena parte con Jesús, le dice: «Señor, no sólo los pies, sino hasta las manos y la cabeza» (v. 9).

3º Jesús interviene para que Simón y sus compañeros se sitúen en un nivel superior y, a la vez, introduce otra idea: la de la pureza de las personas del grupo, excluyendo a Judas.

De todas estas circunstancias, se concluye que el lavatorio de los pies es una acción simbólica del abajamiento supremo de Jesús, que se entrega en un servicio de esclavo hasta dar su vida. En virtud de esta entrega, Pedro y sus compañeros podrán tener parte con el Maestro, es decir, estar donde está Jesús: en el Padre (Jn 12,26; 14,3; 17,24).

4. Segunda interpretación del lavatorio (vv. 12-15)

El lavatorio de los pies es aquí un ejemplo de humildad. Jesús supone que sus discípulos *«comprenden»* lo que Él ha hecho. Él es *«el Maestro y el Señor»* (v. 13a). Si, pues, el Maestro se ha abajado con increíble humildad a prestar un servicio a sus discípulos, ellos también deberán prestárselo mutuamente. Este acto de servicio humilde es un «preludio en acto» al precepto del amor (Jn 13,34; 15,12).

En el primer cuadro, el discípulo tenía que aceptar el servicio del Maestro, como el de un siervo (vv. 6-11); en el segundo, el discípulo debe ofrecer a su compañero el mismo servicio (vv. 12-15).

5. Conclusión (vv. 16-20)

Los discípulos de Jesús deben imitar la conducta de su Señor y Maestro. Lo simbolizado en el lavatorio de los pies es un ejemplo concreto que se debe seguir. Y no basta saber esto, hay que convertirlo en realidad. Eso será fuente de bienaventuranza.

LA CENA DEL SEÑOR

La elección de Judas –que Jesús ha hecho conscientemente–, y su infidelidad futura muestran que el mal es objeto del conocimiento y de la permisión divina, aun cuando de allí surja un hondo problema que la mente humana no alcanza a resolver.

Acoger a un apóstol es acoger a Jesús, y acoger a Jesús es acoger al Padre que lo envió. Aceptar a los heraldos del Evangelio es aceptar al mismo Dios.

ORACIÓN

Señor Jesús:
Gracias te doy por tu entrega absoluta y total;
por haber entregado tu vida, en un servicio
humilde y sublime, para nuestra salvación.
Ten compasión de mí, Señor;
lávame y purifícame.
Quiero tener parte contigo
y participar de tu reino por toda la eternidad.

III. EL ANUNCIO DE LA TRAICIÓN DE JUDAS
(Mc 14,18-21; Mt 26,21-25; Lc 22,21-23; Jn 13,21-30)

El anuncio de la traición de Judas es una tradición evangélica arcaica; su importancia histórica y teológica era evidente y por eso encontró sitio en los cuatro evangelios. La tradición de Marcos es sobria y solemne; Mateo la sigue de cerca. Lucas nos ofrece una tradición diferente y breve. Juan recuerda el hecho y lo enriquece con detalles que le son propios.

1. La tradición de Marcos y Mateo

Se encuentran Jesús y los Doce recostados a la mesa para celebrar la cena de Pascua. Jesús conoce la decisión que Judas ha tomado de entregarlo y la manifiesta públicamente. Sin embargo, Jesús no revela el nombre del traidor. Su lenguaje velado es una invitación apremiante y una oportunidad última para que Judas reflexione sobre su determinación.

La palabra de Jesús suscita profunda tristeza y consternación en los discípulos. Jesús termina subrayando un contraste entre el Hijo del hombre y el traidor. Un doloroso ¡ay! sugiere que él carga con una tremenda responsabilidad; por eso hubiera sido mejor para él no haber nacido. Ese ¡ay! no es una maldición para Judas sino un grito de pena y de angustia; y el *«hubiera sido mejor para él no haber nacido»* (Mt 26,24b) no es una amenaza, sino el triste reconocimiento de los hechos. Judas no es un instrumento ciego y material del destino, sino que ha actuado con conocimiento humano y responsabilidad personal.

2. La tradición de Lucas

Lucas es menos expresivo que Marcos y Mateo; y termina con una discusión que se suscitó entre los discípulos con ocasión del anuncio de Jesús. Esa discusión inspiró a Lucas una palabra del Maestro sobre la actitud de servicio que debe caracterizar a los que ejercen el ministerio de la autoridad entre los discípulos de Jesús; esa palabra sobre el servicio de la autoridad dio lugar a otro dicho del Señor sobre la recompensa que espera a los Apóstoles por haber compartido las pruebas de Jesús.

3. El relato de Juan

El anuncio de la traición de Judas está muy ligado al lavatorio de los pies. Durante esta acción, Jesús había dicho: *«Vosotros estáis limpios, aunque no todos»* (13,10b). Al terminar, Jesús se conmovió profundamente en su interior y dijo: *«En verdad, en verdad os digo: uno de vosotros me entregará»* (v. 21b).

Juan es sobrio al describir el efecto que el anuncio produjo en los discípulos, pero fija su atención en dos personajes: en Simón Pedro y en *«el discípulo a quien Jesús amaba»*. Este personaje anónimo debe de ser el apóstol Juan, a quien el último redactor del Cuarto Evangelio le dio ese prestigioso título.

A la pregunta del discípulo: *«Señor, ¿quién es?»* (v. 25b), Jesús, sin decir el nombre propio, con un gesto y una palabra revela al traidor: moja un bocado y lo da a Judas. Ese bocado no fue sólo señal para el discípulo, sino una última prueba de amistad para Judas. Éste acepta el bocado, pero en lugar de dar un paso atrás en su decisión de entregar a Jesús, queda a merced de Satanás que toma posesión de él (cf. Jn 6,70; 13,2.27).

La frase que dirige Jesús a Judas: «*Lo que haces, hazlo pronto*» (v. 27b), no es una invitación al mal, sino la última palabra de un amigo desalentado: si en definitiva tú así lo quieres, hazlo pronto...

Tomado el bocado, sale inmediatamente. En ese instante Judas deja de pertenecer al grupo de los amigos. La frase «*¡Era de noche!*» (v. 30b) está cargada de sentido. En cuanto a la hora, la tarde se había marchado, y era ya de noche. En cuanto al simbolismo, comenzaba en esos momentos la hora del reinado de la Tiniebla, del que habla Lucas en 22,53.

ACTUALIZACIÓN

Aun cuando Jesús sabía de antemano que Judas lo iba a entregar (Jn 6,71), sin embargo, llegado el momento de la traición, Jesús «*se conturbó en su espíritu*». Jesús había amado a Judas y lo había elegido para que fuera del grupo de los Doce; y ahora, Judas traiciona a Jesús, entregándolo a la muerte. Jesús sufre tan intensamente en su interior lo que la traición significaba, que dijo: «*¡Más le valdría a ese hombre no haber nacido!*» (Mt 26,24b).

ORACIÓN

Jesús:
Quiero acompañarte en tu dolor íntimo.
Concédeme la gracia de serte fiel.
Gracias por haberme amado y haberme elegido.
Que tu fidelidad divina hacia mí
se vea correspondida con mi humilde fidelidad.
No permitas jamás que yo te traicione,
y permíteme acompañarte en tu dolor
por la infidelidad de los hombres.

IV. LA INSTITUCIÓN DE LA EUCARISTÍA

1. Los textos eucarísticos

La institución de la Eucaristía, celebrada por Jesús la noche anterior a su pasión, nos ha sido transmitida por cuatro textos: Mc 14,22-25; Mt 26,26-29; Lc 22,15-20; 1 Cor 11,23-26.

Esos textos representan una tradición muy antigua, anterior a la fecha de la última redacción de los evangelios. Se trata de textos litúrgicos que conservan, en forma concisa y lapidaria, lo esencial de la Cena de Jesús; y transmiten los gestos y las palabras mismas del Maestro.

La tradición de Marcos-Mateo es la de la Iglesia de Jerusalén; la tradición de Pablo es muy probablemente la de la Iglesia de Antioquía; la tradición de Lucas es una composición personal, sabia y teológica.

A propósito de la Cena pascual judía, ya hemos precisado el momento en que Jesús introdujo los elementos propios, que dieron inicio a la celebración de la Pascua cristiana.

2. Sentido de los «gestos y palabras» de Jesús

La palabra escatológica

> «Ardientemente he deseado comer esta Pascua con vosotros antes de padecer; porque os digo que ya no la comeré jamás hasta que se cumpla en el reino de Dios» (Lc 22,15-16).

Esta palabra descubre el sentido fundamental y profundo que tendrá el rito nuevo que Jesús va a realizar. Él es consciente de que su pasión y muerte son inminentes, y quiere ardientemente celebrar «esa Pascua» antes de que eso suceda.

El ambiente de dolor y de sacrificio en que se desenvolvió la última Cena fue percibido desde un principio por los primeros cristianos (cf. 1 Cor 11,23b.26); y esa atmósfera sacrificial aparecerá con mayor evidencia al apreciar los elementos de «pan y vino» que Jesús tomó para significar la realidad de su inmolación.

El gesto y la palabra sobre el pan

Jesús toma el pan y pronuncia la bendición. Esta bendición es un acto de acción de gracias a Dios, y, según el uso judío, pudo ser: «*Bendito seas, Señor Dios nuestro, Rey del universo, que nos has dado este pan, fruto de la tierra*». Pablo y Lucas, en lugar del verbo bendecir emplean el «*dar gracias*», que Marcos y Mateo utilizarán a propósito de la copa. De esta expresión se originó el nombre «*Eucaristía*», dado al sacramento.

Después de la bendición, Jesús rompe el pan, lo da a sus discípulos y dice: «*¡Tomad, comed, éste es mi cuerpo!*» (Mt 26,26b). Este «pan roto» es todo un símbolo cuyo significado y realidad son revelados por la palabra de interpretación: «*¡Éste es mi cuerpo!*». La palabra sobre el pan roto significa que Jesús entrega su propio cuerpo destrozado como sacrificio en favor de los hombres.

El gesto y la palabra sobre el vino

Al fin de la comida, Jesús tomó la tercera copa, la copa de la bendición, dio gracias y la pasó a los discípulos. La nota de Marcos: «*... y bebieron todos de ella*», sugiere que Jesús hizo circular una misma y única copa. Ese gesto subrayaba la solemnidad del acto y acrecentaba el simbolismo de unidad, comunión, solidaridad y participación de todos los presentes.

La palabra que Jesús pronuncia sobre el vino contenido en la copa sirve para descubrir sus intenciones profundas: «*Ésta es mi sangre de la Alianza, que es derramada por muchos en remisión de los pecados*» (Mt 26,28).

Ya los elementos mismos «*copa y vino*» están cargados de simbolismo. La «copa» o el «cáliz» es una imagen tradicional para designar un destino trágico (cf. Mc 10,38; 14,36; Ap 14,10; 16,19); y el «vino» con su color rojo, exigido por el ceremonial de la Pascua, evoca naturalmente una sangre derramada. En el poema de Génesis 49,11 el vino es llamado «*la sangre de la uva*».

Al aludir Jesús a su sangre y a la Alianza, se sitúa en la perspectiva bíblica de los tratados de alianza. Según la mentalidad semita, una alianza se sella siempre con sangre de víctimas; recuérdese la alianza de Dios con Noé (Gn 8,20; 9,9), con Abraham (Gn 15,10.18), y con el Pueblo en el Sinaí (Éx 24,5-8). Ahora bien, la

Cena pascual conmemoraba justamente la liberación de la esclavitud de Egipto y la Alianza del Sinaí. Por tanto, es suficientemente claro que Jesús, al hablar de «*la sangre de la Alianza*», tenía en su mente ese recuerdo de tiempos de Moisés.

Con la precisión «*mi sangre*», dejaba entender que el sacrificio de antaño iba a ser sustituido por uno nuevo: su propio sacrificio; y que con él se fundaría una «*alianza nueva*», la alianza anunciada por el profeta Jeremías, que haría surgir una relación nueva entre Dios y sus criaturas (Jr 31,31-34).

Pero, como una alianza exige sangre, allí está «*la sangre de Jesús*», que toca a Dios y toca a los hombres; ella será el medio, a la vez que el signo, de ese pacto nuevo. Sangre ofrecida, no para aplacar a un Dios irritado, sino para dar una prueba del inmenso amor que Dios tiene al hombre. Así, Jesús será el rescatador o redentor de la humanidad entera, quien, por amor, derrama su sangre ofreciéndola a su Padre.

«*Tomad, comed*» – «*Bebed de ella todos*»

En el Antiguo Testamento, como en las religiones del mundo antiguo, los fieles comían parte de la víctima inmolada; en esa forma se unían a la divinidad y recibían las bendiciones y favores asociados a sus ofrendas. Tratándose de la Pascua judía, comer el cordero, los panes ázimos y las hierbas amargas asociaba a los comensales a los acontecimientos salvíficos del Éxodo y a la liberación maravillosa que el Dios siempre vivo continuaba ofreciendo a su Pueblo.

En nuestro caso, Jesús quiso que su sacrificio fuera un sacrificio de comunión, y por eso, para que sus discípulos pudieran participar en ese banquete sagrado, se escondió, en forma misteriosa pero real, bajo los accidentes del pan y del vino, alimentos que por su naturaleza están destinados a dar vida a quienes los toman (Jn 6,54).

«*Haced esto en memoria mía*»

La orden de repetir los gestos y las palabras de Jesús nos ha sido transmitida por Pablo y por Lucas. Si nuestros primeros hermanos en la fe repitieron lo que Jesús hizo, fue porque el mismo Maestro debió insinuárselo.

Y ellos comprendieron que esa repetición era no un simple recuerdo, mediante un banquete, de un amigo desaparecido, sino «la actualización de un gesto sagrado», por la cual el sacrificio del Maestro siempre vivo se hace presente bajo el pan y el vino. El libro de los Hechos de los Apóstoles testifica que la comunidad cristiana, desde sus orígenes, se reunió para celebrar en memoria de Jesús «*la fracción del pan*» (Hch 2,42.46).

3. IMPLICACIONES TEOLÓGICAS

Además de ser un sacrificio de Alianza, de una nueva Alianza, las palabras de la institución: «*Éste es mi cuerpo*», «*Ésta es mi sangre*», unidas a las afirmaciones enérgicas de Juan: «*El que come mi carne y bebe mi sangre tiene vida eterna y yo lo resucitaré en el último día; porque mi carne es verdadera comida y mi sangre es verdadera bebida*» (Jn 6,54-55), fundamentan puntos capitales de la doctrina eucarística que la Iglesia cristiana oriental y occidental católica ha mantenido como tradición recibida desde los primeros siglos del cristianismo.

1º Las palabras de la institución y el acentuado realismo de Jn 6,53-55 proclaman «la *presencia real* de Jesús en la Eucaristía». Jesús, todo Él, está realmente presente y no sólo en símbolo o en figura.

2º Esta presencia singularísima de Jesús en la Eucaristía, captada sólo por la fe, fundamenta una conclusión teológica: *la conversión sustancial del pan y del vino*. Lo que está allí ya no es pan y ya no es vino; son misteriosa pero *verdadera y substancialmente* el cuerpo y la sangre de Jesús.

3º Pero, aun estando Jesús realmente presente en la Eucaristía, el pan y el vino no dejan de ser signos, sino que continúan siendo semáforos, esto es, proyectores de un importante mensaje, rico en contenido espiritual.

— La Cena es un verdadero sacrificio: es el sacrificio de Jesús, es su donación que va desde la Cena hasta la Cruz.

— Al darse como «comida y bebida», Jesús se está entregando en un banquete sacrificial de alianza. Jesús entero es la víctima que se ofrece a Dios para sellar una alianza entre Dios y los hombres. Para que esa alianza sea perfecta y eficaz, el hombre tiene que verse libre y rescatado de sus pecados. Para ello, la sangre victimal que toca a Dios, toca también al hombre, purificándolo radicalmente.

- La celebración de la Eucaristía es la actualización real, aunque de modo incruento, del sacrificio incruento de la Cena y del sacrificio cruento en Getsemaní, en la coronación de espinas, en la flagelación y en el Calvario.
- Se está entregando en un banquete de convivialidad y de fiesta, en una atmósfera de comunidad integrada por el amor. Es una verdadera «comunión».
- Se está entregando como alimento y bebida que comunican «vida eterna» (Jn 6,54).
- Se está entregando como sustancia que transforma a los discípulos en él mismo (Jn 6,56).
- Se está entregando como principio que sitúa a los individuos en la esfera de lo divino al participar de una vida igual a la que Él ha recibido del Padre. Y, al comunicar en una misma vida con Jesús, queda el creyente integrado también en su misión, y destinado –como Él– a dar su vida para la salvación del mundo (Jn 6,57).
- Finalmente, el contacto y la comunicación con la carne y sangre de un Jesús actualmente resucitado y glorificado hace entrar al hombre en el mundo nuevo, en el que Jesús se encuentra ya establecido. Y ese contacto deja en el hombre un germen de resurrección futura (Jn 6,54).
- En resumen, la Eucaristía sintetiza y actualiza los principales sacrificios de la primera Alianza: en la Eucaristía, Jesús es víctima pascual, víctima de alianza, víctima de expiación y de reparación, víctima de alabanza y de acción de gracias, y holocausto perfecto, ya que todo Él ha sido ofrecido al Padre para su gloria y la salvación de la humanidad entera.

ACTUALIZACIÓN

El *Compendio del Catecismo de la Iglesia Católica* sintetiza la doctrina de la Eucaristía en los siguientes términos: «La Eucaristía es el sacrificio mismo del Cuerpo y de la Sangre del Señor Jesús, que Él instituyó para perpetuar en los siglos, hasta su segunda venida, el sacrificio de la cruz, confiando así a la Iglesia el memorial de su Muerte y Resurrección. Es signo de unidad, vínculo de caridad y banquete pascual, en el que se recibe a Cristo, el alma se llena de gracia y se nos da una prenda de la vida eterna» (n. 271).

«La Eucaristía es fuente y culmen de toda la vida cristiana. En ella alcanzan su cumbre la acción santificante de Dios sobre nosotros y nuestro culto a Él. La Eucaristía contiene todo el bien espiritual de la Iglesia: el mismo Cristo, nuestra Pascua. Expresa y produce la comunión en la vida divina y la unidad del Pueblo de Dios. Mediante la celebración eucarística nos unimos a la liturgia del cielo y anticipamos la vida eterna» (n. 274).

ORACIÓN

Jesús Eucaristía:
*Gracias por tu Cuerpo y por tu Sangre,
en el misterio de la Eucaristía.
Yo creo en ti, confío en ti y te amo.
Te adoro, te alabo, te bendigo y te doy gracias.
Al impulso del Espíritu Santo, yo te ofrezco al Padre
y contigo me ofrezco en todo momento
como víctima de alabanza, de adoración
y de expiación, por la salvación del mundo entero.
Comunícame vida, vida eterna, vida divina.
Tú en mí y yo en ti, para la gloria del Padre.
Jesús, Salvador de los hombres, ¡sálvalos!*

V. LA PREDICCIÓN DE LAS NEGACIONES DE PEDRO

Los cuatro evangelios nos han conservado el recuerdo de la predicción que Jesús hizo a Pedro de que lo negaría tres veces la noche anterior a su muerte (Mc 14,26-31; Mt 26,30-35; Lc 22,31-38; Jn 13,31-38). Marcos y Mateo presentan una misma tradición. Lucas reproduce una fuente particular. Juan guarda de esa historia sólo un pálido recuerdo.

Un elemento común y fundamental existe en los cuatro testigos evangélicos: Jesús anuncia a sus discípulos que algo le va a suceder. Pedro, impetuoso, asegura que él siempre le será fiel. Jesús le contesta que antes de que el gallo cante, lo habrá negado tres veces.

Las diferencias entre las tradiciones son numerosas. Cada una relata la escena siguiendo su propio camino. Estas divergencias accidentales sirven para marcar las tendencias teológicas de cada evangelista. En Marcos y Mateo, Jesús predijo las negaciones de Pedro cuando iban de camino a Getsemaní; en Lucas, Jesús y sus discípulos están todavía en el Cenáculo; en Juan, la predicción de las negaciones está integrada al primer discurso de despedida.

La tradición de Mc-Mt presenta el texto de mayor vigor:

> Cantados los himnos, salieron hacia el monte de los Olivos. Entonces les dice Jesús:
>
> «Todos vosotros os vais a escandalizar de mí esta noche,
> porque está escrito:
> "Heriré al pastor y se dispersarán las ovejas del rebaño".
> Mas después de mi resurrección, iré delante de vosotros a Galilea».
>
> Pedro intervino y le dijo:
>
> «Aunque todos se escandalicen de ti, yo nunca me escandalizaré».
>
> Jesús le dijo:
>
> «Yo te aseguro: esta misma noche, antes que el gallo cante,
> me habrás negado tres veces».
>
> Dícele Pedro:
>
> «Aunque tenga que morir contigo, yo no te negaré».
> Y lo mismo dijeron también todos los discípulos (Mt 26,14-16).

A propósito de la predicción de las negaciones de Pedro, Lucas nos ha transmitido una palabra importante de Jesús (22,31-32). Es una promesa trascendental para el futuro ministerio de Simón Pedro; está dispuesta en dos cuadros:

1º «*Simón, Simón: he aquí que Satanás os ha reclamado para zarandearos como al trigo*» (v. 31)

La alusión a Satanás es significativa. Dios le ha permitido «probar», no solamente a Pedro sino a todos los discípulos, en una forma dura: los zarandeará como al trigo. Yendo al fondo del misterio, la prueba que los discípulos van a sufrir de parte de Satanás, a propósito de Jesús, entra en el plan de Dios: será severa, pero no ocasionará detrimento a sus designios salvíficos; antes bien, servirá para confirmarlos en la fidelidad a Jesús.

2º «*Pero yo he rogado por ti, para que tu fe no desfallezca; y tú, una vez que hayas vuelto, confirma a tus hermanos*» (v. 32)

También Pedro se verá expuesto al peligro; más aún, sucumbirá. Pero Jesús ha orado en favor de Pedro, porque él jugará un papel de confirmación en favor de sus compañeros. El objeto de la oración de Jesús en favor de Simón es la fe. La defección de Simón Pedro será en el campo del valor para el sacrificio, o de la fidelidad, o tal vez del amor hasta la muerte, pero no en el campo de la fe.

Gracias a la plegaria de Jesús, la fe de Pedro permanecerá sin desfallecer; y una vez convertido, tendrá una misión que cumplir en la línea de esa misma fe. Con esta palabra, Jesús confiere a Pedro, no un primado de honor sino de acción, un primado funcional en relación a los demás apóstoles, sus hermanos. Jesús le encarga a Simón que confirme a sus hermanos sólidamente en la fe.

ORACIÓN

Oh Jesús:
Mira mi debilidad y ten compasión de mí.
Confirma mi fe, y concédeme la gracia de la luz,
de la fortaleza y sobre todo de un gran amor,
para nunca jamás negarte.
Quiero ser tu compañero siempre
en tus alegrías y en tus penas.
Acéptame, Señor, en tu compañía.
Amén.

VI. LOS DISCURSOS DE DESPEDIDA

1. El testamento de Jesús

La gran sección del evangelio de Juan, que corre del capítulo 13,31 al 17,26, se presenta como un prolongado discurso de Jesús. Es una obra maestra de la literatura religiosa. Su riqueza espiritual va brotando en cada párrafo y en cada línea. Sus temas, además de su estudio y reflexión, deben ser objeto de callada contemplación, esclarecida por la luz del Espíritu Santo, que paulatinamente va llevando «a la plenitud de la verdad».

«El Jesús que habla aquí trasciende el tiempo y el espacio; es un Jesús que ya está en camino hacia el Padre, pero que no abandonará a los que creen en Él y que deben permanecer en el mundo (14,18; 17,11). Aun cuando Él habla en la última Cena, en realidad está hablando desde el cielo; aun cuando los que lo escuchan son sus discípulos, sus palabras se dirigen a los cristianos de todos los tiempos. Este discurso es el testamento de Jesús. Sin embargo, no es como los demás testamentos, que expresan las palabras de hombres muertos que ya no pueden hablar. Por más que pudieran ser "las mismísimas palabras" de Jesús, han sido transformadas a la luz de la resurrección y del Paráclito, en un discurso viviente dirigido, no por un hombre muerto sino por alguien que vive, a todos los lectores del Evangelio» (R. S. Brown).

2. Género literario

El gran Discurso de la Cena presenta los temas característicos de los «Discursos de despedida»: anuncio de la partida, tristeza consiguiente, recomendaciones últimas, recuerdo de los preceptos, palabras de consuelo y de aliento, y promesas de regreso.

3. Formación del discurso

Numerosas anomalías a lo largo del Discurso no permiten considerarlo como una sola pieza, sino como un conjunto artificial de unidades literarias. Algunas palabras del Señor pudieron haber sido pronunciadas, no en la Cena, sino en otro momento. Todo el material ha sido retrabajado, retocado y amalgamado con el fin de formar el gran Discurso de despedida.

El Discurso parece pronunciado por Jesús la víspera de su pasión, antes de ir al huerto de Getsemaní; sin embargo, para el evangelista que lo ha redactado, la glorificación de Jesús y la donación del Espíritu Santo son hechos que han acontecido hace ya mucho tiempo. Esta diferente situación cronológica ha influido necesariamente en la forma como están expresadas algunas palabras de Jesús: ordinariamente es el Jesús terrestre quien habla, pero a veces se tiene la impresión de escuchar ya al Cristo glorificado (cf. 17,1.5.13 y 17,11.24).

4. Contenido y plan del discurso

La riqueza teológica de esta sección del evangelio de Juan es excepcional. La variedad de los temas y la altura de su doctrina constituyen un verdadero tesoro de revelación. Entre otros muchos aspectos, destaca su carácter trinitario: en cada momento se habla del Padre, principio y fin de todo cuanto existe; se trata del Hijo-Jesús que ha sido enviado al mundo como verdad y vida, y es el camino único para ir al Padre; se revela al Espíritu de Dios, como el otro Paráclito, el Espíritu Santo, el Espíritu de la verdad, que procede del Padre y será enviado por Jesús. Una lectura pausada de estos capítulos proporcionará un conocimiento nuevo y profundo del misterio de Dios-Trinidad y de su designio de salvación universal.

Partiendo de un examen detallado de las diferentes unidades, se puede proponer la siguiente división:

I. Primer discurso: 13,31-14,31.

Introducción: 13,31-32.

1. El mandamiento nuevo del amor: 13,33-38.
2. Jesús, camino para ir al Padre: 14,1-14.
3. Promesa de otro Paráclito: 14,15-26.
4. La paz de Jesús: 14,27-31.

II. Segundo discurso: 15,1-16,33.

1. La vid y los sarmientos: 15,1-6.
2. Efectos de la permanencia en Jesús: 15,7-17.
3. El odio del mundo contra Jesús, contra sus discípulos y contra el Padre: 15,18-16,4a.

    4. La obra del Espíritu: 16,4b-15.
    5. La alegría por el retorno de Jesús: 16,16-33.
III. La oración de Jesús al Padre: 17,1-26.
    Introducción.
    1. La glorificación del Padre y del Hijo: 17,1-8.
    2. Plegaria de Jesús por sus discípulos: 17,9-19.
    3. Súplica en favor de la unidad: 17,20-26.

No siendo el momento de analizar todo el contenido de los Discursos de despedida, solamente señalaré los cinco temas que hacen alusión a la promesa del Paráclito, del Espíritu de la Verdad, del Espíritu Santo (Jn 14,15-17; 14,26; 15,26-27; 16,7-11; 16,12-14), y presentaré una síntesis de la revelación de Dios-Trinidad.

El Paráclito estará con vosotros para siempre (Jn 14,15-17)

> «Si me amáis, guardaréis mis mandamientos;
> y yo rogaré al Padre y os dará otro Paráclito,
> que esté con vosotros para siempre» (vv. 15-16).

1. Los temas del amor y de la observancia de los mandamientos de Jesús son la tela de fondo de la unidad literaria que corre en los vv. 15-24. La prueba del amor auténtico y verdadero a Jesús es guardar sus mandamientos; y, a su vez, la observancia de los mismos asegura la permanencia en el amor de Jesús. No basta tener y conocer los mandamientos; es preciso además observarlos. El modelo supremo del amor y de la observancia de los preceptos es Jesús mismo, en sus relaciones con su Padre (Jn 15,10).

Por otra parte, el origen último de los mandamientos de Jesús es el Padre que lo envió (v. 24). Por tanto, los mandamientos, las palabras o la palabra de Jesús son los mandamientos, las palabras o la palabra del Padre. Por eso, quien los observe, será también objeto del amor del Padre (vv. 21.23).

2. Pero, si el amor auténtico exige, de parte del discípulo, la observancia de los mandamientos de Jesús, esta buena conducta del discípulo hará que surja, de parte de Jesús, una plegaria al Padre para que envíe el Paráclito como un don y un regalo: «*Él os dará*». El fruto, pues, por excelencia del amor obediente será *el don del Paráclito*.

3. El v. 16 es muy importante para la doctrina de la revelación del misterio del Dios-Trinidad. Jesús habla clara y nítidamente de «*Yo, el Padre y otro Paráclito*», lo cual equivale a hablar de tres personas distintas. Este texto está en la base de la revelación del Espíritu Santo como persona en la Trinidad, diferente del Padre y del Hijo-Jesús.

4. Pero, ¿qué significa «EL PARÁCLITO»?

1º El «PARÁCLITO» es un título que Juan ha forjado para designar principalmente al Espíritu Santo. Decimos principalmente, porque el adjetivo «otro» supone un primer Paráclito. En efecto, el autor de la primera Carta de san Juan utiliza este mismo título para referirse a Jesús, nuestro abogado ante el Padre en favor del pecador arrepentido: «*Y si alguno peca, tenemos un paráclito ante el Padre, a Jesucristo, el justo*» (1 Jn 2,1).

2º «Parácletos» es un adjetivo pasivo derivado del verbo «parakaléo», que significa «llamar (para estar) al lado de». Si tanto Jesús como el Espíritu tienen el mismo título, significa que han tenido, aunque de diferente manera, la misma misión de «ser llamados para estar al lado» de los discípulos.

3º En cuanto a Jesús, el Verbo de Dios, fue enviado para que fijara entre los hombres su morada (Jn 1,14). Pero, en el caso del Espíritu, su misión será «estar al lado de los discípulos *para siempre*». Jesús, debido a su condición humana, con su muerte tuvo que desaparecer sensiblemente; pero el Espíritu, no teniendo una condición corruptible, no estará sujeto a las leyes de la muerte, y así podrá permanecer «*para siempre*», morando en el interior de los discípulos. (La teología de Mateo 28,20b considera otro aspecto del misterio de Jesús, y escribe: «*He aquí que Yo estoy con vosotros, todos los días, hasta el fin del mundo*».)

4º Y ¿cuál es la misión que tienen o tendrán en común los dos Paráclitos? Esto lo declara el evangelista al escribir:

«*El Espíritu de la Verdad, a quien el mundo no puede recibir, porque no lo ve ni lo conoce; pero vosotros lo conocéis, porque con vosotros mora y en vosotros está*» (v. 17).

Esta declaración de Jesús encierra cuatro conceptos importantes:

1º ¿Por qué se le da al Paráclito el título de «Espíritu de la Verdad»? *El Espíritu de la Verdad* es una expresión preñada de sentido. Poco antes, Jesús se ha definido como la Verdad, y se ha dado ese título como síntesis de toda su obra reveladora: «*Yo soy el camino, LA VERDAD, y la vida*» (Jn 14,6). Él ha comunicado la verdad que ha oído de su Padre (Jn 8,40.45); la verdad que ilumina, que da vida y que libera (8,12.32); la verdad que excluye todo pecado (8,46); la verdad que radicalmente se opone al demonio, a la mentira y a la muerte (8,40). Pues bien, el Paráclito, que es el Espíritu de Cristo, al permanecer para siempre con los discípulos, continuará en ellos y entre ellos la misma obra reveladora de Jesús-Verdad. Por eso justamente es «*el Espíritu de la Verdad*».

2º Pero así como el mundo no recibió a Jesús, ni lo conoció, ni lo vio en su dimensión de Enviado del Padre, antes bien, lo rechazó (Jn 1,10-11), así tampoco el mundo podrá recibir al Espíritu, ni conocerlo, ni verlo.

3º Sus discípulos, en cambio, puesto que recibieron y conocieron a Jesús (Jn 1,12), también podrán recibir y conocer al Espíritu.

4º Además, este Paráclito, el Espíritu de la verdad, no estará sólo exteriormente al lado de los discípulos, sino que habitará en su interior morando en ellos y estando en ellos (Jn 14,7b-11.14-17). San Pablo expresa esta misma verdad hablando de la «in-habitación» del Espíritu en el corazón del creyente (Rom 8,11; 2 Tm 1,14).

En resumen, el otro Paráclito es el Espíritu de la Verdad, Don dado por el Padre, gracias a los ruegos de Jesús, el cual permanecerá para siempre con los discípulos y morará en ellos, llevando a cabo la misma obra reveladora de Jesús-Verdad.

Finalmente, en cuanto a los verbos: «*dará*» en tiempo futuro, y «*mora y está en vosotros*» en tiempo presente, se complementan sin contraponerse. En efecto, el empleo del futuro «*el Padre dará*» espera la glorificación de Jesús (7,39); pero el uso del presente «*mora y está*» suponen una escatología ya realizada. Hay que tener presente que el evangelio se escribe cuando la glorificación de Jesús y la donación del Espíritu son ya hechos consumados.

El Paráclito enseña y recuerda (Jn 14,25-26)

Continuando el tema del amor y de la observancia de sus palabras, Jesús hace, a propósito de una intervención de Judas Tadeo, una afirmación de importancia capital: «*Si alguno me ama, guardará mi Palabra; y mi Padre lo amará y vendremos a él, y haremos morada en él»* (v. 23). Este texto, unido al 14,17 sobre la presencia continua del Espíritu, fundamentan la doctrina de la habitación de la Santísima Trinidad en el corazón del creyente. Somos portadores, tabernáculos vivientes de Dios Padre, Hijo y Espíritu Santo.

En seguida Jesús agrega:

«Os he dicho estas cosas estando entre vosotros. Pero el Paráclito, el Espíritu Santo, que el Padre enviará en mi nombre, os lo enseñará todo, y os recordará todo lo que yo os he dicho».

1. El Paráclito, el Espíritu de la Verdad, recibe aquí un tercer título: *«el Espíritu* SANTO*»*. La santidad es en el Antiguo Testamento un atributo esencialmente divino. Yahvé es el tres veces santo, la santidad perfecta (Is 6,3); y muy frecuentemente se le llama *«el Santo de Israel»*: es como su definición propia (Is 1,4; 5,19.24; etc.).

En el Cuarto Evangelio el adjetivo *«santo»* se registra seis veces, y se aplica sólo a Jesús, *«el Santo de Dios»* (6,69); se dice del Padre: *«Padre santo, cuida en tu nombre a los que me has dado»* (17,11); y particularmente se aplica al Espíritu Santo (1,33; 7,39; 14,26; 20,22), situándolo así en la esfera divina. Además, el nombre «Espíritu Santo» se podría glosar de la siguiente manera: si «el Espíritu de la Verdad» comunica y enseña verdad, «el Espíritu Santo» produce y comunica santidad. El Espíritu Santo es principio de santidad: Él hace santos y produce santos.

2. La frase *«que enviará el Padre en mi nombre»* tiene denso contenido. Jesús ha de partir y dejar a sus discípulos. Pues bien, en su lugar y en su nombre, el Padre les enviará al Paráclito, al Espíritu Santo. La expresión «en nombre de alguien» expresa gran intimidad y estrecha unión. Esto supone que entre Jesús y el Espíritu existe una identificación profunda y una unión estrecha, como la unión e identificación que hay entre el Padre y Jesús (cf. 16,13-15; 17,11-12).

3. Ese Paráclito, Espíritu Santo, desempeñará como maestro una doble misión: enseñar y recordar.

Enseñará a los discípulos todo

Jesús recibió del Padre el encargo de enseñar, y todo lo que oyó de Él lo comunicó a sus discípulos: *«Ya no os digo siervos, porque el* siervo no sabe qué hace su señor; pero a vosotros os he dicho amigos, porque todo lo que oí de mi Padre os lo hice conocer» (15,15; cf. 8,28-29). El Espíritu Santo será ahora el Maestro interior que continuará esa misión de Jesús-Maestro, a través de los siglos.

La frase «os lo enseñará todo», comprendida a la letra, podría dar a entender que el Espíritu les va a comunicar un absoluto conocimiento de «todo». Sin embargo, éste no puede ser el sentido: el Espíritu Santo no comunicó a los discípulos una ciencia omnímoda. Es preferible entonces comprender la palabra de Jesús de otra manera, a saber: el Espíritu Santo, como lo hizo el mismo Jesús, enseñará a los discípulos todo cuanto el Padre quiere que sepan acerca de su plan salvífico (16,13-15). El Espíritu Santo ocupa el lugar de Jesús; Él seguirá comunicando a la comunidad futura las enseñanzas de Jesús y los conocimientos ulteriores que le sean necesarios.

Les recordará todo cuanto dijo Jesús

«*Recordar*» no es sólo traer a la memoria lo que ha dicho Jesús; sino sobre todo es descubrir el sentido profundo de sus obras y palabras (2,17.22; 12,16). El evangelista mismo ha escrito ya su libro beneficiado de la luz del Espíritu; y por eso ha contemplado las obras de Jesús como «signos» de realidades espirituales. Su método de «significación» se funda en la acción de ese Espíritu revelador.

La frase «*Lo que yo os he dicho*» puede referirse tanto a enseñar como a recordar.

Por lo demás, el Paráclito, el Espíritu de la Verdad, el Espíritu Santo ha sido dado por el Padre, a petición de Jesús, para que esté al lado de los discípulos «*para siempre*» (14,16). Siendo así, la misión del Espíritu continuará en la comunidad cristiana a través de los siglos. Su misión será siempre una misión de verdad, de enseñanza y de profundización doctrinal, fundada en las obras y en las palabras mismas de Jesús. Su acción reveladora hará extraer el sentido profundo de esos signos para iluminar cualquier época de la historia.

El Paráclito dará testimonio de Jesús (Jn 15,26-27)

En el segundo Discurso de despedida, aparece el tema crucial de la enemistad del mundo que odia a Jesús, odia al Padre y odia a los discípulos (Jn 15,18-25). Pues bien, en medio de este ambiente hostil de terrible oposición, el Espíritu Santo será quien dé testimonio en favor de Jesús:

> «Cuando venga el Paráclito, que yo os enviaré de junto al Padre, el Espíritu de la Verdad, que procede del Padre, Él dará testimonio de mí.
> Pero también vosotros daréis testimonio, porque desde el principio estáis conmigo».

1. Este texto nos ofrece un dato más sobre el Paráclito, el Espíritu de la Verdad. El Espíritu Paráclito «vendrá». Él es el sujeto ahora de una acción activa y personal. De allí la tradicional invocación de la Iglesia: «¡Ven, Espíritu Santo!».

2. El Espíritu Santo vendrá ciertamente, pero el texto dice algo más: el Espíritu será enviado no solamente por el Padre, sino también será enviado por Jesús: *«que yo os enviaré»* (14,26; 15,26).

3. La afirmación: *«El Espíritu de la Verdad, que procede del Padre»* ha sido utilizada por la teología sistemática para escrutar la procedencia del Espíritu dentro del misterio de Dios. Ha querido ver en el verbo *«procede»* la emanación o fuente eterna del Espíritu Santo respecto del Padre. La teología oriental afirma: El Espíritu Santo procede únicamente del Padre, según el testimonio de Jn 15,26. La teología occidental insiste: El Espíritu Santo procede del Padre, pero también es enviado por Jesús; y concluye como consecuencia: «El Espíritu Santo procede del Padre y del Hijo – Qui ex Patre Filioque procedit». Estas distinciones, por legítimas y exactas que sean, van más allá del sentido primero del texto evangélico.

4. Jesús habló al mundo; dio testimonio de sí mismo (8,13-14), y probó la veracidad de su revelación mediante obras que nadie había hecho; pero el mundo no creyó, antes bien odió a Jesús y a su Padre, y odia y persigue a los discípulos. Con esta actitud, el mundo se hundió en el pecado. Pero ¿acabará todo en ese sombrío rechazo que el mundo hace de Jesús, de su Padre y de sus seguidores?, ¿estará el triunfo definitivamente de parte del mal? ¡De ninguna manera! El Paráclito, el Espíritu de la Verdad, el Espíritu Santo, que procede del Padre y que el mismo Jesús enviará, dará testimonio en su favor. Esta misión pública de testimonio, que acerca de Jesús dará el Espíritu Santo, y que será para condenación del mundo, se describirá más ampliamente en Jn 16,8-11.

5. Pero el testimonio del Espíritu en favor de Jesús no será un testimonio aislado. Los discípulos también serán testigos. Sin embargo, el testimonio del Espíritu y el de los discípulos no constituirán dos, sino un solo testimonio. Será el testimonio del Espíritu a través de los labios de los discípulos, en quienes mora y está.

Esto está en consonancia con una palabra de Jesús en los Evangelios Sinópticos: «*Cuando os lleven para ser entregados, no os preocupéis de lo que habéis de hablar, porque en aquella hora se os dará lo que habréis de decir, pues no seréis vosotros los que habléis, sino el Espíritu Santo*» (Mc 13,11; cf. Mt 10,20; Lc 12,12; Hch 5,32; 15,28).

6. Los discípulos, pues, estarán asociados íntimamente a la misión de testimonio que el Espíritu Santo realice en favor de Jesús. Y la razón de ello es la amistad y convivencia que con Jesús han tenido desde el principio. Convivir es fuente de conocimiento, y el conocimiento es la base para poder testificar.

Los discípulos han oído a Jesús, lo han visto con sus ojos y lo han palpado con sus manos; por tanto, podrán dar testimonio de Él (1 Jn 1,2). En cuanto al Espíritu, es lo mismo. Si el Espíritu testifica acerca de Jesús es porque lo conoce, y lo conoce desde siempre, desde toda la eternidad, porque –ha dicho Jesús–: «*Antes de que Abraham fuera hecho, Yo soy*» (Jn 8,58; cf. 1,1; 17,5).

El texto de Jn 15,26-27 es de gran actualidad, tratándose de la evangelización que necesita el mundo de hoy. El Espíritu Santo es el principio y motor de toda nueva evangelización, pero necesita labios humanos que proclamen por todas partes la verdad sobre Cristo Jesús, el Señor.

El Espíritu Santo mostrará al mundo su pecado (Jn 16,7-11)

El Paráclito, que enviará Jesús de parte del Padre, que estará al lado de los discípulos y que morará en ellos, dará pruebas acerca de las acciones del mundo respecto a Jesús:

«*Os conviene que yo me vaya, porque si no me voy,*
el Paráclito no vendrá a vosotros; pero si me voy, os lo enviaré» (v. 7).

Según el testimonio de Juan, la donación del Espíritu Santo estaba condicionada a la glorificación de Jesús (Jn 7,39). Es, pues, necesario que Jesús se vaya, sea glorificado y reciba de parte del Padre la Promesa del Espíritu Santo (Hch 2,33). Una vez que esto se haya realizado, Jesús hará el envío del Paráclito a sus discípulos.

«Y cuando él venga, convencerá al mundo de pecado y de justicia y de juicio.

De pecado, porque no creen en mí; de justicia, porque voy al Padre y ya no me veréis; de juicio, porque el Príncipe de este mundo ha sido juzgado» (vv. 8-11).

Cuando venga el Espíritu Santo hará ver y comprender, con su luz divina, que, en el proceso de Jesús, fue el mundo quien estuvo en el pecado, en el error y en la injusticia; Jesús, en cambio, estuvo en la verdad y en la justicia. Este papel del Paráclito, como acusador del mundo y defensor de Jesús, toca tres ideas: «pecado, justicia y juicio». La ausencia de artículos confiere energía particular a las expresiones.

«De pecado, porque no creen en mí»

El Paráclito convencerá al mundo de pecado, esto es, dará pruebas de que el mundo es reo de pecado. El pecado fundamental fue y será siempre: «No creer». La falta de fe. El evangelista había expresado ya ese rechazo básico desde el himno-prólogo: *«Y el mundo no lo conoció»* (1,10); y lo subraya a lo largo de toda su obra.

En el diálogo con Nicodemo se lee esta sentencia lúgubre: *«Pues éste es el juicio: que la Luz ha venido al mundo, pero los hombres amaron más la tiniebla que la Luz, porque sus obras eran malas»* (3,19). Sus mismos hermanos no creían en Jesús (7,5). Al final de su ministerio —comenta el evangelista—: *«A pesar de haber hecho delante de ellos tan grandes signos, no creían en Él»* (12,37). Y la falta de fe fue también la explicación última de la traición de Judas: *«Pero hay algunos de entre vosotros que no creen. Pues Jesús sabía desde el principio quiénes eran los que no creían, y quién era el que lo iba a entregar»* (6,64).

«De justicia, porque voy al Padre y ya no me veréis»

El Espíritu de la Verdad dará pruebas en relación a la justicia. Dado el contexto, el término «justicia» hay que comprenderlo en sentido forense y legal; «justicia» no tiene en este contexto una significación amplia, ni menos el sentido de «justicia salvífica» de Dios, como en la epístola de san Pablo a los Romanos (Rom 1,17; 3,21-22).

El Paráclito hará ver de parte de quién estaba la razón y la justicia. Probará que el mundo estaba en el error, cuando tildaba a Jesús de transgresor de la Ley (5,18); de seductor (7,12); de pecador y endemoniado (8,48; 9,24); de blasfemo (10,33); y fue injusto al condenarlo a muerte.

Jesús, en cambio, tenía razón y la justicia clama en su favor. Prueba de ello es que regresa al Padre, de donde ha venido (13,1; 14,12.28; 16,28; 20,17). Su glorificación es el argumento máximo de que Jesús se encontraba en la verdad, decía la verdad (8,40); había venido para dar testimonio de la verdad (19,37); y Él era la Verdad (14,6). Y al volver a su Padre, goza de la gloria divina, que poseía como propia desde antes de la creación del mundo (17,5).

«Y ya no me veréis.» La desaparición corporal de Jesús es la consecuencia necesaria de su subida al Padre. Una vez glorificado, Jesús no pertenece ya a este mundo y escapa a las dimensiones de la situación terrestre. No obstante, Él vendrá de manera misteriosa, juntamente con el Padre, para hacer su morada en el interior de los discípulos, donde el Espíritu Santo también mora y está (14,17.23).

«De juicio, porque el Príncipe de este mundo ha sido juzgado»

El término «juicio» equivale a «condenación» (cf. Jn 5,29). Pues bien, la tercera prueba que el Paráclito dará en contra del mundo es hacer comprender que el Príncipe de este mundo, Satanás, ha sido ya condenado. El Príncipe de este mundo iba ciertamente a jugar un papel importante en la pasión y muerte de Jesús, y parecería haber alcanzado la victoria. Sin embargo, el Espíritu de la Verdad hará saber que este Príncipe del mundo no tuvo poder alguno sobre Jesús y que ha sido arrojado fuera (12,31; 14,30; 16,33).

Jesús, en efecto, se entregó voluntaria y libremente a la muerte por amor a su Padre y para llevar a cabo el mandato que de Él había recibido (10,18; 14,31). Su exaltación a la gloria del Padre será por sí misma la prueba más elocuente de la victoria definitiva sobre Satanás.

El mejor comentario al v. 11 es la palabra de Jesús, el domingo de las palmas: «*Ahora es el juicio de este mundo: ahora el Príncipe de este mundo será arrojado fuera; y yo, cuando sea exaltado de la tierra, atraeré a todos hacia mí*» (12,31-32).

El Espíritu Santo guiará a los discípulos en toda la verdad
(Jn 16,12-15)

En este pasaje, último texto sobre el Paráclito, Jesús presenta de nuevo al Espíritu como Maestro de verdad.

«Todavía tengo muchas cosas que deciros,
pero no podéis soportarlas ahora.
Mas, cuando venga Él, el Espíritu de la Verdad,
os guiará en toda la verdad,
porque no hablará de sí mismo, sino lo que oyere hablará,
y os anunciará lo que va a venir.
Él me glorificará, porque recibirá de mí, y os lo anunciará.
Todo lo que tiene el Padre es mío,
por eso dije que recibe de mí, y os lo anunciará.»

1. ¿Qué cosas podrán ser las que Jesús tiene todavía que decir a sus discípulos, si Él mismo había dicho solemnemente: *«Todo lo que oí de mi Padre os lo hice conocer»*? (15,15b).

Según la teología de san Juan, el sentido más apropiado de esta palabra puede ser el siguiente. Jesús podría seguir hablándoles mucho sobre su Padre, sobre sí mismo, sobre la misión que está realizando y está a punto de terminar, sobre el sentido profundo de cuanto ha dicho y ha hecho durante su vida; pero sería por demás, ya que ahora no lo pueden comprender. El verbo griego *«soportar»* alude a un peso que es necesario cargar. Cuando Jesús haya resucitado de entre los muertos (2,22), y haya sido glorificado (12,16), entonces estarán en capacidad de comprender con profundidad su obra y su misión (cf. 13,7).

2. El sentido profundo de *todo* cuanto dijo e hizo Jesús durante su ministerio, lo podrán conocer los discípulos cuando venga el Espíritu de la Verdad y, con su luz, se lo haga comprender. Este Espíritu los *«guiará»*, los *«conducirá»*, los *«llevará por el camino»*, los *«encaminará»*. El verbo utilizado por el evangelista es un derivado del sustantivo «camino», y Jesús había dicho de sí mismo: *«Yo soy el Camino»* (14,6).

El Espíritu llevará a los discípulos por el camino de *«toda la verdad»*. ¿Qué significa toda la verdad? Jesús había dicho: *«Si vosotros permanecéis en mi palabra, verdaderamente seréis mis discípulos, y conoceréis la verdad, y la verdad os liberará»* (8,31-32). Y más adelante:

«Buscáis matarme a mí, un hombre que os ha hablado de la verdad que oí de Dios» (8,40). Y cuando, momentos antes, Tomás se interesa por saber el camino hacia el Padre, Jesús responde: «Yo soy el Camino y la Verdad y la Vida» (14,6).

En vista de esto y una vez más, la obra del Espíritu será conducir a los apóstoles por el auténtico y verdadero camino de la verdad, no sólo descubriéndoles especulativamente con su luz el sentido de todas sus palabras y obras, sino guiándolos y moviéndolos para vivir según sus mismas palabras y mandamientos (14,15.24).

El evangelista había escrito en el discurso con Nicodemo: *«El que hace la verdad viene a la Luz»* (3,21); y Jesús dirá a Pilato: *«Todo el que es de la Verdad oye mi voz»* (19,17). Oír a Jesús es recibirlo, y recibirlo es creer en Él y guardar sus mandamientos. El Espíritu Santo, el otro Paráclito, enviado por el Padre en nombre de Jesús, estará para siempre con los discípulos, continuando en ellos la misión reveladora de Jesús-Verdad (cf. 1 Jn 2,27).

Algunos textos del Antiguo Testamento pueden estar en el trasfondo del pensamiento de san Juan: *«Enséñame a hacer tu voluntad... Tu espíritu es bueno; llévame por tierra recta»* (Sal 143,10; cf. Is 63,14; Sal 25,4-6).

3. El Espíritu podrá llevar a cabo esta misión de verdad, *«porque no hablará de sí mismo, sino lo que oyere, eso hablará»*. La unión que existe entre Jesús y el Espíritu es como la que hay entre Jesús y el Padre. Y así como Jesús no habló sino lo que oyó de su Padre, así el Espíritu sólo habla lo que oye de Jesús. La afirmación de Jesús: *«No hablará, sino lo que oyere»*, manifiesta una particular relación del Espíritu respecto a Jesús. Este dato es muy importante en la teología de las procedencias divinas en la Trinidad: el Espíritu Santo es enviado por Jesús y oye de Jesús.

4. Y ¿qué significa *«os anunciará lo que va a venir»*? ¿Será una alusión al carisma de predecir el futuro de que hablan otros escritos del Nuevo Testamento (Hch 21,10-14)? Esta interpretación no parece tener cabida dentro del pensamiento joánico.

Cuando la mujer samaritana dice, aludiendo al Mesías esperado: *«Cuando venga Él, nos anunciará todo»*, Jesús responde con la revelación de su propia persona: *«¡Yo soy, el que te habla!»* (4,25), y sigue la admirable escena de los samaritanos que van a Jesús y creen en Él. En ese pasaje el oficio revelador de Jesús está en relación directa con la fe de los samaritanos que creen en Él. Pues bien, la acción reveladora del Espíritu que *«anuncia lo que va a venir»* consistirá, no en revelar cosas nuevas, sino en descubrir y hacer comprender, a través de todos los siglos y a cada una de las generaciones, el sentido profundo de la persona, de la misión y de las enseñanzas de Jesús. Es la asistencia activa y perenne del Espíritu que Jesús prometió a sus discípulos (14,16). Es la enseñanza y el recuerdo a que aludía aquella otra palabra de Jesús: *«Pero el Paráclito, el Espíritu Santo, que enviará el Padre en mi nombre, Él os enseñará todo y os recordará todo lo que yo os dije»* (14,26).

5. *«Él me glorificará, porque recibirá de mí, y os lo anunciará.»*

Como Jesús glorificó a su Padre sobre la tierra, revelando a los hombres su nombre y llevando a término la obra que le había encomendado (17,4.6), así también el Espíritu glorificará a Jesús, revelándolo y dando testimonio de Él a través de los tiempos (15,26). El Espíritu de la Verdad podrá cumplir esa misión, porque lo que dice lo recibe de Jesús. Nuevamente insiste Jesús en la relación personal que existe entre Él y el Espíritu Santo. El Espíritu no sólo es enviado y oye de Jesús, sino que *«recibe de Él»*. Y Jesús prosigue:

6. *«Todo lo que tiene el Padre es mío, por eso dije que recibe de mí, y os lo anunciará.»*

Este pasaje sobre el Espíritu termina aludiendo de nuevo a la relación del Espíritu con el Padre y con Jesús. El Paráclito, el Espíritu de la Verdad, el Espíritu Santo, procede del Padre, es un Enviado del Padre, es un Don del Padre (14,16.26; 15,26). Pero el Padre y el Hijo tienen absoluta comunidad de bienes (17,10); por eso el Espíritu de la Verdad es también un Enviado y Don de Jesús a los hombres; oye de Él y recibe de Él. San Pablo escribirá: *«El Espíritu de Dios-el Espíritu de Cristo»* (Rom 8,9).

Como consecuencia de todo esto, la teología posterior dirá que el Espíritu Santo procede del Padre y del Hijo, o que procede del Padre a través del Hijo. Y los tres: Padre, Hijo y Espíritu Santo tienen todo en común, excepto la propia relación personal.

SÍNTESIS SOBRE DIOS TRINIDAD EN LOS DISCURSOS DE DESPEDIDA DEL EVANGELIO DE SAN JUAN (Jn 14-16)

EL PADRE:
1. El Padre escucha los ruegos de Jesús-Hijo y da otro Paráclito (14,16).
2. El Padre envía el Espíritu Santo, en nombre de Jesús (14,26).
3. El Padre es principio de quien procede el Espíritu (15,26).
4. Lo que el Padre tiene lo comunica todo a Jesús-Hijo (16,15).

JESÚS:
1. Ruega al Padre que envíe otro Paráclito (14,16).
2. En nombre de Jesús, el Padre envía al Paráclito (14,26).
3. Jesús envía el Paráclito, de junto al Padre (15,26).
4. Jesús glorificado envía el Paráclito (16,7).
5. Jesús va al Padre (16,10).
6. Jesús tiene todo lo que tiene el Padre (16,15).

EL ESPÍRITU SANTO:
1. Nombre:
   - El Paráclito (14,15.26; 15,26; 16,7).
   - El Espíritu de la Verdad (14,17; 15,26; 16,13).
   - El Espíritu Santo (14,26).
   - El Espíritu del Padre y el Espíritu de Jesús (16,15).
2. Origen:
   - Don del Padre, gracias a los ruegos de Jesús (14,14).
   - Enviado por el Padre en nombre de Jesús (14,26).
   - Enviado por Jesús de junto al Padre (15,26; 16,7).
   - Procede del Padre (15,26).
   - Es el Espíritu del Padre (16,15).
   - Escucha del Padre y de Jesús (16,13).
   - Recibe de Jesús (16,14.15).
   - Él viene (15,26; 16,7; 16,13).
3. Misión:
   - Estará con vosotros para siempre (14,16).
   - Siendo Espíritu de la Verdad, enseñará la verdad (14,17).

- Enseñará todo lo relativo al plan de salvación (14,26). Será un Maestro interior.
- Recordará todo cuanto dijo Jesús, descubriendo su sentido profundo (14,26).
- Convencerá al mundo de pecado, de justicia y de juicio (16,8-11).
- Encaminará a la verdad plena (16,13).
- Anunciará lo que viene (16,13).
- Glorificará a Jesús (16,14).
- Comunicará lo que recibe de Jesús (16,14).

4. Condición:
- Para que el Espíritu Santo venga, sea dado, sea enviado, se requiere que primero Jesús sea glorificado (7,39; 16,7).

Capítulo II
LA PASIÓN DE JESÚS

«*La Pasión de Jesús*» comprende la serie de acontecimientos que van desde el momento en que el Maestro y sus discípulos llegan al huerto de Getsemaní, hasta la hora en que Jesús es colocado en el sepulcro.

Al narrar la Pasión de Jesús, los cuatro evangelistas son ciertamente historiadores que nos entregan lo sustancial de los hechos acaecidos, pero ante todo y sobre todo son teólogos profundos que contemplan –cada cual con visión personal y bajo un ángulo diferente– el misterio del dolor y del sufrimiento de Jesús, el Siervo de Yahvé, que voluntariamente entrega su vida *«para redención de muchos»*.

Los relatos de la Pasión de Jesús nos permiten entrar en contacto, no con un personaje ficticio e irreal para quien ya estaba todo programado de antemano, sino con un Jesús, hermano nuestro, que quiso participar de nuestra naturaleza pasible con todas sus limitaciones, excepto el pecado, y que caminó hacia la muerte con toda la angustia de un hombre sano que ama la vida y con todo el ardor y entereza de un héroe que acepta morir por una nobilísima causa.

La Pasión de Jesús está integrada por doce temas, distribuidos en cuatro partes, que cubren los principales acontecimientos:

Dos de ellos tuvieron lugar *en el huerto de Getsemaní*:
1. La oración de Jesús.
2. Su prendimiento.

Tres se llevaron a cabo *durante la noche del jueves al viernes*:
   3. El interrogatorio en casa de Anás.
   4. Los ultrajes a Jesús-profeta.
   5. Las negaciones de Pedro.

Dos se realizaron *durante la mañana del viernes*:
   6. El proceso religioso ante el Sanedrín.
   7. El proceso político ante Pilato.

Cinco cuadros resumen *el sacrificio supremo de Jesús*:
   8. El camino hacia el Calvario.
   9. La crucifixión.
   10. Contemplación de Jesús en la cruz.
   11. Fenómenos y reflexiones a la muerte de Jesús.
   12. La sepultura del Señor.

El material de estudio es muy amplio. Bástenos presentar una síntesis de lo sucedido en cada uno de los acontecimientos de la Pasión de Jesús.

I. LA ORACIÓN DE JESÚS EN GETSEMANÍ
(Mc 14,32-42; Mt 26,36-46; Lc 22,40-46; Jn 18,1b)

La oración y la agonía de Jesús en Getsemaní es una narración llena de vida y de energía. Este acontecimiento nos ha sido transmitido por los tres sinópticos. Cada evangelista presenta detalles propios que enriquecen la contemplación de la escena. Son tres retratos diferentes de un mismo personaje: Jesús que sufre y que ora.

1. LA ORACIÓN DE JESÚS

Jesús oró muchas veces en su vida; pero ahora su oración reviste un carácter único y trascendental: se trata de aceptar, a pesar del dolor que implica, el sacrificio de su propia vida. Jesús no quiere estar solo. Quiere testigos, pero desea una compañía reducida, más íntima que la de los Doce; por eso toma consigo sólo a Pedro, Santiago y Juan, los discípulos preferidos (cf. Mc 5,37; 9,2).

LA PASIÓN DE JESÚS

Jesús *«comenzó a sentir pavor y angustia»*. La intensidad de ese dolor hace que Jesús se separe aun de los tres amigos, para hundirse Él solo en una plegaria a su Padre. Las actitudes y palabras de Jesús, con ser parecidas, presentan, sin embargo, matices diferentes en cada uno de los evangelistas.

Marcos escribe:

> *«Caía sobre la tierra y oraba...:*
> *"¡Abbá, Padre, todo te es posible;*
> *aparta este cáliz de mí.*
> *Pero no lo que yo quiero, sino lo que tú!"».*

Mateo, por su parte, afirma:

> *«Habiéndose adelantado un poco, cayó sobre su rostro,*
> *orando y diciendo: "¡Padre mío, si es posible,*
> *que pase de mí este cáliz.*
> *Sin embargo, no como yo quiero, sino como tú!"».*

Lucas observa:

> *«Habiendo doblado las rodillas, oraba diciendo:*
> *"¡Padre, si quieres, aparta este cáliz de mí.*
> *Sin embargo, no se haga mi voluntad, sino la tuya!"».*

Según la narración de Lucas, la oración de Jesús fue como un combate y cobró grados de gran intensidad, y su sufrimiento fue tan profundo, que el auxilio divino vino en su ayuda, y su sudor se hizo como gotas de sangre:

> *«Entonces se le apareció un ángel venido del cielo*
> *que lo confortaba.*
> *Y sumido en agonía, insistía más en su oración.*
> *Su sudor se hizo como gotas espesas de sangre*
> *que caían en tierra»* (Lc 22,43-44).

Dos fueron los motivos que causaron el terrible sufrimiento de Jesús. Primero: Jesús sufrió *«con pavor»* al presentar una muerte próxima y terriblemente infame, que pondría término violento a su vida en la plena madurez de su edad. Segundo: Jesús sufrió sobre todo interiormente, *«en su espíritu»*; lo que pasó en el alma de Jesús durante esa agonía es un secreto exclusivo de Él y de su Padre (cf. *Catecismo de la Iglesia Católica*, n. 612).

Su oración y sus sufrimientos tuvieron un carácter salvífico. Jesús sabía que su Padre le había confiado una misión dolorosa y redentora, figurada en la del Siervo de Yahvé. En varias ocasiones Él había presentado ese destino de dolor y lo había predicho; y en los últimos días ese presentimiento se había agudizado (Mc 8,31; 10,32-34; 12,1-12; 14,8.17-31).

El cáliz es en el AT una metáfora que sirve para designar un castigo de la cólera divina. Cuando en su oración Jesús alude al cáliz y lo acepta, está aceptando voluntariamente que sobre Él caiga el juicio que normalmente debería caer sobre sus hermanos, los hombres, a causa de sus pecados. En Jesús no hubo pecado; por tanto, si sufre, será por los pecados de los demás, y su sufrimiento es entonces vicario y redentor.

2. LOS DISCÍPULOS DUERMEN

Mientras Jesús ora, sus discípulos duermen... Jesús los invita insistentemente a orar para no caer en la tentación. Los Apóstoles, y después de ellos todos los discípulos de Jesús, se verán expuestos a pruebas y tentaciones.

El espíritu del mal se opondrá a la realización del plan salvífico de Dios en cada uno de los creyentes. Pero ¡no importa...! La oración y la vigilancia son el secreto del triunfo. El Maestro ha dado el ejemplo.

3. ¡HA LLEGADO LA HORA!

La referencia a la «*Hora*» es el corazón de esta palabra de Jesús (Mc 14,41). Esa «*Hora*» es el momento en que el Hijo del hombre va a ser entregado en manos de los pecadores. Su misión mesiánica va a alcanzar su más elevada cumbre. La señal de que la Hora está presente es que Judas, «*el que lo va a entregar*», ha llegado. Una suprema invitación a sus discípulos: «*¡Levantaos, vamos!*».

ACTUALIZACIÓN

«El cáliz de la Nueva Alianza, que Jesús anticipó en la Cena al ofrecerse a sí mismo (Lc 22,20), lo acepta a continuación de manos del Padre en su agonía de Getsemaní (Mt 26,42) haciéndose "obediente hasta la muerte" (Flp 2,8; Heb 5,7-8). Jesús ora: "Padre mío, si es posible, que pase de mí este cáliz..." (Mt 26,39). Expresa así el horror que representa la muerte para su naturaleza humana.

Ésta, en efecto, como la nuestra, está destinada a la vida eterna; además, a diferencia de la nuestra, está perfectamente exenta de pecado (Heb 4,15) que es la causa de la muerte (Rom 5,12); pero sobre todo está asumida por la persona divina del "Príncipe de la Vida" (Hch 3,15), de "El que vive" (Ap 1,18; Jn 1,4; 5,26). Al aceptar en su voluntad humana que se haga la voluntad del Padre (Mt 26,42), acepta su muerte como redentora para "llevar nuestras faltas en su cuerpo sobre el madero" (1 Pe 2,24)» (*Catecismo de la Iglesia Católica*, n. 612).

La contemplación de Jesús en Getsemaní puede ser fuente de profunda reflexión para el cristiano.

1º Apreciar, a la luz del Espíritu Santo, la importancia de la oración y del sufrimiento de Jesús en Getsemaní; la aceptación, sin condiciones, de la voluntad de su Padre; y la entereza para entregar su vida, por amor (Jn 15,13), para la salvación de todos los hombres.

2º Aceptar con gratitud la invitación que nos hace Jesús para acompañarlo, muy de cerca, en su oración y en su sufrimiento, para glorificación del Padre y salvación de la humanidad.

ORACIÓN

Oh Jesús:
Queremos unirnos a ti
en tu profunda oración de entrega a tu Padre.
Enséñanos a vivir de la voluntad de Dios.
Deseamos acompañarte en tu extrema agonía
en favor de la salvación del mundo.
«¡Oh Jesús, mar de amargura,
déjame ser tu consuelo!».

II. EL PRENDIMIENTO DE JESÚS (Mc 14,43-52; Mt 26,47-56; Lc 22,47-54a; Jn 18,2-12)

El relato de Marcos presenta gran sobriedad. Su centro es Jesús, entregado por Judas mediante un beso traidor.

«*Todavía estaba hablando, cuando de pronto se presenta Judas, uno de los Doce, acompañado de un grupo con espadas y palos, de parte de los su-*

mos sacerdotes, de los escribas y de los ancianos. El que lo iba a entregar les había dado esta contraseña: "Aquel a quien yo dé un beso, ése es, prendedle y llevadle con cautela". Nada más llegar, se acerca a Él y le dice: "Rabbí", y le dio un beso. Ellos le echaron mano y le prendieron.»

La escena terminaba primitivamente con el arresto. Más tarde, redacciones sucesivas de los evangelios agregaron: la herida del siervo del Sumo Sacerdote, la protesta de Jesús y el relato del joven que huye desnudo, enriqueciéndose así con detalles variados y con una visión teológica más profunda.

Particularmente la tradición de Juan refleja una cristología muy evolucionada. Es Jesús quien domina y guía los acontecimientos. Él sabe, con un conocimiento sobrenatural, lo que le va a acontecer. No es necesario que Judas lo traicione con un beso; por eso Juan no habla de ello.

Jesús sale y pregunta: «¿A quién buscáis?». Los guardias responden: «¡A Jesús el nazareno!». Entonces Jesús contesta, identificándose con el misterioso y lleno de majestad: «¡Yo soy!». La turba cae por tierra. Este acontecimiento es una «proclamación en acto» de que al Verbo encarnado nadie le puede echar mano, y nadie le puede quitar la vida; Él la da voluntariamente, y se entrega porque ha llegado su hora.

III. EL INTERROGATORIO EN CASA DE ANÁS (Jn 18,12-24)

1. Sucesión de acontecimientos (Mc 14,53-15,1; Mt 26,57-27,2; Lc 22,54-71; Jn 18,12-28)

Las narraciones de la pasión son ante todo «relatos kerygmáticos», esto es, narraciones que los primeros cristianos recogieron de la predicación viva de los Apóstoles; fueron luego transmitidas oralmente y al fin consignadas por escrito. Siendo así, los relatos evangélicos concuerdan en los elementos esenciales, pero difieren mucho en los detalles accidentales. Sin detenernos en un examen minucioso de los textos, pero partiendo de conclusiones de la ciencia crítica histórica, he aquí una probable sucesión de los acontecimientos:

1º Jesús es conducido de Getsemaní a casa de Anás.
2º Allí es interrogado por el Sumo Sacerdote.

3º Jesús es ultrajado por los guardias.
4º Entretanto, Pedro niega a Jesús.
5º Sólo hasta el amanecer (Lc-Jn) –y no a media noche (Mc-Mt)– Jesús es conducido al palacio de Caifás, o al Sanedrín, donde es interrogado y luego condenado reo de muerte.

2. El interrogatorio (Jn 18,19-23)

Anás interroga a Jesús sobre sus discípulos y su doctrina. Jesús se niega a responder y remite al testimonio de los que lo oyeron hablar en la Sinagoga o en el Templo. Un guardia de los presentes considera la respuesta de Jesús como una injuria al Sumo Sacerdote y le da una bofetada.

Con toda dignidad, Jesús reacciona: *«Si he hablado mal, muestra dónde está el mal; pero, si bien, ¿por qué me golpeas?»*. Con esta palabra Jesús redujo a silencio al Sumo Sacerdote y a los asistentes.

IV. ULTRAJES A JESÚS PROFETA

1. La visión de Marcos (14,65)

> *«Y comenzaron algunos a escupirle y a velarle su cara y a abofetearlo y a decirle: "¡Profetiza!".*
> *Y los guardias lo recibieron a cachetadas.»*

Al narrar los ultrajes hechos a Jesús, Marcos probablemente tiene presente el oráculo del profeta Siervo de Yahvé, personaje misterioso, que por sus sufrimientos y humillaciones alcanza el perdón de los pecados de Israel y de los gentiles (Is 50,6).

2. La teología de Mateo (26,67-68)

La perspectiva teológica de Mateo es diferente. Mateo añade la palabra Mesías: *«¡Profetízanos, Mesías!»*.

En el judaísmo contemporáneo de Jesús, había la esperanza del surgimiento de un doble Mesías, un doble Ungido: uno rey de estirpe davídica, y otro sacerdote de casta sacerdotal. Pues bien, hallándose Jesús en casa del Sumo Sacerdote, tal vez Mateo ha querido presentarnos a Jesús vejado por las autoridades judías como «Mesías sacerdote».

3. LA PERSPECTIVA DE LUCAS (22,63-65)

Los guardias parecen divertirse con un juego de cuartel. Como el caso de Jesús es de tipo religioso, lo increpan como *«profeta»*. Si lo es, adivinará. Por delicadeza, Lucas ha evitado hablar de salivazos y bofetadas.

V. LAS NEGACIONES DE PEDRO (Mc 14,54.66-72; Mt 26,58.69-75; Lc 22,54b-62; Jn 18,15-18.25-27)

1. LAS NEGACIONES

El episodio de las negaciones de Pedro es importante. Las mismas dimensiones que los evangelistas consagran al relato revelan el especial interés que descubren en ese suceso. Su colocación en la secuencia de los acontecimientos de esa noche es elocuente.

Para Marcos y Mateo las negaciones de Pedro tienen lugar en el mismo momento del juicio formal del Sanedrín contra Jesús. Juan coloca el interrogatorio de Anás entre la primera y segunda negación de Pedro. Lucas da más espacio a las negaciones de Pedro que a los ultrajes sufridos por Jesús.

La tradición de Mt es la que presenta con mayor crudeza las negaciones de Pedro. En la primera ocasión, Pedro dice solamente: *«No sé qué dices»*. En la segunda intervención, Pedro niega con juramento: *«¡Yo no conozco a ese hombre!»*. En la tercera negación, Pedro se puso a echar imprecaciones y a jurar: *«¡Yo no conozco a ese hombre!»*. E inmediatamente cantó un gallo.

Incluidas dentro del proceso de Jesús, las negaciones adquieren un valor teológico muy denso. Parecen formar un díptico: mientras Jesús confiesa ante el Sumo Sacerdote ser el Mesías, Pedro niega al Maestro ante la gentuza del palacio (Mc-Mt); y mientras Jesús invita a Anás que pregunte a quienes lo han escuchado, Pedro responde que no es su discípulo (Jn).

2. HISTORICIDAD DE LAS NEGACIONES

Las negaciones de Pedro, ¿son leyenda o fueron realidad? Creemos que, si los evangelios narran esa escena tan humillante para el príncipe de los Apóstoles, es porque realmente existieron.

En cuanto al porqué tantas divergencias en los relatos, la respuesta es la siguiente: Lo que el Espíritu Santo pretende comunicarnos como «verdad salvífica» es el hecho sustancial: Pedro negó a Jesús, pero su arrepentimiento y su dolor le alcanzaron el perdón.

En esta forma, el fondo del relato es el mismo; pero los testigos notaron un detalle diferente, o bien, no conociendo el detalle, lo imaginaron a su manera. Y los autores sagrados han hecho a su vez lo mismo, porque el Espíritu Santo no cambió esas condiciones humanas y naturales que no interesan a la teología.

3. VALOR Y SIGNIFICADO CRISTOLÓGICO

La narración de las negaciones de Pedro debió existir como un relato independiente antes de la redacción de los evangelios, con un valor de exhortación y de vigilancia: ¡Nunca hay que confiar en las propias fuerzas! Pedro, el príncipe de los Apóstoles, juró jamás negar a Jesús aun cuando le fuera preciso morir. Pero, llegado el momento, no cumplió su palabra y sucumbió en la negación.

Al ser incorporado al proceso de Jesús ante el Sanedrín, el relato adquirió un significado cristológico explícito: mientras Jesús afirma ser el Mesías, Pedro niega a su Maestro. Pedro es figura con valor de símbolo y de ejemplo. ¡Atención! ¡El jefe de los Doce negó al Maestro...! Sí, pero la conversión consigue el perdón; y el dolor y la conversión tienen como punto de partida una mirada profunda de Jesús (Lc), llena de compasión y de amor para su Apóstol.

VI. EL PROCESO ANTE EL SANEDRÍN (Mc 14,55-64; Mt 26,59-66; Lc 22,66-71)

El proceso de Jesús ante el Sanedrín fue un *proceso religioso*. Jesús fue interrogado por el Sumo Sacerdote y por los representantes calificados del judaísmo acerca de sus pretensiones mesiánicas, y éstas fueron la razón última para entregarlo a Pilato. Siguiendo a Lucas, el proceso debió de tener lugar en la madrugada del viernes (Lc 22,66). La escena se desarrolla en cuatro actos.

1. EL SANEDRÍN BUSCA UN TESTIMONIO CONTRA JESÚS

El Sanedrín estaba formado por setenta personas y era presidido por el Sumo Sacerdote. Se puede pensar que estaba legítimamente representado, aunque numéricamente no estuvieran todos presentes. Las personas del Sanedrín, y en particular los sumos Sacerdotes, debieron empeñarse por encontrar un *testimonio válido* contra Jesús para poder darle muerte. Pero este testimonio no se encontró. Entonces acudieron a una palabra dicha por Jesús contra el Templo de Jerusalén.

2. LA PALABRA DE JESÚS SOBRE EL TEMPLO

Mateo escribe:

> *Finalmente, habiéndose acercado dos, dijeron:*
> *«Éste dijo: "Puedo destruir el Santuario de Dios*
> *y en tres días edificarlo"».*

¿Cuál es el sentido fundamental de esa palabra de Jesús?

1º No es una palabra puramente negativa. No se trata de destruir por destruir, sino de destruir para después edificar. Este verbo sugiere un edificio «nuevo».

2º La expresión *«en tres días»* es una fórmula que indica un breve lapso de tiempo. Pues bien, cuando Jesús pronunció esa palabra sobre la destrucción del Santuario y la edificación de otro, quiso significar *el término de la era religiosa judía y de su culto en el Templo de Jerusalén, y la instauración de una nueva economía con un culto nuevo en un Santuario nuevo que Él levantaría*. Este sentido fundamental fue enriquecido por cada uno de los evangelistas, según sus intenciones teológicas propias (cf. Mc 14,58; Jn 2,19-21).

En esa palabra de Jesús el Sumo Sacerdote reconoció, a la luz de antiguas profecías sobre el futuro Templo escatológico, pretensiones mesiánicas muy atrevidas (Ez 47,1-12; Jl 4,18; Za 13,1; 14,8); y de allí su intervención pronta y directa: *«Te conjuro por el Dios vivo que nos digas si tú eres el Mesías, el Hijo de Dios»* (Mt 26,63).

3. La respuesta de Jesús

Le dice Jesús:
«Tú lo has dicho.
Además, os digo:
Desde ahora veréis al Hijo del hombre
sentado a la diestra del Poder,
y venir sobre las nubes del cielo» (Mt 26,64).

Tres elementos integran la respuesta de Jesús: una respuesta afirmativa a la pregunta del pontífice, una referencia al Salmo 110,1, y una alusión a la profecía de Daniel 7,13.

1º Jesús afirma claramente ante el Sumo Sacerdote que Él es el Mesías, el Hijo del Bendito, el Hijo de Dios; pero quiere precisar cómo concibe Él su propio mesianismo, y para ello combina dos textos mesiánicos del Antiguo Testamento.

2º La alusión al Salmo 110,1: *«¡Siéntate a mi diestra!»*, sirve a Jesús para describir la naturaleza de su mesianismo. Sí, Él es el Mesías, pero no un Mesías terrestre y guerrero, rey o sacerdote, sino un Mesías trascendente y glorificado, sentado a la diestra del Poder. El «Poder» es un sustantivo que sustituye al nombre de Dios.

3º Al aplicarse a sí mismo la profecía de Daniel 7,13-14, Jesús se presenta como el personaje misterioso, de origen celeste, que avanza sobre las nubes del cielo para recibir de Dios un reino universal y eterno.

Con los textos citados, Jesús intentó describir su identidad mesiánica, su especial unión con Dios y su entronización gloriosa como Mesías, soberano de un reino universal y eterno.

4. El veredicto de condenación

Entonces el Sumo Sacerdote rasgó sus vestiduras y dijo:
«¡Ha blasfemado!
Qué: ¿tenemos todavía necesidad de testigos?
He aquí que ahora mismo habéis oído la blasfemia.
¿Qué os parece?».
Y todos ellos decretaron: «¡Es reo de muerte!».

La palabra de Jesús pareció una blasfemia y su muerte quedó decretada. La blasfemia no consistió tanto en haberse dicho Mesías,

–pues así se habían ya declarado otros, y no habían sido tildados de blasfemos, ni habían sido condenados a muerte–; sino en haberse apropiado de los rasgos de un Mesías trascendente, sentado a la diestra de Dios, un Mesías de origen celeste, y capaz de abolir el culto del Templo e instaurar una nueva era religiosa.

Se puede afirmar que fue en esta escena cuando el Pueblo judío, por la voz autorizada de sus dirigentes calificados, rechazó a su Mesías y lo declaró reo de muerte. Así pues, Jesús murió por haber declarado ante las supremas autoridades del judaísmo lo que era: El Hijo de Dios, un Mesías trascendente, sentado a la diestra del Padre, de origen misterioso, a quien Dios ha entregado un reino univesal y eterno [1].

VII. EL PROCESO ANTE PILATO (Mc 15,1-15; Mt 27,1-2.11-26; Lc 23,1-25; Jn 18,28-19,16a)

El proceso de Jesús ante Pilato fue un **proceso político**. En las tradiciones evangélicas que lo relatan hay que distinguir dos realidades: el reportaje sustancialmente fiel de los acontecimientos históricos, y la interpretación teológica de los mismos. Notables diferencias se perciben entre los relatos sinópticos y la tradición joánica.

1. Las tradiciones sinópticas

Primera entrevista

Una vez terminado el juicio ante el Sanedrín, ataron a Jesús y lo llevaron a Pilato. El grupo de personas, formado por miembros del Sanedrín y sus servidores, no debió de ser numeroso.

Las autoridades judías tuvieron buen cuidado de presentar ante Pilato argumentos adecuados para arrancar del Procurador la sentencia de muerte para Jesús. De esa manera, dejando a un lado los motivos religiosos, acuden a tres cargos de orden político (Lc 23,2):

– Subleva al pueblo desde Galilea hasta Judea.
– Prohíbe pagar los tributos al gobierno romano.
– Se dice el «Mesías-rey».

---

1. Cf. *Catecismo de la Iglesia Católica*, «El proceso de Jesús», nn. 595-598.

Los cuatro evangelistas coinciden en que la acusación básica fue la de decirse «rey». Es lo que más interesó a Pilato, y por eso le preguntó a Jesús: «¿Eres tú el Rey de los judíos?». A lo que Jesús responde: «¡Sí, tú lo dices!». Con esa respuesta Jesús acepta, por una parte, ser el Rey de los judíos; pero, por otra, conserva su libertad a fin de expresar mejor, si es necesario, la naturaleza exacta de su realeza. Pilato debió examinar seriamente la acusación de base, y llegó a la conclusión de que no existía motivo serio para condenar a Jesús. Después Jesús guardó silencio de suerte que Pilato estaba sorprendido.

Jesús es enviado a Herodes y vuelto a Pilato (Lc 23,7-12)

Al saber que Jesús era galileo, Pilato lo remitió a Herodes, rey de Galilea, que por aquellos días se encontraba en Jerusalén, pensando que con ese gesto se libraría de un caso engorroso, y, además, con esa deferencia podría conquistar su amistad, hasta ese momento rota.

Herodes se alegró de poder al fin conocer a Jesús. Se puso a interrogarlo con mucha palabrería, pero Jesús nada respondió. No habiendo obtenido respuesta alguna, Herodes y su soldadesca lo tomaron con desprecio y se burlaron de Él. Lo envolvieron en un manto reluciente, y Herodes lo devolvió a Pilato. Pilato y Herodes desde aquel día se hicieron amigos, pero Pilato no se vio libre del caso problemático de Jesús.

Pilato convocó luego a las autoridades y al pueblo, y ante ellos reconoció que Jesús no merecía la pena capital. Sin embargo, se propuso castigarlo, para después dejarlo en libertad.

Jesús o Barrabás

En la primera parte del proceso habían participado solamente los Sanedritas y sus servidores. Es en este momento cuando la turba va a entrar en función. Sube ésta al palacio de Pilato para pedir la liberación de un preso, según era la costumbre anual (Mc 15,8). La plebe, compuesta de integrantes políticos, sabía que Barrabás, un famoso preso político, estaba detenido; respecto a Jesús, la plebe o no lo conocía o ignoraba que lo habían apresado.

Para la turba politizante como para Pilato, el personaje importante de ese día era Barrabás, el agitador público. La gente seguramente iba a pedir la libertad de Barrabás, pero esto podría constituir un peligro para el gobierno de Pilato. ¿Qué hacer? Al verse Pilato con el asunto de Jesús, hombre inocente y querido por el pueblo, pensó que allí estaba la solución a su problema; y torpemente presentó a Jesús y a Barrabás como candidatos de la amnistía, pensando que la gente escogería a Jesús. Pero su proyecto fracasó. La plebe, que posiblemente no conocía a Jesús y nada sabía de su prendimiento, e incitada por los sumos Sacerdotes, prefirió naturalmente a Barrabás, el preso político.

Jesús es entregado

Habiendo preferido la turba a Barrabás sobre Jesús, Pilato pregunta: *«¿Qué haré, pues, con el que llamáis el Rey de los judíos?»*. En los tres Sinópticos la respuesta es unánime: *«¡Crucifícale!»*. Pilato intenta por tercera vez salvar a Jesús, pero la plebe, azuzada por las autoridades judías, pide más fuertemente la crucifixión de Jesús. Pilato entonces, queriendo complacer a la turba, les soltó a Barrabás y les entregó a Jesús para que fuera crucificado.

La flagelación

Para ser flagelado, el ajusticiado era amarrado, abrazado a una columna, dejando al descubierto la espalda, donde recibiría los más duros latigazos de los verdugos. Los soldados, legionarios romanos, eran los encargados de infligir el castigo.

Para la flagelación romana (*verberatio*) se empleaba el *flagrum*, un látigo que tenía puño de madera y varias correas de cuero, de cuyas extremidades pendían huesecillos y bolas de metal con garfios. El flagelo o *flagellum* era un látigo de material más delgado, también de cuerdas de cuero o nervios de buey, y, por consiguiente, más doloroso, ya que desgarraba la carne más fácilmente. La flagelación era un castigo tan cruel e inhumano, que con frecuencia acarreaba allí mismo la muerte de la víctima. Así fue flagelado Jesús.

Ningún evangelista quiso describir la terrible y dolorosísima escena de la flagelación, que debió de dejar exhausto a Jesús. La sangre de Jesús-víctima brotó de todo su cuerpo y con ella iba consiguiendo el perdón de los pecados: *«Ésta es mi sangre de la Alianza, derramada por muchos para el perdón de los pecados»* (Mt 26,28).

Lucas termina su relato con una meditación reflexiva: «*Soltó al que había sido puesto en la cárcel por sedición y asesinato, al cual pedían; y entregó a Jesús a la voluntad de ellos*».

2. La tradición de Juan (Jn 18,28-19,16a)

El proceso de Jesús ante Pilato en el Cuarto Evangelio es una obra maestra de arte literario y de teología. El evangelista presenta siete escenas que se desarrollan a base de diálogos al estilo joánico. Más que reproducir palabras materialmente históricas, Juan trata de descubrir el sentido profundo de las escenas. Los diálogos son esencialmente portadores de un mensaje cristológico.

Los siete cuadros están dispuestos en una estructura de quiasmos combinados:

1. Pilato y los Judíos: vv. 28-32.
2. Jesús y Pilato: vv. 33-38a.
3. Pilato y los Judíos: vv. 38b-40.
4. JESÚS-REY: 19,1-3.
5. Pilato y los Judíos: vv. 4-8.
6. Jesús y Pilato: vv. 9-12a.
7. Pilato y los Judíos: vv. 12b-15.

Pilato y los judíos: 18,28-32

Juan proporciona un dato importante. Al llevar a Jesús a la residencia oficial del Procurador, los judíos no quisieron entrar para no contaminarse y poder comer la Pascua. Eso quiere decir que las autoridades judías celebrarían la cena pascual oficial la noche del viernes; por lo tanto, Jesús anticipó litúrgicamente la Pascua para el jueves y durante la cena instituyó la Pascua cristiana, que es la Eucaristía.

Ya que los judíos no quieren entrar al pretorio, Pilato debe salir hacia ellos. Sale, pues, y pregunta: «*¿Qué acusación tenéis contra este hombre?*». Ellos responden: «*Si éste no fuera un malhechor, no te lo hubiéramos entregado*». Respuesta incorrecta, que denota cierto desprecio hacia el Procurador.

Pilato contesta con ironía: «*Tomadlo vosotros y según vuestra Ley, juzgadlo*». Según la Ley, la violación del shabbat: Éx 31,14; 35,2; la blasfemia: Lv 24,15-16; y otras faltas, debían ser penadas con la lapidación. Pilato, pues, los autoriza a que apliquen su Ley.

Pero los judíos replican: «*No nos es permitido matar a nadie*». ¿Qué intentan los judíos al intervenir de esta manera? ¿Quieren sólo precisar que su intento es matarlo o exigen una clase de muerte especial? En virtud de la reflexión de Juan en el v. 32, podemos pensar que lo que pretenden los judíos es que Jesús sea ajusticiado con el suplicio romano de la cruz, con que se castigaba a los sediciosos.

Para el evangelista, esta discusión tiene un significado más profundo. Los judíos, sin darse cuenta, están cumpliendo una profecía del Señor: «*... le matarán, pero a los tres días resucitará*»: Mc 10,34; cf. Mt 20,19: Lc 18,33: Jn 6,53ss.

Si, pues, los judíos exigen la crucifixión, Pilato debe instituir una investigación formal del delito. Es lo que presentarán los versículos siguientes.

Nota. Según una exégesis más tradicional, los judíos no podían dar muerte a nadie. Ese derecho lo asumió la autoridad romana al convertirse Judea en una Provincia del Imperio (año 6 d.C.). En tal caso, lo que piden los judíos es la muerte de Jesús. Que ésta sea mediante la crucifixión, será una simple consecuencia de que la autoridad romana sea la que condena.

Jesús y Pilato: 18,33-38a

Juan no explicita la acusación presentada por los judíos, pero se adivina por la primera pregunta que Pilato hace a Jesús. Entra, pues, el Procurador e interroga a Jesús: «*¿Eres tú el Rey de los Judíos?*».

Jesús, sin responder a la pregunta, desea precisiones: «*¿Por ti mismo tú dices esto u otros te lo han dicho de mí?*». En otros términos, ¿sabes tú, por ti mismo, que yo soy un sedicioso, que se quiere hacer rey en contra del Imperio? ¿Te has dado cuenta personalmente de mi realeza o eres sólo eco de la acusación de los judíos? La respuesta de Pilato pone en claro las situaciones. Él lo ha sabido por otros.

Una vez las cosas claras, el camino allanado y los campos limitados, puede Jesús enseñar a Pilato la naturaleza de su reino: «*Mi reino no es de este mundo... mi reino no es de aquí*». Esta palabra hay que entenderla bien. En el texto griego: «*mi reino no es de este mundo*» se trata de un genitivo de origen, expresado por la preposición griega «ek».

Jesús ha traído el reino de Dios y reino suyo a este mundo y debe estar ciertamente en este mundo. Pero lo que Jesús enseña a Pilato es que su realeza no es de origen humano y no ha brotado de causas y fuentes humanas, como sucede con toda autoridad política en el mundo; su soberanía no obedece a circunstancias temporales. De ser así, no habrían faltado servidores que hubieran luchado por defenderlo. Su reino tiene origen divino, viene de Dios y es de naturaleza diferente a los reinos políticos.

Sin comprender a fondo lo que Jesús ha dicho, Pilato comenta: *«Conque, ¿tú eres rey?»*. Y Jesús responde: *«Tú dices: soy Rey»*. Jesús admite con un sí y no el título que le da Pilato. Sí, porque, bien entendido, el título es correcto; no, porque su realeza y su reino no son de origen humano. Por eso, Jesús revela luego la naturaleza de su soberanía, que responde a la naturaleza de su misión: *«Yo he nacido para esto y para esto he venido al mundo: para dar testimonio de la verdad. Todo el que es de la verdad escucha mi voz»*.

Estas palabras de Jesús son una síntesis de su origen y de su misión, y sólo son comprensibles a la luz de otras afirmaciones del mismo evangelio: cf. Jn 1,9.18; 3,32-33; 8,47; 10,27; 1 Jn 4,6.

Si el reino de Jesús «no es de aquí», y si Él «ha venido al mundo», es que en definitiva tampoco Él es de aquí, de este mundo, sino que ha venido con una misión: *«dar testimonio de la verdad»*; esto es, comunicarle al mundo la verdad de Dios y su plan de salvación, y darle a conocer todas las palabras que Él ha escuchado de su Padre: en definitiva, de toda su doctrina. Más aún, Jesús mismo es la Verdad. Así lo declaró en los coloquios con sus discípulos horas antes: 14,6. Por eso, agrega: *«Todo el que es de la Verdad escucha mi voz»*. Esta palabra no es otra cosa sino una variante de aquel otro logion: *«Mis ovejas escuchan mi voz, y yo las conozco, y me siguen, y yo les doy vida eterna»*: Jn 10,27s.

La respuesta de Jesús ha superado totalmente la comprensión de Pilato. No se muestra ni escéptico, ni indiferente, sino aturdido, pudiendo sólo balbucir: *«¿Qué es verdad?»*.

La escena reproduce el sentido de los hechos pasados, pero también lleva un mensaje para los destinatarios del evangelio y para el Imperio. Roma no debe inquietarse ante el cristianismo, que va extendiéndose por todas partes. Su Rey, Jesús, no es un rey político y terrestre a quien se deba temer. Su reinado y su soberanía son de origen divino, como Él mismo lo es. Su misión consiste en revelar «la

Verdad», que es Él mismo y todo cuanto ha oído de su Padre; y sólo aquellos que son de Él podrán escuchar su voz y recibir vida eterna, porque el Padre se los ha dado: Jn 6,44; 17,6.

Pilato y los judíos: 18,38b-40

Después del coloquio con Jesús, Pilato sale hacia los judíos y confiesa públicamente ante ellos: «*Yo, ninguna causa encuentro en Él*». Y de acuerdo con la costumbre de conceder la libertad a un preso con ocasión de la Pascua, les propone soltar al Rey de los judíos. Este ofrecimiento de Pilato parece totalmente incongruente: ¿cómo se le ocurre ofrecer libertad para aquel a quien han llevado precisamente para que sea condenado a muerte? Por eso, con toda razón, ellos gritaron: «*¡No a ése, sino a Barrabás!*». Y Barrabás era un bandido.

La presentación de Juan se acerca a la de Lucas. Ambas son breves y concisas; no guardan los detalles, que, en Marcos y Mateo, daban colorido a la escena.

En Juan, como en Lucas, Barrabás ya no es el líder revolucionario y famoso que se ha sublevado contra la autoridad; es un simple salteador, digno de lo que merece un bandido.

Ultrajes a Jesús-Rey: 19,1-3

Juan introduce, en el centro del proceso ante Pilato, la flagelación de Jesús y una escena de ultrajes. La flagelación tuvo lugar hasta después de la sentencia y antes de emprender el camino al Calvario, cargando la cruz. Los ultrajes consistieron en que los soldados romanos tejieron una corona de espinas que colocaron sobre la cabeza de Jesús, burlándose de Él como Rey de los judíos. El simbolismo teológico es claro: Jesús-víctima derrama su sangre en expiación de los pecados.

Le visten, luego, un manto de púrpura y después, mofándose de Él, lo aclaman, diciendo: «*¡Salve, Rey de los judíos!*», y le dan bofetadas. Es interesante notar que en el pasaje evangélico que va del 18,33 al 19,21, hay doce menciones de Jesús como «rey»; y entre ésas, seis veces aparece expresamente el título: «el Rey de los judíos».

Esta escena de ultrajes es colocada por Marcos y Mateo al fin del proceso: Mc 15,16-20; Mt 27,27-31. Fundamentalmente ofrecen los mismos elementos. Marcos y Mateo aluden a salivazos, que Juan omite. Lucas suprime este relato, pero ofrece un equivalente en los desprecios y burlas que sufre Jesús de parte de Herodes: Lc 23,11.

Este pasaje insiste en la condición de Jesús como Rey y Rey de los judíos, a diferencia de los ultrajes en casa de Anás, que tocaban a Jesús en su calidad de Profeta-Siervo de Yahvé. Este acontecimiento es el cumplimiento de los anuncios proféticos de Jesús: Mc 10,33-34 y paralelos. Los ultrajes burlescos tuvieron lugar a la mitad del proceso.

Pilato, viendo, por una parte, que la multitud se agitaba y exigía la muerte de Jesús; y, por otra, que Jesús era inocente, acudió a un expediente que le permitiera darle la libertad: sujetó a Jesús a los escarnios de la soldadesca, que lo coronaron rey de irrisión. Posiblemente a esto se refiere el castigo que Lucas menciona en 23,16.22.

Pilato y los judíos: 19,4-8

Pilato sale de nuevo hacia la muchedumbre y, por segunda vez, reconoce públicamente la inocencia de Jesús: «*No encuentro en Él ningún motivo*». Entonces aparece Jesús llevando la corona de espinas y el manto de púrpura. Y mostrándolo, dice Pilato: «*¡He aquí al Hombre!*». El procurador intentaba con ello despertar un sentimiento de lástima y de compasión hacia aquel pobre inocente. Pero, en vano.

Detrás de la frase solemne: «*¡He aquí al Hombre!*», el evangelista pudo tener presente algún texto de la Escritura, como el referente al sufriente Siervo de Yahvé: Is 52,14-15; o el texto regio de 1 Sm 9,17 (LXX): «*Samuel vio a Saúl, y el Señor le dijo: "¡He aquí al hombre!"*»; o simplemente Juan quiso presentar a Jesús como «el Hombre» por antonomasia, el hombre nuevo.

Los Sacerdotes y sus servidores, al verlo, gritaron: «*¡Crucifica, crucifica!*». A lo que Pilato, contrariado, responde: «*Tomadlo vosotros y crucificadlo, porque yo no encuentro en Él motivo*». Es la tercera vez que Pilato confiesa la inocencia de Jesús.

Intervienen luego los judíos, descubriendo la verdadera causa que los ha movido a condenar a Jesús, un motivo religioso: «*Nosotros tenemos una Ley, y, según la Ley, debe morir, porque se ha hecho Hijo de Dios*».

Sí, Jesús, en diversas ocasiones, se había presentado con atributos que sólo competen a Dios. Consiguientemente, se había hecho igual a Dios: 5,18; y esto era para los judíos una blasfemia: 10,33; la cual, según la Ley: Lv 24,26, debía ser castigada con la muerte. Más aún, cuando Jesús es acusado de ser el Hijo de Dios, se le culpa no sólo de blasfemia, sino también de ser un falso profeta, que hizo signos para autentificar sus pretensiones y apartar de la Ley de Moisés al verdadero judío.

Inconscientemente, Pilato y los judíos eran instrumentos para la realización del plan divino: «*Como Moisés elevó la serpiente en el desierto, así es preciso que sea elevado el Hijo del hombre, para que todo el que crea en Él tenga vida eterna*»: Jn 3,14-15.

Habiendo oído la palabra de los judíos, Pilato se llenó de más temor.

Jesús y Pilato: 19,9-12a

Entra nuevamente Pilato y pregunta a Jesús: «*¿De dónde eres tú?*». Jesús nada responde en absoluto. La respuesta a quién es Jesús brota de todo el evangelio de Juan: cf. 1,18; 3,13.16.31; 6,62; 7,28; 8,14; etc.

Pilato insiste, y Jesús contesta: «*No tendrías poder alguno contra mí, si no te hubiera sido dado de lo Alto. Por eso, el que me entregó a ti tiene mayor pecado*». Pilato es únicamente instrumento de los planes divinos. Si puede condenar a Jesús, es porque ha recibido de Dios ese poder. En definitiva, si Jesús, el Hijo de Dios, muere, es porque tiene poder para dar voluntariamente su vida y poder para volverla a tomar, según el mandato que ha recibido de su Padre: 10,17-18.

Pilato, impresionado, y tal vez con un poco de superstición, buscaba la manera de dar libertad a Jesús.

Pilato y los judíos: 19,12b-16a

Los judíos sienten que la víctima se les escapa y vuelven a la carga, esgrimiendo un argumento nuevo: «*Si das libertad a éste no eres amigo de César: todo el que se hace rey se opone a César*».

Aparece nuevamente la motivación de Jesús-Rey. El procurador se da cuenta de que el asunto se le complica; comienza él mismo a correr peligro, y una denuncia a Roma pondría fin a su carrera política. Atemorizado, cede: «*Habiendo, pues, oído estas palabras, condujo fuera a Jesús, lo sentó sobre el tribunal, en el lugar llamado Litóstrotos, en hebreo Gabbathá*».

El «Bema» es el trono o tribuna desde donde se emiten las sentencias. El evangelista describe el sitio con solemnidad. El sitial está colocado sobre el Litóstrotos, en hebreo Gabbathá, estrado de piedras de colores, que se eleva delante del palacio. Al dar el nombre en griego y en hebreo, el autor quiere expresar el significado profundo de la acción de Pilato.

Pilato sentó a Jesús en el trono y, en tono de burla, dijo a los judíos: «*¡He aquí a vuestro Rey!*». En cuanto al evangelista, cuando escribe esto, tiene la intención de presentar a Jesús sentado en el sitial de su exaltación. En el nivel humano, Jesús es el acusado y es el condenado; pero en el nivel de la historia salvífica, Jesús es el supremo Magistrado, a quien el Padre ha dado el poder universal de juzgar a todos los hombres: cf. 5,27.30.

Los judíos, habiendo visto a Jesús y habiendo oído a Pilato, clamaron: «*¡Quita, quita! ¡crucifícale!*». Pilato, como última tentativa unida a una fina ironía, les dice: «*¿A vuestro Rey crucificaré?*». Pero los Sacerdotes, como representantes del pueblo, exclaman: «*¡No tenemos rey, sino César!*».

El pueblo judío, en las personas de sus dirigentes religiosos, rechaza formalmente a Jesús, su Mesías, su Rey Ungido, al Hijo de Dios, sentado en el sitial reservado al juez. Es el clímax de la apostasía. El evangelista lacónicamente escribe: «*Entonces se lo entregó para ser crucificado*».

La precisión del v. 14: «*Era la Preparación de la Pascua, era como la hora sexta*», está preñada de contenido teológico. El rechazo de Jesús y su sentencia de muerte coincidían con el momento en que, en el Templo, comenzaban los preparativos para la inmolación de los corderos de Pascua, corderos de liberación.

Jesús marchaba también a la muerte. Su sacrificio también tenía un sentido de liberación, más aún, de salvación total en un nivel superior. Era el término de la Pascua judía. En lo sucesivo ya no serían necesarias las víctimas-animales, ofrecidas en el Templo de Jerusalén. Estaba instaurándose una *nueva Pascua,* con un *nuevo y único Cordero: Jesús, «el Cordero de Dios que quita el pecado del mundo»*: Jn 1,29.

ACTUALIZACIÓN

El *Compendio del Catecismo de la Iglesia Católica* se pregunta: ¿Quién es responsable de la muerte de Jesús?

A esto podemos responder en dos tiempos: unos fueron los responsables materiales de la condenación a muerte de Jesús: Judas y el Sanedrín, pero también Pilato y los soldados romanos. Sin embargo, en una perspectiva de fe y de profundidad teológica, considerando que Jesús, mediante su muerte, vino a reconciliar con Dios a todos los hombres, hay que responder:

La pasión y muerte de Jesús no pueden ser imputadas indistintamente al conjunto de los judíos que vivían entonces, ni a los restantes judíos venidos después; como tampoco solamente a los actores romanos que intervinieron para crucificar a Jesús.

«Todo pecador, o sea, todo hombre, es realmente causa e instrumento de los sufrimientos del Redentor; y aún más gravemente son culpables aquellos que más frecuentemente caen en pecado y se deleitan en los vicios, sobre todo si son cristianos» (*Comp. CIC*, n. 117).

Jesús sufrió su pasión y muerte voluntariamente y por amor, en beneficio de cada uno de nosotros, judíos y gentiles, a fin de liberarnos de Satanás y del pecado, y merecernos la vida eterna. Según el designio de Dios, Jesús sufrió la muerte, rechazado por las autoridades de su pueblo y condenado a la cruz por los gentiles. En los judíos y los romanos estaba representada la humanidad entera.

ORACIÓN

Jesús:

Te reconocemos como el Mesías, el Hijo de Dios.
Tú eres también el Hijo del hombre,
que has sido colocado a la diestra del Padre.
Creemos que has venido a instaurar
un nuevo culto en el Santuario de tu propio cuerpo,
que tu reino es universal y eterno,
y que vendrás como Juez universal.

> *Te reconocemos como nuestro Rey.*
> *Tu reinado no tiene su origen*
> *como los reinos de esta tierra.*
> *Tu reinado es universal y sin fronteras.*
> *Eres rey de la verdad;*
> *y fuiste enviado al mundo para dar testimonio de la verdad.*
> *Eres «el Hombre» por excelencia,*
> *y has venido para salvarnos a todos,*
> *mediante la entrega de tu vida.*
> *¡Gracias, Jesús! ¡Bendito seas!*

VIII. EL CAMINO HACIA EL CALVARIO (Mc 15,21; Mt 27,32; Lc 23,26-32; Jn 19,16b-17a)

Era costumbre que el reo cargara el madero horizontal de la cruz. El mástil vertical estaba ya en el sitio de la crucifixión. Jesús, exhausto por la agonía, la vigilia, los ultrajes, la coronación de espinas y la pérdida de sangre en la flagelación, y sobre todo por su profundo sufrimiento espiritual, no pudo más llevar la cruz. Obligaron entonces a un transeúnte, llamado Simón de Cirene, a que cargara la cruz.

Además, entre la turba que seguía al ajusticiado, se encontraba un grupo de mujeres *«hijas de Jerusalén»*, que ayudaban al reo, le proporcionaban consuelo y lloraban por él. Es Lucas quien nos ha conservado este recuerdo.

Él mismo nos informa que «llevaban también otros dos malhechores, con Él, para ser ejecutados».

IX. LA CRUCIFIXIÓN (Mc 15,22-27; Mt 27,33-38; Lc 23,33-34; Jn 19,17b-27)

1. El Calvario

El Calvario era una pequeña elevación rocosa, fuera de la muralla occidental de Jerusalén, a donde Jesús fue llevado para ser crucificado. El texto griego *«Lugar del cráneo»* es la traducción del término arameo *«Golgotá»* o del hebreo *«Gulgólet»*.

Según una costumbre judía, le querían dar de beber a Jesús vino con mirra (Pr 24,74); pero Él no quiso tomarlo.

2. «Y LO CRUCIFICAN...»

Con esta simplísima afirmación, los evangelistas evocan el momento del más cruel y terrible sufrimiento, que no han querido describir. La crucifixión era característica del Imperio romano y la pena más cruel y vergonzosa. Cicerón la califica como «el más cruel y más terrible suplicio». Se infligía a esclavos y hombres libres no-ciudadanos romanos: ladrones, asesinos, traidores o alborotadores políticos.

La cruz tenía de 2,50 a 3,00 m de altura. El reo era sujetado con cuerdas o con clavos al travesaño horizontal, que yacía sobre la tierra, y luego era levantado para fijarlo al mástil vertical. En su caso, Jesús fue clavado en la cruz, probablemente con cuatro clavos. Desnudo e inmóvil, el reo quedaba expuesto a todo: al dolor, a los golpes, a los insultos, a la sed, a los insectos... Se comprende la expresión fuerte de san Pablo: *«Nosotros proclamamos a un Cristo crucificado, escándalo para los judíos, locura para los gentiles»* (1 Cor 1,32).

Junto con Jesús fueron crucificados los dos malhechores, uno a cada lado. Marcos ilustra teológicamente el hecho, citando la Escritura: *«Y fue contado entre los malhechores»* (Is 53,12).

3. La hora de la crucifixión

Marcos habla de la *«hora tercera»* (de 9:00 a 12:00 horas), en tanto que Juan dice: *«Era como la hora sexta»* (a partir de las 12:00 horas). La solución es fácil. Esta diferencia brota de las diferentes maneras que había para contar el tiempo. En la realidad, la condenación de Jesús debió de ser hacia las doce del día y la crucifixión se llevó a cabo hacia la una de la tarde.

4. El título sobre la cruz

Aun cuando con pequeñas variantes, los cuatro evangelistas coinciden en una afirmación fundamental: la tablilla que daba razón de la crucifixión de Jesús decía: *«¡Jesús Nazareno, el Rey de los judíos!»*.

Juan nos proporciona detalles complementarios: *«Esta inscripción la leyeron muchos de los judíos, porque el lugar en que Jesús fue crucificado estaba cerca de la ciudad; y estaba escrita en hebreo, en latín y en griego».*

5. REPARTICIÓN DE LAS VESTIDURAS

Una vez concluida la crucifixión, los cuatro soldados se repartieron las vestiduras de Jesús. Juan precisa que la túnica era sin costuras y tejida de una sola pieza desde arriba; los soldados no quisieron rasgarla, sino que echaron suertes para ver a quién le tocaba.

X. CONTEMPLACIÓN DE JESÚS EN LA CRUZ
(Mc 15,29-32.34-37; Mt 27,39-44.46-50; Lc 23,33-46; Jn 19,25-30)

La contemplación que los evangelistas han hecho de Jesús en la cruz es sobria, pero rica en penetración religiosa. Cada uno ha percibido un rasgo o detalle particular.

1. LA CONTEMPLACIÓN DE LUCAS

Lucas ha recogido, brotadas de labios de Jesús, dos palabras de perdón y de misericordia, y una de entrega confiada y filial en manos de su Padre.

«¡Padre: perdónales, porque no saben lo que hacen!»

Es la plegaria del Hijo a su Padre en el instante extremo de su sufrimiento, antes de morir. Si Jesús había predicado el perdón y la misericordia, en este instante Él daba la prueba máxima de esa virtud excelsa.

Los beneficiarios de la oración de Jesús –¡y su oración siempre es eficaz!– no eran únicamente los soldados, ejecutores materiales de la crucifixión, sino todos aquellos que habían intervenido para conseguir su muerte: Judas, las autoridades religiosas del pueblo, Pilato el procurador romano, y todos aquellos que directa o indirectamente habían entrado en la condenación de Jesús.

A un nivel teológico más amplio, la petición de Jesús abarca a los pecadores de todos los tiempos, particularmente a aquellos que, en el transcurso de los tiempos, han negado a Dios y se han burlado y han rechazado a Jesús, su Enviado. Por todos ellos ruega Jesús, pues *«no saben lo que hacen»*.

«*¡Hoy estarás conmigo en el paraíso!*»

Levantado en la cruz, Jesús sufrió los ultrajes de todo el mundo: los transeúntes, los dirigentes del pueblo, los soldados y los malhechores que lo acompañaban en el mismo suplicio. Pero en un determinado momento, uno de ellos, viendo la manera como sufría Jesús su suplicio, e iluminado por la gracia, penetró en el misterio, dejó de ultrajar a Jesús y le suplicó: «*¡Jesús: acuérdate de mí, cuando vengas a tu reino!*». A lo que Jesús respondió, asegurándole la felicidad definitiva e inminente, junto con Él, en el mundo escatológico: «*En verdad te digo: ¡Hoy estarás conmigo en el paraíso!*».

«*¡Padre: en tus manos entrego mi espíritu!*»

Lucas narra, con solemnidad sublime, la muerte de Jesús. Habiendo clamado con fuerte grito, Jesús dijo: «*¡Padre: en tus manos entrego mi espíritu!*». Y habiendo dicho eso, expiró. La última palabra de Jesús, inspirada en el Salmo 31,6, manifiesta la plenitud de su confianza filial. En el momento de morir, se entrega a Dios con la tranquilidad de un Hijo que se siente en manos de su Padre...

2. La visión de Marcos y Mateo

Era hacia la hora novena, las tres de la tarde, cuando Jesús, clamando con fuerte grito, dijo:

«*Eloí, Eloí, lamá sabajtáni:
Dios mío, Dios mío, ¿por qué me has abandonado?*».

Esta palabra, impresionante y terrible, brotada de labios de Jesús a punto de morir, no es un grito de desesperación, pero sí es el sentimiento de un desamparo indescriptible. Jesús se siente abandonado de su Padre y entregado sin más en manos de sus enemigos. Todo a primera vista parece un fracaso rotundo. A pesar de su oración franca y directa: «*¡Abbá, Padre: todo te es posible; aparta de mí este cáliz!*», he aquí que está a punto de morir con la muerte más ignominiosa. Y lo que es inmensamente más doloroso: Él, que venía a quitar el pecado del mundo, se siente cubierto por ese pecado, y por consiguiente, muy lejos de Dios; tanto, que experimenta que Dios mismo lo ha abandonado...

Uno de los presentes, al oír a Jesús, corre, llena una esponja de vinagre, la coloca en una caña y se la da a beber. Pero Jesús, habiendo lanzado un fuerte grito, expiró. La expresión «*un fuerte grito*» subraya la solemnidad y trascendencia del momento. Jesús, que no conocía el pecado, muere como abandonado de Dios; pero su muerte será el precio que sirva de rescate y redención para el mundo entero (Mc 10,45).

3. LAS INTUICIONES DE JUAN

Juan nos ha transmitido en tres palabras el testamento espiritual del corazón de Cristo.

«¡*Mujer: he ahí a tu hijo! ¡He ahí a tu madre!*»

Estaban al lado de la cruz de Jesús cuatro mujeres: María, su madre; Salomé, hermana de María; María, la esposa de Clopás; y María la Magdalena.

Jesús, habiendo visto a la Madre
y allí presente al discípulo a quien amaba,
dice a la Madre: «¡Mujer, he ahí a tu hijo!».
Luego dice al discípulo: «¡He ahí a tu Madre!».
Y desde aquella hora la recibió el discípulo como suya.

En primer lugar, Jesús, clavado en la cruz y a punto de morir, viendo que su madre queda sola, la confía con amor filial a los cuidados del discípulo que más quiere. Y «*él la recibió como suya*».

Pero, además de este sentido llano, la palabra de Jesús es portadora de un sentido mucho más profundo y teológico. La expresión «¡*Mujer!*», con la que misteriosamente se dirige a María, significa que ella, además de ser su madre, está jugando en esos momentos trascendentales el papel de «*la Mujer, la Compañera, la Ayuda*» que está a su lado, en el instante de realizar su misión de nuevo Hombre que salva al mundo. Si Él es el nuevo Adán, ella es la nueva Eva.

Sí, para el evangelista Juan, en el momento en que Jesús está elevado de la tierra, atrayendo a todos hacia sí, un mundo nuevo está por comenzar, una humanidad nueva está naciendo. Allí está Él, «el Hombre», el hombre nuevo; y allí está ella, la nueva Mujer. Ella recibe de labios del Hijo del hombre su nueva misión: será la Madre de todo discípulo de Jesús, de todo aquel a quien, siendo objeto de su amor salvífico, le comunique vida eterna.

Este pasaje fundamenta la doctrina de la «*maternidad espiritual de María*». La Virgen María, Madre de Jesús, es a la vez la Madre de la Iglesia.

«¡Tengo sed!»

Después de esto, sabiendo Jesús que todo estaba terminado de manera que se podía ya cumplir la Escritura, dice: «*¡Tengo sed!*». Esta palabra de Jesús está preñada de sentido. El sentido llano es fácilmente comprensible: después de haber derramado tanta sangre, Jesús tiene sed. Este sentido es captado por los circunstantes, quienes, impregnando en vinagre una esponja, la fijan en un hisopo y la acercan a la boca de Jesús. Y Él acepta agradecido ese vinagre.

Pero esa palabra tan natural, pero también tan expresiva en esos momentos, encierra otro sentido espiritual.

Jesús sabe, con su ciencia sobrenatural, que ya ha realizado todo lo que el Padre le había encomendado. Ya puede cumplirse la Escritura; y tiene sed de ello. Jesús, en otra ocasión, estando con la mujer samaritana, también había expresado su sed.

Pero aquella sed era más de dar que de recibir: quería darle a la samaritana *«Agua viva»*, quería comunicarle *«el Don de Dios»*, *«el Espíritu Santo»*. También ahora aquí: Él tiene sed ardiente de entregar el Don de Dios, de dar a los hombres el Espíritu Santo, prometido en las Escrituras y conquistado con su misión cumplida y con su exaltación en la cruz (Ez 36,27).

«¡Está terminado! Y, habiendo inclinado la cabeza, entregó el Espíritu»

Habiendo tomado el vinagre, Jesús pronunció su última palabra: *«¡Está terminado!»*. El plan de Dios sobre Jesús había llegado a su término; todo estaba ya realizado; Jesús podía ya morir. Y, habiendo inclinado la cabeza, *«entregó el Espíritu»*. Jesús inclina su cabeza tranquila y serenamente, y entrega su alma.

Pero la expresión *«entregó el Espíritu»* esconde también un sentido de profundidad: Jesús, una vez consumada su obra, entrega, da, comunica el Espíritu, el Don de Dios, el Espíritu Santo. La primera comunicación de Espíritu Santo, Don de los tiempos mesiánicos, coincide con el instante augusto en que Jesús, entregando su vida, regresa al Padre (cf. *Catecismo de la Iglesia Católica*, nn. 616-618).

ACTUALIZACIÓN

A propósito de la muerte de Jesús y de la entrega del Espíritu, Juan Pablo II escribe en su Encíclica sobre el Espíritu Santo «Dominum et Vivificantem»:

«En el Antiguo Testamento se habla varias veces del "fuego del cielo", que quemaba los sacrificios presentados por los hombres. Por analogía se puede decir que el Espíritu Santo es el "fuego del cielo" que actúa en lo más profundo del misterio de la Cruz. Proviniendo del Padre, ofrece al Padre el sacrificio del Hijo, introduciéndolo en la divina realidad de la comunión trinitaria.

Si el pecado ha engendrado el sufrimiento, ahora el dolor de Dios en Cristo crucificado recibe su plena expresión humana por medio del Espíritu Santo. Se da así un paradójico misterio de amor: en Cristo sufre Dios rechazado por la propia criatura...

El Espíritu Santo, como amor y don, desciende, en cierto modo, al centro mismo del sacrificio que se ofrece en la Cruz... *Él consuma este sacrificio con el fuego del amor*... Y dado que el sacrificio de la Cruz es un acto propio de Cristo, también en este sacrificio Él *"recibe" el Espíritu Santo*. Lo recibe de tal manera que después –Él solo con Dios Padre– puede *"darlo" a los Apóstoles, a la Iglesia y a la humanidad*» (Dom. Viv., n. 41).

ORACIÓN

Jesús:
Gracias por haber entregado tu vida,
en el desamparo absoluto,
y en el supremo dolor y sufrimiento de la cruz,
a fin de salvarnos a todos.

> *Perdona nuestros pecados,*
> *pues no sabemos lo que hemos hecho,*
> *y llévanos a gozar contigo del paraíso.*
> *Gracias por habernos dado a tu madre*
> *como madre nuestra.*
> *Queremos, Jesús, calmar tu sed;*
> *pero tú, danos tu Espíritu Santo,*
> *conquista divina de la entrega de tu vida.*
> *Amén.*

XI. REFLEXIONES A LA MUERTE DE JESÚS (Mc 15,33.38-41; Mt 27,45.51-56; Lc 23,44-45.47-49; Jn 19,31-37)

Vinculados a la muerte de Jesús, los Evangelios Sinópticos aluden a cuatro fenómenos de la naturaleza, que simbolizan lo que espiritualmente está sucediendo en esos momentos trascendentales. A estos fenómenos añaden los evangelistas otras consideraciones humanas.

1. Reacciones de la naturaleza

Las tinieblas

> «Desde la hora sexta hubo oscuridad sobre toda la tierra hasta la hora nona» (Mt 27,45).

Esta misteriosa tiniebla simbólica, que cubrió la tierra entera, duró el tiempo que Jesús estuvo en la cruz, y terminó cuando Jesús murió, es portadora de un profundo pensamiento religioso: cuando la humanidad comete el inaudito crimen de dar muerte a Jesús, el Hijo de Dios, el Mesías, el cosmos gime y se entenebrece. Esa tiniebla es un reclamo de la naturaleza al crimen que los hombres están cometiendo.

Por otra parte, esa oscuridad simboliza el mundo antiguo, el mundo del pecado, que está destinado a desaparecer con la muerte del Señor; y en su lugar, surgirá una nueva luz, un mundo nuevo, cielos nuevos y tierra nueva, un mundo redimido gracias a la muerte liberadora y salvadora de Jesús.

El terremoto

Mateo añade otro fenómeno de la naturaleza en coordinación con la muerte del Señor: «*Tembló la tierra y las rocas se hendieron*» (Mt 27,51b).

Introduciendo este fenómeno físico, Mateo quiere subrayar la reacción de la naturaleza ante la muerte que los humanos están infligiendo a Jesús. Para el evangelista, el día de la muerte de Jesús fue, bajo muchos aspectos, el cumplimiento del Día de Yahvé, anunciado por los profetas. No es raro, por tanto, que el autor sagrado, para expresar la trascendencia de la muerte de Jesús, se sirva de clichés bíblicos de tinte escatológico (Am 8,9-10; 9,1-2; So 1,15; Jl 3,3-4).

Los sepulcros abiertos y la resurrección de muertos

Mateo agrega un fenómeno más: «*Se abrieron los sepulcros, y muchos cuerpos de santos difuntos resucitaron. Y, saliendo de los sepulcros después de la resurrección de Él, entraron en la Ciudad Santa y se aparecieron a muchos*» (Mt 27,52-53).

Éste es el detalle más enigmático. Es necesario ponderar los detalles de la descripción para obtener una interpretación correcta de este pasaje difícil:

a) el viernes, a la muerte de Jesús, se abren los sepulcros y muchos cuerpos de santos difuntos resucitan;

b) sólo hasta el domingo salen del sepulcro, después de la resurrección de Jesús;

c) entran a la Ciudad Santa y se manifiestan a muchos.

Algunos Padres y Teólogos, respetando materialmente la letra del texto, pensaron en una resurrección milagrosa con una muerte subsiguiente. En este caso, los santos serían, por ejemplo, Abraham y los demás patriarcas, Moisés, David, etc.

La mayoría de los Padres y Teólogos opinan que se trata de la resurrección escatológica. Esto es: los justos del AT no podían entrar en el cielo antes de que Jesús lo abriera y estaban esperando en un estado provisorio. Una vez obrada la salvación, las almas de los santos del AT entraron al paraíso para gozar de la felicidad de Dios, mientras sus cuerpos esperan la resurrección final.

El velo del Santuario

> «*En esto, el velo del Santuario se rasgó en dos, de arriba abajo*» (Mt 27,51a).

La cortina o velo del Santuario, al que alude el evangelista, es muy probablemente la cortina que separaba «el Santo de los Santos» –la parte más interna del Santuario donde habitaba Dios–, de todo lo demás del Templo. Nadie podía ver ni entrar al Santo de los Santos, sino solamente el Sumo Sacerdote, una vez al año, el día de la Expiación.

La rasgadura del velo del Santuario no responde necesariamente a un hecho histórico. Es la expresión de una doctrina (Heb 10,19-20). El velo del Santuario rasgado en dos, de arriba abajo, significa que, con la muerte de Jesús, ha quedado abierto para todos los hombres el acceso directo a Dios. Ha comenzado una nueva era religiosa que no es exclusiva de ningún pueblo y de ninguna raza: una religión y un culto universal. Han nacido un nuevo pueblo y una nueva era.

2. Consideraciones a la muerte de Jesús

Confesión del centurión

> «*Por su parte, el centurión y los que con él estaban guardando a Jesús, al ver el terremoto y lo que pasaba, se llenaron de miedo y dijeron: "Verdaderamente éste era hijo de Dios"*» (Mt 27,54).

Los tres Sinópticos, siguiendo cada uno su camino, narran la confesión del centurión romano ante la muerte de Jesús. El centurión romano es, ante todo, símbolo del mundo pagano que reconocerá a Jesús.

En el evangelio de Mateo, el centurión, aterrorizado por el terremoto y todo lo que extraordinariamente pasaba, presintió que todo aquello sucedía por intervención divina, y exclamó: «*Verdaderamente éste era Hijo de Dios*». Los que lo acompañaban compartían con él los mismos sentimientos. Era la aurora del acceso de los gentiles a la salvación.

Tal vez la palabra del centurión que más se ajusta a la realidad histórica es la consignada por Lucas: «*Seguramente este hombre era justo*».

Las turbas contritas

«Todas las gentes que habían acudido a aquel espectáculo, al ver lo que pasaba, se volvieron golpeándose el pecho» (Lc 23,48).

Lucas quiere ampliar el número de los espiritualmente convertidos con la muerte del Señor. Es el anuncio del reconocimiento que muchos de Israel harán de Jesús. Su dolorosa y redentora muerte no ha sido de ninguna manera estéril.

Presencia de muchas mujeres (Mt 27,55-56)

El evangelista Mateo menciona la presencia de muchas mujeres, que habían acompañado y servido a Jesús desde Galilea. Entre ellas se destacan tres: María Magdalena, María madre de Santiago y de José, y la madre de Santiago y de Juan. La presencia amorosa de estas mujeres fieles y valientes contrasta con la ausencia de los temerosos discípulos. Al ocuparse de este detalle, el evangelista rinde tributo a las mujeres que generosamente servían a la comunidad cristiana de su tiempo.

El costado abierto (Jn 19,31-37)

El pasaje del soldado que con una lanza abre el costado de Jesús muerto es propio del Cuarto Evangelio. Era el viernes por la tarde. Pronto iba a comenzar aquel Gran Sábado. Para que no quedaran sobre la cruz los cuerpos, vinieron soldados y rompieron las piernas de los dos crucificados con Jesús. A éste, como lo vieron ya muerto, no le rompieron las piernas, pero uno de los soldados, con una lanza, le abrió el costado *«y al punto salió sangre y agua»*.

El fenómeno es médicamente explicable. El crucificado guarda sangre en el corazón, y se le acumula en torno al mismo un líquido linfático, con apariencia de agua. Juan ve esa realidad, pero percibe en ella un simbolismo escondido.

«La sangre» atestigua la realidad del sacrificio del Cordero ofrecido por la salvación del mundo. La sangre es la expresión de una deuda saldada, el precio de un rescate, y el elemento indispensable para la remisión del pecado: *«La sangre de su Hijo Jesús nos purifica de todo pecado»* (1 Jn 1,7).

En esa sangre, el evangelista contempla la donación que Jesús hizo de sí mismo en la cruz, entregándose por amor a todos los hombres; y alude discretamente a la donación de su sangre que continúa haciendo en la Eucaristía, fuente de vida eterna y arras de futura resurrección.

En cuanto *«al agua»*, ésta es, a lo largo del Cuarto Evangelio, símbolo del Espíritu (1,32-33; 3,5.8; 4,10.23; 7,37-39). Siendo así, podemos ver en el agua que brota de Jesús muerto el símbolo del Espíritu Santo que nos da Cristo glorificado. Además, si el agua es símbolo del Espíritu, consiguientemente hay una referencia tácita al bautismo cristiano, que se confiere mediante el agua y el Espíritu.

En Jesús crucificado y muerto, Juan ve que se han realizado dos importantes pasajes de la Escritura. 1º Jesús es el verdadero Cordero de Pascua, al que no se le debe romper un solo hueso (Éx 12,46); y 2º Jesús es el misterioso Traspasado, al que aludió el profeta Zacarías (Za 12,10).

XII. LA SEPULTURA DE JESÚS (Mc 15,42-47; Mt 27,57-61; Lc 23,50-56; Jn 19,38-42)

Los cuatro evangelistas afirman que Jesús fue sepultado; pero de los relatos evangélicos se desprende que debieron circular dos tradiciones acerca del sepelio del Señor: una hablaba de un sepelio con premura (Mc-Mt-Lc); otra contaba un sepelio rápido, pero *«según es costumbre de los judíos»* (Jn).

Llegada ya la tarde (hacia las 4 p.m.), se presentó José de Arimatea, miembro del Sanedrín, ante el procurador romano, y le pidió el cuerpo de Jesús. Pilato se maravilló de que Jesús hubiera muerto tan pronto; pero certificado por el centurión, le regaló a José el cuerpo de Jesús.

Por su parte, Nicodemo, magistrado judío y maestro de Israel, llevó una mezcla de mirra y áloe, como cien libras (32,6 kg), para embalsamar el cuerpo del Maestro. Los Sinópticos coinciden en que Jesús fue envuelto de una sábana limpia. Por su parte, Juan afirma que *«tomaron el cuerpo y lo ligaron con vendas, con los aromas, según es costumbre de los judíos de sepultar»*.

Una vez preparado el cadáver, lo sepultaron en un sepulcro nuevo, propiedad de José de Arimatea, que había sido cavado en la roca.

Cuando terminaron de sepultar a Jesús, *«el shabbat comenzaba a lucir»*; son las luces que anuncian ya que el día de Pascua ha llegado. Los evangelistas mencionan la presencia de varias mujeres, entre ellas María Magdalena y María de Joset, que miraban el sepulcro y veían cómo había sido colocado allí el cuerpo de Jesús. Mateo agrega que, a petición de las autoridades judías, Pilato permitió que una guardia vigilara el sepulcro.

La muerte de Jesús, su sepultura y su descenso al Sheol

La sepultura de Jesús es un dato firme de la predicación primitiva y es un artículo de nuestra fe: Jesús corrió hasta el final la suerte de todo ser humano (cf. 1 Cor 15,4; *Catecismo de la Iglesia Católica*, nn. 624-628).

Del dato histórico de la sepultura, surgió una reflexión teológica: Jesús se integró al mundo de los difuntos, descendiendo al lugar de los muertos: el Sheol (para los hebreos), el Hades (para los griegos), los Inferi (para los latinos) (1 Pe 3,19; 4,6).

El artículo del Credo dice: *«Y descendió a los infiernos»*. Con su muerte, Jesús participó del destino común de todos los mortales y descendió al Sheol, no para luchar contra los demonios, sino para reunirse a las almas de los justos que esperaban se les abrieran las puertas de la felicidad eterna.

El *Compendio del Catecismo de la Iglesia Católica*, a propósito del artículo de la fe: «Jesucristo descendió a los infiernos», enseña sobriamente: «Los "infiernos" –distintos del "infierno" de la condenación– constituían el estado de todos aquellos, justos e injustos, que habían muerto antes de Cristo. Con el alma unida a su Persona divina, Jesús tomó en los infiernos a los justos que aguardaban a su Redentor para poder acceder finalmente a la visión de Dios. Después de haber vencido, mediante su propia muerte, a la muerte y al diablo "que tenía el poder de la muerte" (Heb 2,14), Jesús liberó a los justos, que esperaban al Redentor, y les abrió las puertas del Cielo» (n. 125).

ACTUALIZACIÓN

Reflexiones sobre la muerte de Jesús

A propósito de la muerte de Jesús, se presentan dos preguntas muy diferentes: 1º Por qué dieron muerte a Jesús. 2º Por qué y para qué murió Jesús [2].

1. ¿Por qué dieron muerte a Jesús?

Por sus palabras, actitudes y comportamiento personal, Jesús fue «incómodo» para las autoridades religiosas de los judíos, para el pueblo, para sus discípulos, inclusive para sus parientes; pero también para la autoridades romana (Mc 3,21.31-35; Jn 6,60-71; 7,5.12).

En la muerte de Jesús se entretejieron causas o motivos determinantes de diversa índole: motivos sociológicos, religiosos y políticos.

Motivos sociológicos y religiosos

Las actitudes de Jesús fueron molestas para diferentes grupos dirigentes del pueblo de Israel: fariseos, escribas, saduceos, jefes de sinagoga, herodianos, ricos, comerciantes del Templo, sacerdotes de Jerusalén, Herodes.

Jesús fue un laico:
- que infringía el shabbat (Mt 12,1-12; Mc 3,2-4; Jn 5,9.16.18; 9,14);
- que comía y bebía con pecadores (Mt 9,10-13; 11,19; Lc 7,34; 15,1-2);
- que trataba con prostitutas (Lc 7,37; Mt 21,31; Jn 8,1);
- que desdeñaba las tradiciones de partido (Mc 7,1-13);
- que se oponía a fariseos, escribas, ancianos, herodianos, saduceos, ricos, etc.;
- que no se ceñía a las doctrinas enseñadas por los fariseos y escribas (Mt 5,20);
- que tenía la audacia de superar las leyes de Moisés (Mt 5,22.28.32.34.39.44);

---

2. Cf. *Catecismo de la Iglesia Católica*, nn. 574-610.

- que decía tener relaciones filiales especiales y únicas con Dios a quien llamaba su Padre (Jn 5,18);
- tuvo el atrevimiento de hablar acerca del Templo como de un sistema religioso caduco (Mc 14,58; Mt 26,61; Jn 2,19);
- y, finalmente, ante el Sanedrín, presidido por el Sumo Sacerdote, tuvo la osadía de declararse el Mesías, y un Mesías de origen trascendente y celeste, glorioso, más aún sentado a la diestra de Dios (Mt 26,63-66; Mc 14,61-64; Lc 22,66-71).

Motivos políticos

El Sanedrín condenó a Jesús por haberse dicho el Mesías, el Hijo del hombre, el Hijo de Dios; pero luego lo entregaron a Pilato, el Procurador romano, aduciendo, entre otras muchas cosas, estos motivos de orden político (Mc 15,3-4; Lc 23,2-5):
- Alborota al pueblo desde Galilea hasta Jerusalén.
- Prohíbe pagar el tributo al César.
- Se proclama «el rey de los judíos».

Pilato, después de haber estudiado el caso, queda convencido de la inocencia de Jesús. Trata varias veces de liberarlo; pero, amenazado de ser acusado ante el César, cede a las presiones de los acusadores y les entrega a Jesús para que sea crucificado (Jn 19,12-16).

Tratando del proceso de Jesús, el *Catecismo de la Iglesia Católica* titula así el n. 597: «Los judíos no son responsables colectivamente de la muerte de Jesús». Y continúa:

«Teniendo en cuenta la complejidad histórica manifestada en las narraciones evangélicas sobre el proceso de Jesús y sea cual sea el pecado personal de los protagonistas del proceso (Judas, el Sanedrín, Pilato), lo cual sólo Dios conoce, no se puede atribuir la responsabilidad del proceso al conjunto de los judíos de Jerusalén, a pesar de los gritos de una muchedumbre manipulada (cf. Mc 15,11) y de las acusaciones colectivas contenidas en las exhortaciones a la conversión después de Pentecostés (Hch 2,23.36; 3,13-14; 4,10; 5,30; 7,52; 10,39; 13,27-28; 1 Ts 2,14-15). El mismo Jesús perdonando en la Cruz y Pedro, siguiendo su ejemplo, apelan a "la ignorancia" (cf. Lc 23,34; Hch 3,17) de los judíos de Jerusalén e incluso de sus jefes. Y aún menos, apoyándose en el grito del pueblo: "¡Su sangre sobre nosotros y sobre nuestros hijos!" (Mt 27,25), que significa una fórmula de ratificación (cf. Hch 5,28; 18,6), se podría ampliar esta responsabilidad a los restantes judíos en el espacio y en el tiempo».

El Concilio Vaticano II declaró:

«Lo que se perpetró en la pasión de Jesús no puede ser imputado indistintamente a todos los judíos que vivían entonces, ni a los judíos de hoy... No se ha de señalar a los judíos como reprobados por Dios y malditos como si tal cosa se dedujera de la Sagrada Escritura» (NA 4).

2. ¿POR QUÉ Y PARA QUÉ MURIÓ JESÚS?

Además de los motivos hasta aquí aducidos, el Nuevo Testamento nos descubre causas más profundas por las cuales Jesús entregó voluntariamente su vida. Esas causas son teológicas y van al fondo del misterio de «la salvación del mundo por la cruz y la resurrección» (cf. *Catecismo de la Iglesia Católica,* nn. 599-611).

Jesús vino a establecer el reino de Dios en el poder del Espíritu

Esta misión traía consigo destruir el reino del pecado y el reino de Satanás (Mt 12,28). Y así, Jesús luchó toda su vida contra el poder de las Tinieblas, el Príncipe de este mundo, Satanás, el Demonio, el Diablo (Mt 4,1-11; Mc 1,24; Lc 10,18; 11,20; Hch 10,38).

El Demonio, Príncipe de este mundo, intervino para dar muerte a Jesús (Jn 13,2.27.30). Sin embargo, Jesús afirma abierta, clara y categóricamente que a Él nadie le quita la vida, sino que la da voluntariamente, y que Satanás no tiene ningún poder sobre Él (Jn 10,17-18; 14,30-31; 16,11; Lc 22,53).

El verdadero motivo de la muerte de Jesús

El motivo último y definitivo por el que Jesús dio por amor y voluntariamente su vida fue la voluntad de su Padre, el cual quiso enviar a su Hijo al mundo, no para condenarlo sino para salvarlo; y le dio la orden de entregar su vida para redención de todos, para luego volverla a tomar. Y Jesús entregó su vida, obedeciendo el mandato de su Padre (Mc 10,45; Jn 3,16-17; 10,17-18; 11,51-52; 14,31).

La literatura apostólica desarrolló la doctrina de los motivos teológicos de la muerte de Jesús. Éstos se sitúan en el nivel de la fe. El libro de los Hechos de los Apóstoles ofrece un texto sintético: *«Jesús fue entregado según el determinado designio y previo conocimiento de Dios, y vosotros le matasteis clavándolo en la cruz por mano de los impíos»* (Hch 2,23).

La teología de la «redención, reconciliación y salvación», alcanzada gracias al derramamiento de la sangre de Jesús y a su muerte en la cruz, puede verse en innumerables textos del Nuevo Testamento[3].

3. Mt 26,28b; Jn 6,53-56; 19,34; Rom 3,25; 5,9; 1 Cor 10,16; 11,25-27; Col 1,20; Ef 1,7; 2,13; Heb 9,7-25; 10,4.19.29; 12,24; 13,12.20; 1 Jn 1,7; 5,6.8; 1 Pe 1,2.19; Ap 1,5; 5,9; 7,14; 12,11; 19,13.

ORACIÓN

Jesús:
Gracias por el inmenso amor
con que nos amaste hasta entregar
tu cuerpo y tu sangre por nosotros.
Gracias porque nos has alcanzado
el perdón de nuestros pecados y la salvación eterna,
a través de tus sufrimientos
y de tu muerte en la cruz.
Concédenos la gracia de serte agradecidos
y acoger con gratitud y humildad
los dones de salvación que nos ofreces,
y gozar de ti por toda la eternidad.

Si tú quieres, asóciame
a tu misión de salvar el mundo.
Al impulso del Espíritu Santo,
te ofrezco toda mi vida y particularmente
mis sufrimientos, penas y dolores;
los uno a los que tú sufriste en tu pasión y en la cruz.
¡Que todo sea para gloria de tu Padre
y para la salvación del mundo!
Amén.

Capítulo III
LA GLORIFICACIÓN DE CRISTO

La tercera parte de la Pascua del Señor, llamada *«la Glorificación de Cristo»*, está constituida por tres facetas de un mismo misterio:

1º La resurrección de Jesús.
2º Su ascensión al cielo.
3º Su exaltación a la derecha del Padre y su unción con el Espíritu Santo.

I. LA RESURRECCIÓN DE JESÚS

1. Introducción

La resurrección gloriosa de Jesús es la verdad culminante de nuestra fe en Cristo:

- creída y vivida por la primera comunidad cristiana como verdad central,
- transmitida como fundamental por la Tradición,
- establecida en los documentos del Nuevo Testamento,
- y predicada como parte esencial del Misterio Pascual al igual que la Cruz[1].

---

1. El *Catecismo de la Iglesia Católica* dedica tres grandes apartados al misterio de la resurrección de Jesús. 1º Fue un acontecimiento histórico y trascendente (nn. 638-647). 2º Fue obra de la Santísima Trinidad (nn. 648-650). 3º Tuvo un sentido y alcance de salvación (nn. 651-655). Cf. *Comp. CIC*, nn. 126-131.

La resurrección del Señor es un dato tan esencial, que del creer en Cristo resucitado depende todo el valor de nuestra fe: «*Si Cristo no resucitó, vuestra fe es vana: estáis todavía en vuestros pecados... ¡Pero no! ¡Cristo resucitó de entre los muertos como primicias de los que durmieron!*» (cf. 1 Cor 15,12-20).

Acontecimiento trascendente, pero real

La resurrección de Jesús fue un acontecimiento trascendente, pero al mismo tiempo fue un acontecimiento real, con manifestaciones históricamente comprobadas.

a) Un acontecimiento trascendente

El hecho de la resurrección de Jesús es algo trascendente y excepcional: no fue un retorno a la vida terrena, sino el paso de este mundo al Padre; un paso a otra vida más allá del tiempo y del espacio. Es un acontecimiento que no se sitúa ya en las dimensiones de nuestro mundo y, por tanto, de nuestra experiencia ordinaria. Nadie fue testigo ocular del acontecimiento mismo de la resurrección, porque nadie la vio, ni la podía ver.

Jesús resucitó por la acción soberana de la omnipotencia divina, no a la misma vida de antes, vida en un cuerpo corruptible y mortal, en condiciones datables y localizables en este mundo, sino a una vida superior, a la gloria, a otro mundo, con un cuerpo humano, pero incorruptible, espiritual y glorificado (1 Cor 15,35-53; Flp 3,21).

b) La resurrección de Jesús fue un hecho real, comprobado por manifestaciones históricas

La primera manifestación históricamente comprobada fue «el sepulcro misteriosamente abierto y vacío». En sí mismo, el sepulcro abierto y vacío no es una prueba directa de la resurrección de Jesús, pero fue un signo esencial de la misma, una vez que ese enigma fue esclarecido por el testimonio del Resucitado, que se apareció a los Apóstoles.

El segundo elemento históricamente comprobado fueron «las apariciones de Jesús», por las cuales los discípulos tuvieron un encuentro vital con su Maestro vivo y una experiencia decisiva que los constituyó para siempre como testigos autorizados de Cristo resucitado (Hch 1,22; 4,33; 10,42-44). La fe de la primera comunidad se funda en el testimonio de hombres concretos, testigos de la resurrección de Cristo.

Estas apariciones de Jesús, sin ser tampoco pruebas estrictamente rigurosas, fueron el vehículo adecuado para que los Apóstoles creyeran en el Maestro resucitado. Una cosa «vieron»: el sepulcro abierto y vacío, y a Jesús que se les manifestaba; y otra «creyeron»: que Dios lo había resucitado y glorificado (Hch 2,32-33a).

Jesús se muestra con un cuerpo humano, que lleva las huellas de su pasión, pero que al mismo tiempo posee propiedades nuevas, las de un cuerpo glorioso: no está situado en el espacio, ni en el tiempo; pero puede hacerse presente, a su voluntad, donde quiere, como quiere, cuando quiere y a quien quiere.

Obra de la Santísima Trinidad

La resurrección de Jesús fue obra de la Santísima Trinidad. Fue realizada por el poder del Padre, que «resucitó» a Cristo, su Hijo (Hch 2,24). El Espíritu Santo vivificó la humanidad muerta de Jesús y la llamó al estado glorioso de Señor y de Cristo (Rom 1,3-4; 8,11). En cuanto al Hijo, Él mismo realizó su propia resurrección en virtud de su poder divino (Jn 10,17-18).

Con sentido y alcance de salvación

Por su resurrección, Cristo vence al Demonio, al pecado, al dolor y a la muerte; nos abre el acceso a una nueva vida; realiza nuestra filiación divina y es principio y fuente de nuestra futura resurrección.

Recientemente, el Santo Padre Benedicto XVI, en la noche de la Vigilia de la Resurrección, expresaba este gran misterio en los siguientes términos:

«¿En qué consiste propiamente eso de "resucitar"? ¿Qué significa para nosotros? ¿Y para el mundo y la historia en su conjunto?

Si podemos usar por una vez el lenguaje de la evolución, es la mayor "mutación", el salto absolutamente más decisivo hacia una dimensión totalmente nueva, que jamás se haya producido en la larga historia de la vida y de su desarrollo: un salto a un orden totalmente nuevo, que nos concierne a nosotros y que atañe a toda la historia...

¿Qué es lo que sucedió allí? Jesús ya no está en el sepulcro. Está en una vida totalmente nueva. Está claro que este acontecimiento no es un milagro cualquiera del pasado, cuya realización podría ser, en el fondo, indiferente para nosotros. Es un salto cualitativo en la historia de la "evolución" y de la vida en general hacia una nueva vida futura, hacia un mundo nuevo que, partiendo de Cristo, penetra ya continuamente en nuestro mundo, lo transforma y lo atrae hacia sí...

Pero, ¿cómo puede llegar este acontecimiento hasta mí y atraer mi vida hacia Él? La respuesta, en un primer momento quizás sorprendente pero completamente real, es la siguiente: dicho acontecimiento me llega mediante la fe y el bautismo...» (Osservatore Romano, n. 16, 16-21 abril 2006, pp. 13-14).

2. El sepulcro abierto y vacío (Mt 28,1-8.11-15; Mc 16,1-8; Lc 24,1-12; Jn 20,1-10)

Sobre el sepulcro encontrado misteriosa y milagrosamente abierto y vacío al amanecer del primer día de la semana, nuestro día domingo, tenemos cuatro tradiciones diferentes. Sin embargo, Mateo, Marcos y Lucas coinciden en ciertos datos comunes que permiten un estudio comparativo. Juan camina aparte. Sugerimos leer atentamente los relatos evangélicos.

La posible realidad histórica

Teniendo en cuenta los datos que nos ofrecen los evangelios, los sucesos de aquella mañana, en su realidad histórica, pudieron haberse verificado de la siguiente manera:

- María Magdalena y otras mujeres fueron por la mañana al sepulcro.
- Lo encontraron misteriosamente abierto y vacío.
- Regresaron a dar aviso a Pedro y a los demás discípulos.
- Pedro y Juan, con algunos compañeros más, corrieron al sepulcro.
- Constataron que el sepulcro estaba vacío, pero allí estaban las vendas y el sudario doblado. No podía haber habido un robo.
- Pedro y compañeros regresaron desconcertados ante lo sucedido. No comprendieron nada todavía. Juan, por su parte,

dice haber creído: creyó que Jesús había resucitado; su fe brotó a la vista del sepulcro milagrosamente abierto y vacío, y a la presencia de las vendas y del sudario doblado.

— Momentos más tarde, cuando comenzó Jesús a manifestarse se solucionó el enigma del sepulcro vacío: ¡Sí, no cabe duda: Jesús ha resucitado!

Presentación teológica del misterio

La resurrección de Cristo, como hemos dicho, es un punto central de la fe cristiana; pero hablar de ese misterio en términos adecuados no es fácil, porque no se trata del retorno a la misma vida de antes.

El paso de Jesús a la gloria del Padre y su establecimiento en el nuevo mundo ultraterreno fue un acontecimiento real, pero de orden sobrenatural que escapa a la experiencia sensible y supera los límites del entendimiento.

Nadie lo pudo describir, porque nadie fue testigo ocular del acontecimiento de la resurrección; sólo se pudieron constatar los efectos exteriores: el sepulcro abierto y vacío, las vendas y el sudario, y luego las apariciones. A la vista de la tumba vacía y al contacto existencial con el Resucitado nació la fe de los Apóstoles.

Pues bien, una vez que los cristianos de la primera hora tomaron conciencia, a la luz del Espíritu Santo, de lo que significó la resurrección del Señor, comenzaron cada uno, según su genio y sus intenciones doctrinales, a presentar *ese misterio inefable con el ropaje literario más adecuado según la mentalidad bíblica, el estilo midráshico*, que consiste en utilizar elementos, imágenes o clichés de tradición bíblica (como ángeles, fenómenos cósmicos, etc.) para expresar verdades trascendentes que superan la comprensión del entendimiento humano[2].

---

2. La Sagrada Escritura introduce a un «*ángel*» o «*al Ángel del Señor*», cuando describe los momentos más trascendentes de la historia de la salvación. Así, el Ángel del Señor se aparece a Abraham (Gn 16,10-11); a Jacob (Gn 28,12; 31,11); a Moisés (Éx 3,2; 23,20); a Gedeón (Jue 6,22); a David (2 Sm 24,16); a Elías (1 Re 19,5); a Isaías (37,36); a Zacarías (1,9); a Malaquías (3,1); a Daniel (3,28); a María (Lc 1,26); a José (Mt 1,20). —«*Fenómenos cósmicos*»: en el Éxodo (Éx 14,19-21); en el Sinaí (Éx 19,16-19); en la historia de Elías (1 Re 19,11); en los Profetas Amós (5,18-20); Joel (3,1-5)–. Era, pues, normal, más aún, era muy conveniente que, para anunciar el acontecimiento único y trascendente de la resurrección de Jesús, fuera un Ángel, o el Ángel del Señor, quien diera la gran noticia.

Así nacieron las diferentes tradiciones evangélicas que concuerdan en lo sustancial, pero difieren mucho en los detalles accidentales.

JUAN nos ofrece una versión sobria que responde tal vez más a la realidad histórica: el sepulcro fue encontrado abierto y vacío, pero estaban allí depositadas, dobladas y en orden, las vendas y el sudario. La ausencia del cuerpo de Jesús no había podido ser obra humana, y Jesús no había vuelto simplemente a una vida terrenal, como había sido el caso de Lázaro.

MARCOS crea el joven de vestido blanco sentado dentro del sepulcro: es un ángel. Era conveniente que un mensajero celeste proclamara la gran Noticia a las mujeres: «*¡Resucitó, no está aquí. He aquí el lugar donde lo pusieron!*».

LUCAS prefiere presentar dos varones de vestiduras resplandecientes: son también ángeles. La Ley pedía por lo menos dos testigos para que el testimonio fuera válido (Dt 19,15). Era necesario que el paso de Jesús a una vida nueva y celeste fuera comunicado a las mujeres por enviados del cielo: «*¿Por qué buscáis entre los muertos al que vive? ¡No está aquí, resucitó!*».

MATEO, finalmente, presenta el sepulcro todavía cerrado, pero ilustra con imágenes vigorosas la realidad inefable de la resurrección y acude a fenómenos cósmicos y a la aparición de «el Ángel del Señor» que rueda la piedra del sepulcro y, sentado como en una cátedra de piedra, proclama el kerygma de la resurrección. Mientras que los soldados quedaron aterrados por lo sucedido, el Ángel del Señor tranquiliza a las mujeres y les proclama la gran Noticia: «*¡Vosotras, no temáis, pues sé que buscáis a Jesús, el crucificado. No está aquí, pues resucitó como dijo. Venid y ved el lugar donde yacía!*».

En esa forma, cada evangelista, guiado por el Espíritu Santo y según su genio personal, ha transmitido para los creyentes de todos los tiempos el anuncio venturoso y trascendente de la resurrección de Jesús.

ORACIÓN

Jesús gloriosamente resucitado:
Te alabamos, te bendecimos y te glorificamos.
Te felicitamos por la nueva vida
que el Padre te ha comunicado
en el poder del Espíritu Santo.

LA GLORIFICACIÓN DE CRISTO

> *Creemos que vives y estás en tu Padre.*
> *Gracias por liberarnos del Demonio,*
> *del pecado, del dolor y de la muerte.*
> *¡Comunícanos la vida nueva:*
> *haz que muramos para siempre al pecado*
> *y que vivamos sólo para Dios!*
> *¡Bendito seas, Jesús,*
> *en la gloria de tu resurrección!*

2. LAS APARICIONES DE JESÚS

En las apariciones de Jesús resucitado pueden distinguirse dos clases: unas tienen como finalidad «reconocer al Señor»; otras tienen como objetivo «enviar» a los discípulos a la tarea evangelizadora. Las primeras apariciones son de «reconocimiento» y las segundas de «misión». En ocasiones, una misma aparición puede ser a la vez de reconocimiento y de misión. He aquí una lista de doce apariciones.

Mateo:
   1º Manifestación a las mujeres (28,9-10).
   2º Aparición de Jesús en Galilea (28,16-20).

Marcos:
   3º La misión por todo el mundo (16,14-18).

Lucas:
   4º Los viajeros de Emaús (24,13-35; Mc 16,12-13).
   5º Aparición a los discípulos (24,36-43).
   6º La Promesa del Padre (24,44-49).

Juan:
   7º Aparición a Magdalena (20,11-18; Mc 16,9-11).
   8º Misión de los Apóstoles y donación del Espíritu (20,19-23).
   9º La confesión de Tomás (20,24-31).
   10º La pesca milagrosa (21,1-14).
   11º Pedro: pastor y mártir (21,15-19).
   12º La suerte del discípulo amado (21,20-23).

Evangelio de Mateo

Manifestación a las mujeres (28,9-10)

La narración se presenta simple y sencilla. Las mujeres, al reconocer a Jesús, lo tocan físicamente, y Él las envía a «*sus hermanos*». Baste subrayar que el saludo «¡*Alegraos!*», encierra resonancias mesiánicas (Mt 2,10; 5,12; 18,13); que el homenaje de «*adoración*», será también tributado a Jesús por los discípulos cuando lo vean (v. 17); y que la orden de «*ir a Galilea*» había sido anunciada ya por Jesús en el Cenáculo. En Galilea los discípulos verán al Señor.

Aparición de Jesús en Galilea. «¡He aquí que Yo estoy con vosotros...!» (28,16-20)

La única aparición de Jesús registrada en el evangelio de Mateo tuvo lugar en Galilea, en un monte que de antemano Él les había señalado. «*Galilea*» había sido el teatro de la evangelización de Jesús; convenía que también en Galilea volvieran a ver a Jesús resucitado y que de allí partiera la gran misión evangelizadora al mundo entero. «*El monte*» es, en la mentalidad bíblica, el sitio clásico de los encuentros con Dios.

La manifestación a los Once es importante. A la vista de Jesús se convertirán en testigos de su resurrección, y recibirán la misión de ir a todas las naciones. Cuando Jesús se les aparece, los discípulos «*lo adoran*». La adoración es una actitud religiosa que se debe a Dios.

«*Algunos dudaron.*» Las dudas de los discípulos son explicables, pues las cristofanías eran de un Jesús ya no de la tierra, sino de otro mundo. Sin embargo, esas dudas fueron saludables para nosotros, pues una vez disipadas para ellos, dieron mayor garantía al testimonio de quienes vieron a Jesús.

La misión universal (Mt 28,18-20)

> «*Me ha sido dado todo poder en el cielo y en la tierra.*
> *Id, pues, y haced discípulos a todas las naciones,*
> *bautizándolas en el nombre del Padre y del Hijo y del Espíritu Santo,*
> *y enseñándoles a guardar todo lo que yo os he mandado.*
> *Y he aquí que Yo estoy con vosotros,*
> *todos los días, hasta el fin del mundo.*»

La enseñanza que Jesús da a sus discípulos consta de cuatro puntos:

1º Jesús ha recibido del Padre «*todo poder*», y su soberanía se extiende a cielos y tierra. Él es, pues, el Señor del universo entero.

2º Soberano de todo el mundo, Jesús envía ahora a sus discípulos a la gran misión: «*¡Haced discípulos a todos los pueblos!*». Es el universalismo, la catolicidad: nota característica de la Iglesia de Cristo.

3º Esta incorporación como discípulos de Jesús se realizará mediante «el bautismo y la enseñanza». El bautismo es un rito exterior, que significa una realidad espiritual. Impartido en el nombre del Padre y del Hijo y del Espíritu Santo, transforma a quien lo recibe en una pertenencia del Dios Trino. La enseñanza «*de todo cuanto os he ordenado*» es una exigencia importante. No basta recibir el bautismo; es necesario conocer a fondo el Evangelio de Jesús, a fin de vivir religiosamente como discípulos de Jesús e hijos de Dios en el reino de los Cielos.

4º «*Y he aquí que Yo estoy con vosotros, todos los días, hasta el fin del mundo.*» Esta promesa ofrece a los mensajeros del Evangelio un auxilio constante y eficaz, hasta el fin de los tiempos. La presencia actuante de Jesús, que supera el tiempo y el espacio, no puede tener sino un origen divino.

ORACIÓN

¡Oh Jesús, Señor de cielos y tierra!
Nos postramos humildemente ante ti
para rendirte culto y adoración.
Aquí estamos, Señor.
Envíanos a anunciar a todas las naciones
la Buena Nueva de tu salvación.
Bautízanos en el nombre del Padre
y del Hijo y del Espíritu Santo.
Abre nuestras mentes para conocerte a ti,
aprender tu doctrina y enseñarla a todos los pueblos.
Creemos que Tú estás siempre con nosotros,
todos los días, hasta la consumación del mundo.
Queremos proclamar el Evangelio a toda la creación.

Evangelio de Marcos

La misión por todo el mundo

«¡Proclamad la Buena Nueva a toda la creación!» (16,14-19).

Jesús se aparece a los Once. El relato no hace precisión de circunstancias ni de tiempo, ni de lugar. Después de reprochar a los discípulos su incredulidad, Jesús les confiere la gran misión: *«¡Id por todo el mundo y proclamad la Buena Nueva a toda la creación!»*. Se percibe un parentesco de ideas con el relato de misión de Mt 28,18-20.

Con esta palabra Jesús instituye la misión universal, que tiene como destinatarios a todos los hombres. La Buena Nueva de la resurrección de Jesús tiene inclusive alcances cósmicos, pues con la resurrección de Jesús el cosmos mismo –en el cuerpo y el alma del Señor glorificado– se benefició de una transformación radical.

Pero para que el hombre pueda gozar de la salvación serán necesarios dos requisitos: creer en Jesús y recibir el bautismo, esto es: entregarse plenamente a Jesús, y aceptar el rito que lo incorporará como discípulo suyo: «*El que crea y sea bautizado, se salvará; el que no crea, se condenará*» (v. 16). Este texto subraya la responsabilidad personal.

El auxilio divino acompañará siempre a los creyentes, y se hará manifiesto en los milagros y prodigios que irán siempre a la par de la predicación de los creyentes.

Evangelio de Lucas

Los viajeros de Emaús (24,23-35)

El relato de los viajeros de Emaús es uno de los pasajes más poéticos del Evangelio. Es una página de exquisito arte literario y de densas enseñanzas doctrinales. Todo se desarrolla en tres escenas: 1º los peregrinos van de camino hacia Emaús; 2º reconocen a Jesús; y 3º regresan a Jerusalén.

La narración responde al recuerdo de un acontecimiento real e histórico, pero expuesto por Lucas mediante un género literario especial, a fin de comunicar, con profundidad y arte, doctrinas de importancia capital. Es una historia que entretiene y que cautiva, pero a la vez enseña e invita a la reflexión. Es una pedagogía lenta y penetrante que conduce a la fe de Pascua.

Los tres viajeros caminan juntos. Con ellos va Jesús, pero *«sus ojos estaban retenidos para que no le conocieran»*. Nuevamente si, por una parte, es el mismo Jesús de antes, por otra, Jesús pertenece ya a una esfera superior y sólo puede ser reconocido si Jesús interviene con una acción propia.

En el diálogo de Jesús con los peregrinos se percibe el *«kerygma de la comunidad primitiva»* de Jerusalén. Ellos exponen lo concerniente a Jesús de Nazaret: Él fue un profeta poderoso en obras y palabras delante de Dios y del pueblo; a quien los sumos Sacerdotes condenaron a muerte y crucificaron; de Él esperaban que obrara la liberación de Israel; y algunas mujeres dicen que Él *«vive»*, según la visión de ángeles que afirman haber tenido.

Jesús, por su parte, completa la catequesis, haciendo ver que todo lo concerniente al Mesías estaba previsto en las Escrituras: *«¡Oh insensatos y tardos de corazón para creer todo lo que dijeron los Profetas!»*. Y comenzando por Moisés y continuando por los Profetas, les explicó todo lo que había escrito acerca de Él. Finalmente, llegados a casa y sentados a la mesa, Jesús *«tomó el pan, pronunció la bendición, lo partió y se lo iba dando»*. Entonces se les abrieron los ojos, lo reconocieron, pero Él al instante desapareció. Los discípulos dirán después que sus corazones ardían cuando Jesús, por el camino, les explicaba las Escrituras, pero que sólo lo reconocieron en *«la fracción del pan»*.

El relato se desarrolla en ambiente eucarístico y con terminología pascual. Da la impresión de ser una reunión litúrgica. En ella, la primera parte se dedica a la *Liturgia de la Palabra*; y la segunda consiste en la actualización de la fracción del pan. Es la *Liturgia de la Eucaristía*.

Las Escrituras son importantes, más aún, indispensables para conocer bien a Jesús; pero a Jesús se le encuentra personalmente en la Eucaristía, cuando se rompe el pan. Es allí donde Jesús se hace realmente presente, entregándose en sacrificio y en banquete de comunión, pero además ¡resucitado!

Tanto para comprender las Escrituras, como para reconocer a Jesús en la Eucaristía, se requieren una inteligencia iluminada por la fe y una prontitud de corazón, que son cualidades que sólo Dios puede conceder.

Aparición a los discípulos (24,36-43)

Se trata de una aparición de «*reconocimiento*». Los discípulos se encuentran reunidos en el Cenáculo, comentando la aparición de Jesús a Simón y a los viajeros de Emaús. De pronto se presenta Jesús. Su saludo es inconfundible: «*¡Paz a vosotros!*».

No se trata de un fantasma, sino de un ser real: «*¡Soy yo mismo! Mirad mis manos y mis pies. Palpadme y ved*». Todavía dudando ellos por la alegría, Jesús pide algo de comer, y le ofrecen un pedazo de pez asado. Al comer Jesús una parte de aquel pez asado, la realidad física de su cuerpo quedaba corroborada. Era Él, el Jesús de carne y hueso que habían conocido; sin embargo, ya no es de este mundo.

Al relatar esta aparición de Jesús en su realidad física, se adivina la necesidad que los cristianos de la primera edad tuvieron de defender, especialmente ante los gentiles, la verdad de la resurrección real de Jesús.

«*¡La Promesa del Padre!*» (24,44-49)

Cuatro notas comprenden las últimas palabras de Jesús en el tercer evangelio.

a) «*Es preciso que se cumpla todo lo escrito...*»

Jesús y su obra sólo son comprensibles a la luz de la Ley, de los Profetas y de los Salmos. En las Escrituras Dios había anunciado la obra mesiánica del Señor: su muerte y su resurrección. Pero el sentido profundo de la palabra de Dios sólo puede percibirse si Jesús «*abre el entendimiento para comprender*» (Lc 18,31; 24,27).

b) *El plan de salvación*

La pasión del Mesías y su resurrección al tercer día fue el núcleo de la primera predicación acerca de Jesús. El plan divino llevaba una finalidad: invitar a todas las naciones a la conversión para el perdón de los pecados, comenzando en Jerusalén.

c) Testigos de la resurrección

La misión apostólica debe ser un testimonio. El apóstol es un testigo de Jesús: de su vida y de su resurrección (Hch 1,21-22). Los misioneros del futuro podrán ser también auténticamente apóstoles, si su testimonio está enraizado en el de sus antepasados, y si son fieles comunicadores de las tradiciones recibidas.

d) La Promesa del Padre

Pero para realizar la misión, los medios humanos no son suficientes. Una empresa árdua y divina requiere fuerzas proporcionadas del mismo orden y de la misma naturaleza. Pues bien, para esto Jesús enviará sobre sus discípulos desde lo Alto, esto es, desde Dios, «la Fuerza» que el Padre ha prometido: ¡el Espíritu Santo! Gracias a este principio dinámico divino, los Apóstoles podrán llevar a cabo la grandiosa misión de conquistar el mundo (Hch 1,8; Jn 14,16; 16,7.26).

ORACIÓN

Señor Jesús:

Queremos caminar siempre contigo.
Abre nuestros ojos para poder reconocerte.
Instrúyenos en el conocimiento de las
Escrituras y haz que arda nuestro corazón
al leerlas y estudiarlas; pero, sobre todo,
revélate a nosotros en la fracción del Pan.
Danos tu paz y tu alegría.
Ilumina nuestras inteligencias para
comprender el misterio de tu Pascua
en toda su plenitud.
No tardes en enviarnos la Promesa del Padre,
el Espíritu Santo, la Fuerza de lo Alto.
Gracias, Señor Jesús.

Evangelio de Juan

Aparición a Magdalena (20,11-18)

María está junto al sepulcro, afuera, y llora. El exceso de su amor la tiene allí, absorta en el pensamiento del Maestro desaparecido. En un determinado momento se inclina hacia el interior del sepulcro y ve dos ángeles. Ella ni se sobresalta ni se asusta; ellos no le comunican mensaje alguno, sólo le preguntan la causa de su llanto, y ella les da razón con sencillez.

Sumergida en su llanto, María ve de repente a un hombre, a quien supone ser el jardinero del lugar. Es Jesús, pero no lo reconoce. Es que Jesús ya no está ligado a las condiciones de la vida de esta tierra. Tiene un cuerpo, sí, pero ya pertenece a otro mundo.

Se teje luego un clásico diálogo joánico de tres interlocuciones. Jesús lo inicia y María responde. La segunda interlocución consta de un solo vocablo: «¡*María!*», le dice Jesús; pero es su nombre propio y personal, el de la intimidad. Eso le basta y al punto reconoce a Jesús. Es que, en las circunstancias nuevas en que Jesús se encuentra, sólo puede ser reconocido mediante una superación del orden natural: por una palabra o por un gesto que venga de Él. María reacciona y le dice: «¡*Rabbuní!*», ¡Maestro! Jesús cierra luego el diálogo. Su palabra, en dos partes, es la cumbre doctrinal del pasaje.

«*¡No me toques, porque todavía no he subido al Padre!*». Podemos pensar legítimamente que María abraza los pies de Jesús. El sentido normal de la palabra del Señor es «*¡Déjame, suéltame!*». Pero la razón de esa prohibición es que todavía no ha subido al Padre; en consecuencia, cuando Jesús haya subido al Padre, entonces María sí lo podrá tocar.

Sin embargo, esa relación de afecto será diferente a cuando Jesús vivía en la tierra, pues su nuevo cuerpo está en una dimensión diferente, pneumática, espiritual. Cuando el evangelista formula sus expresiones, posiblemente piensa en el contacto profundo, físico pero espiritual, real pero sobrenatural, que los creyentes tienen con Jesús resucitado cuando comen su carne y beben su sangre en la Eucaristía.

«*Pero anda a mis hermanos y diles: "¡Subo a mi Padre y a vuestro Padre!".*» Estas palabras, no son ya el kerygma de la resurrección, sino el anuncio solemne de la Ascensión y de la perfecta Exaltación de Jesús. La palabra de Jesús es densa. Declara a los discípulos "sus hermanos"; por tanto, tienen un mismo Padre; pero ese Padre es Dios; y por eso añade: «¡A mi Dios y a vuestro Dios!».

Sin embargo, entre Jesús y sus hermanos hay una gran diferencia; Él y ellos se sitúan en niveles diversos y en planos desiguales: Jesús es «*el Hijo único que está en el seno del Padre*»: Jn 1,18; los discípulos, por su parte, serán hijos de Dios porque el Hijo-Jesús les hará partícipes de su vida divina, de su «vida eterna» (Jn 5,24; 6,54).

El relato termina diciendo: «*Va María Magdalena y anuncia a los discípulos: ¡He visto al Señor y me ha dicho esto!*».

Misión de los Apóstoles y donación del Espíritu (20,19-23)

Juan coloca en la tarde del domingo de la resurrección dos relatos importantes: uno de reconocimiento (vv. 19-20), y otro de misión (vv. 21-23). El primero no podía ser más conciso. Después de presentarse, Jesús saluda a sus discípulos: «*¡Paz a vosotros!*».

Les muestra luego las manos y el costado. Con ello les manifiesta que el mismo que murió crucificado ha vuelto a la vida. Además, el mostrar su costado –que había sido traspasado por la lanza del soldado– tiene un sentido particular: de allí había brotado «sangre», que simbolizaba el sacrificio real de Jesús-víctima y la entrega de su sangre en la Eucaristía; y también había brotado «agua», que significaba la donación del Espíritu. Los santos Padres enseñarán que del costado de Cristo nació la Iglesia, con sus dos sacramentos: el bautismo y la Eucaristía.

En seguida les dice nuevamente: «*¡Paz a vosotros!*». Es la paz mesiánica, anunciada por los Profetas para los tiempos mesiánicos (Is 9,6; 52,7). Luego pronuncia una solemne palabra creadora: «*Como me envió el Padre, también yo os envío*». Esta palabra crea la misión apostólica de los discípulos y de todo cristiano; instituye la misión de la Iglesia. Esta misión es sobrenatural y divina. No procede de autoridades humanas, sino del mismo Jesús; y es análoga a la que Él mismo recibió de su Padre.

Y, habiendo dicho esto, sopló y les dijo: «*¡Recibid el Espíritu Santo! A quienes perdonéis los pecados, les quedan perdonados; a quienes se los retengáis, les quedan retenidos*».

Al estilo de los profetas antiguos, Jesús realiza una acción simbólica: sopla sobre los discípulos. Pero ese soplo es símbolo del Espíritu.

En ese momento Jesús les comunica el Don de Dios, fruto de su obra salvífica, la obra que el Padre le había encomendado. Con esa donación de Espíritu Santo comienza una nueva creación (cf. Gn 1,2; 2,7).

En virtud del Espíritu que han recibido, podrán los Apóstoles perdonar o retener los pecados. No se trata sólo de predicar el perdón de los pecados, sino de un poder real, que Jesús les había anunciado ya durante su vida (Mt 18,18). Los Apóstoles, llenos del Espíritu Santo, podrán así continuar la misma misión de Jesús, sintetizada desde el principio del evangelio en dos afirmaciones de gran alcance: «*Éste es el Cordero de Dios, que quita el pecado del mundo*» y «*Éste es el que bautiza en el Espíritu Santo*» (Jn 1,29.33).

La confesión de Tomás (20,24-29)

Tomás, personaje bien conocido en el Cuarto Evangelio (11,16; 14,4), no estuvo presente cuando Jesús se manifestó por primera vez a sus discípulos. Éstos le decían: «*¡Hemos visto al Señor!*».

Tomás expresa su incredulidad con la fuerza de su temperamento impetuoso. Quiere tener la certeza absoluta de la realidad física del cuerpo de Jesús: «*Si no veo en sus manos la marca de los clavos, y meto mi dedo en el lugar de los clavos, y meto mi mano en su costado, no creeré*». Esa incredulidad de Tomás ha servido siempre de argumento paradójico para la fe de toda la Iglesia.

Ocho días después se presenta de nuevo Jesús, y Tomás estaba allí. Después del saludo: «*¡Paz a vosotros!*», Jesús dice a Tomás: «*¡Trae tu dedo acá y ve mis manos, y trae tu mano y métela en mi costado, y no seas incrédulo, sino creyente!*». Jesús conoce lo que había dicho Tomás y condesciende a su petición.

Tal vez sin tener la audacia de tocar a Jesús, Tomás apasionada y claramente hace la confesión más explícita de la divinidad de Jesús: «*¡Señor mío y Dios mío!*». Esta fórmula es una expresión acabada de la fe cristiana. Todo el evangelio de Juan lleva como finalidad engendrar la fe en los creyentes. Siendo así, esta solemne afirmación es la conclusión no sólo del relato de Tomás, sino de todo el Cuarto Evangelio.

Jesús le responde: «*¿Porque me has visto, has creído? ¡Bienaventurados los que no han visto y han creído!*». Ésta es una bienaventuranza para todos aquellos que, sin haber visto a Jesús, han creído en Él.

Se adivina el sentimiento, envuelto en cierta nostalgia, de la segunda o tercera generación de creyentes, los cuales hubieran querido conocer a Jesús en su vida mortal. ¡Que permanezcan tranquilos! ¡Más vale no haber visto, pero recibir el don de la fe, que haber visto y no haber creído!

ORACIÓN

Jesús:

Te alabamos y te glorificamos, Señor,
Por tu resurrección y ascensión a tu Padre.
Gracias por revelarnos a Dios como Padre.
Permítenos tener profunda experiencia de ti
al recibir la sagrada Eucaristía.
¡Comunícanos siempre tu paz!
¡Sopla sobre nosotros e infunde
tu Espíritu divino en nuestros corazones!
Queremos asociarnos a tu misión de Cordero
de Dios, que quita el pecado del mundo.
Señor, Jesús, aumenta y vigoriza nuestra fe,
y como Tomás, te confesamos:
«¡Señor mío y Dios mío!».

La pesca milagrosa (21,1-14)

La pesca milagrosa tiene lugar en el lago de Tiberíades (21,1-3). El mar de Galilea o de Tiberíades es el teatro de la última aparición de Jesús. Siete discípulos se encuentran reunidos: Simón, Tomás, Natanael, Santiago, Juan y dos anónimos. A iniciativa de Pedro van a pescar. Pasan la noche trabajando, pero sin resultado.

A la orden de Jesús, Simón lanza la red al mar, y la pesca es asombrosa: 153 peces grandes y la red no se rompió (21,4-6). El estilo teológico de Juan se percibe en el «*no sabían que era Jesús*». Y es que para reconocer a Jesús, que ha subido a su Padre, se requiere siempre un acto de fe, que supera el orden natural del conocimiento. El discípulo amado, por su parte, va a reconocer a Jesús por el prodigio.

«¡Es el Señor!», dice el discípulo a quien Jesús amaba (21,7-14). Nuevamente aparecen aquí Simón y *el discípulo amado* (13,23; 19,26; 20,2). Aquél se caracteriza por su impetuosidad y su entrega; éste por su profunda percepción de Jesús. Le basta una sola mirada para saber que es el Señor. Estaban a unos 90 m de la playa.

Jesús había preparado un pez asado y pan. Los peces capturados estaban todavía en la red. Jesús invita a los discípulos que traigan de aquellos peces. Aquella pesca milagrosa evidentemente no sólo es un gran prodigio sino sobre todo un *«signo»*. ¿Cuál será su simbolismo? He aquí los elementos:

- Todo va a suceder gracias a la orden de Jesús: «*¡Echad la red a la derecha de la barca y encontraréis!*».
- Simón Pedro es el personaje principal: él dirige la acción, se arroja al mar, y saca la red.
- Los 153 peces son de valor, pues se les llama «grandes». La cifra esconde sin duda un simbolismo, pero es difícil descifrarlo. Los zoólogos griegos decían que el total de las clases de peces era 153; y los geómetras dicen que 153 es la suma de los primeros 17 números, los cuales se pueden acomodar en forma de triángulo equilátero con 17 puntos en las líneas-base.
- La red es única y no se rompió.

El simbolismo de este signo es posiblemente: la gran «pesca espiritual» que los discípulos harán en el próximo futuro. Será una «pesca posible», porque intervendrá Jesús; sin Él nada se puede hacer (Jn 15,5). Será una «pesca bajo la dirección de Simón-Pedro». Será una «pesca universal»; por eso es capturado un pez de cada especie. Será una «pesca perfecta y única»; por eso es una red y no se rompe.

Los discípulos abren los ojos de su espíritu y reconocen al Señor. Sin embargo, ese Señor-Jesús, aunque es el mismo que conocieron, da la impresión de ser diferente, de ser de otro mundo.

Jesús los invita a comer. Pero detalle curioso: sólo les ofrece del pez y del pan preparados por Él. ¿Qué ha sido de los peces que les había ordenado traer? Se diría que los peces capturados simbolizan a los futuros creyentes, y por tanto no estaban destinados a ser comidos, sino a que también ellos asistieran al banquete.

Al darles Jesús del pan y del pez lo hace con gestos eucarísticos. En la primitiva iconografía eucarística con frecuencia el pescado sustituye al vino; sin embargo, no consta que el pescado haya sido alguna vez materia del sacramento.

Pedro: pastor y mártir (21,15-19)

El presente relato, como el anterior, tiene una orientación eclesiológica: Pedro debe cuidar también de los discípulos más cercanos al Maestro. Ésta es la misión que le asigna Jesús al confesarle por tres veces su amor.

a) *¡Apacienta mis corderos, apacienta mis ovejas!»* (21,15-17)

Nos encontramos ante un diálogo mayor, compuesto de tres pequeños. Estilísticamente perfecto y reducido al mínimo, encierra doctrinas teológicas de primer orden.

Cuando el evangelista se refiere al apóstol, lo llama Simón-Pedro o Pedro; pero cuando hace hablar a Jesús, éste lo llama con el simple nombre de *«Simón»*, el antiguo nombre, sin aludir al apelativo teológico *«Kefá-Roca»*. Esto significa que, antes de confiarle la misión trascendental de ser «Roca», Simón tiene que ser rehabilitado en el amor, lesionado por la triple negación (18,15-27).

Pero la significación del acontecimiento va más allá. Jesús quiere arrancar de Simón una confesión de amor mayor que el que le profesan los otros seis discípulos. Pues bien, Simón responde sin presunción y con cierta timidez, pero afirmativamente. Y Jesús lo rehabilita y lo establece *«pastor y jefe de sus corderos y ovejas»*, representantes, de todos los que siguen o seguirán a Jesús, entre los cuales están también los compañeros allí presentes.

Este texto de Juan, unido al de 1,42, al de Mateo 16,15-19 y al de Lucas 22,31-34, son el fundamento del primado de Pedro. Pedro es constituido en ellos *«roca, portador de las llaves de la Iglesia, sostén en la fe y pastor del rebaño de Jesús»*. Jesús había dicho que habría *«un solo rebaño y un solo pastor»* (10,16); por tanto, Pedro no es otro pastor, sino que ocupa el lugar de Jesús, hace sus veces, y es realmente su vicario (cf. *Catecismo de la Iglesia Católica*, nn. 551-553).

b) *El martirio de Pedro* (21,18-19)

Pedro, hecho pastor de las ovejas, tendrá también que entregar su vida por ellas, como lo hizo Jesús, el buen pastor (10,11-15). Cuando haya servido al rebaño, cuando hayan corrido sus años y cuando haya cumplido su misión, los enemigos lo prenderán, lo escarnecerán, lo atarán y lo llevarán al suplicio.

Así como en Jn 12,33 y 18,22 la frase «*significando con qué muerte...*» se había referido a la muerte de Jesús en una cruz, probablemente esa frase tiene también aquí el mismo significado. Jesús le da a Pedro una orden: «*¡Sígueme!*». La tradición afirma que Pedro murió crucificado... Fue la manera como, siguiendo a su Maestro, pudo mejor glorificar a Dios.

La suerte del discípulo amado (21,20-23)

Juan sigue a Jesús. Siempre lo ha seguido; le ha sido siempre fiel, hasta la cruz. No ha sido necesario que Jesús le dé un mandato. Pedro, inquieto y curioso por la suerte de su joven compañero, pregunta a Jesús: «*Señor, ¿y éste qué?*».

Jesús rechaza la curiosidad de Pedro y contesta evasivamente: «*Si quiero que él permanezca hasta que yo venga, ¿a ti qué?*». Esta respuesta enigmática propició el rumor de que aquel discípulo no moriría. Pero Juan murió. Entonces un discípulo suyo aclaró la palabra del Maestro: Jesús «*no le dijo que no moriría, sino "si quiero que él permanezca, ¿a ti qué?"*».

ORACIÓN

Señor Jesús:
Concédenos la gracia de reconocerte
cada vez que intervengas en nuestra vida.
Queremos colaborar en la gran empresa
de la evangelización del mundo.
Invítanos a echar nuestra pequeña red,
dentro de tu Iglesia:
una, santa, católica y apostólica.
Reconocemos en nuestro Pontífice Supremo
al sucesor de Simón Pedro:
él es ahora el pastor de tu rebaño.
Fortalécelo en el ministerio que le has confiado
hasta su muerte.

II. LA ASCENSIÓN DEL SEÑOR (Jn 20,17; Mc 16,19; Lc 24,50-53; Hch 1,4-12)

En los evangelios se encuentran tres alusiones a la Ascensión del Señor.

1º Juan hace alusión a la Ascensión del Señor en el diálogo de Jesús con María Magdalena: «*Subo a mi Padre y a vuestro Padre...*» (Jn 20,17).

2º Marcos clausura su evangelio con una breve noticia sobre la Ascensión del Señor Jesús: «*El Señor Jesús, después de haberles hablado, fue levantado al cielo y se sentó a la diestra de Dios*» (Mc 16,20).

3º Lucas, en el Tercer Evangelio, ha colocado la Ascensión de Jesús el domingo mismo de la resurrección, cerca de Betania. La escena es descrita con gran sobriedad: «*Los sacó hasta cerca de Betania y, alzando sus manos, los bendijo. Y sucedió que, mientras los bendecía, se separó de ellos y fue llevado al cielo*». Ellos, después de adorar a Jesús, regresaron a Jerusalén con gran alegría. Y estaban continuamente en el Templo, bendiciendo a Dios (Lc 24,50-53).

Pero es en el libro de los Hechos de los Apóstoles donde Lucas nos ofrece una tradición más amplia y solemne, con rasgos midráshicos, sobre la Ascensión de Jesús, cuarenta días después de su resurrección (Hch 1,4-12).

En esta escena se pueden distinguir dos cuadros.

1. LA PROMESA DEL ESPÍRITU SANTO (vv. 4-8)

Lucas escribe: «*Comiendo con ellos, Jesús ordenó a sus discípulos no apartarse de Jerusalén, sino esperar la Promesa del Padre, que de mí habéis oído: que Juan bautizó con agua, pero vosotros seréis bautizados con el Espíritu Santo dentro de no muchos días*».

La alusión al bautismo en el Espíritu Santo, del que Lucas había hablado al principio de su obra (Lc 3,16), y la mención de la Promesa del Padre (Lc 24,49) encuadran toda la obra de Jesús. El Evangelio entero parece ser una gran promesa, centrada en el Espíritu Santo, que ahora va a realizarse.

El punto culminante de la instrucción de Jesús es que los discípulos serán bautizados en el Espíritu Santo. Detrás del verbo pasivo se esconde la acción de Dios y del Señor Jesús, que es quien bautiza en el Espíritu Santo (Lc 3,16; Jn 1,32-33). No comprendiendo el sentido de las palabras de Jesús, los discípulos piensan en una justa e inminente restauración de la monarquía davídica, y le preguntan a Jesús: «*Señor, ¿es ahora cuando vas a restablecer el reino de Israel?*».

Jesús no contesta a la pregunta de los discípulos, dejando la restauración de Israel entre los secretos del Padre, y dirige la atención de los suyos hacia otra realidad que les interesará en un futuro inmediato: «*Recibiréis la Fuerza del Espíritu Santo que vendrá sobre vosotros; y seréis mis testigos en Jerusalén, en toda Judea y Samaría, y hasta los confines de la tierra*».

Esta explicación de Jesús manifiesta la finalidad directa del «*ser bautizados con o en el Espíritu Santo*». Los discípulos serán revestidos de una fuerza venida de lo Alto, o mejor, recibirán el Espíritu Santo que es una Fuerza divina, la Fuerza de Dios. Y en virtud de esa invasión de Fuerza o de Poder, ellos podrán, a semejanza de Jesús, proclamar la Buena Nueva del reino de Dios (Lc 3,22; 4,1.14.18).

Además, esa misma Fuerza de lo Alto transformará a los misioneros en testigos de Jesús resucitado, y su campo de acción será el mundo entero. El nuevo movimiento partirá de Jerusalén, la Ciudad salvífica, pasará por Judea y Samaría, y se lanzará «*hasta los confines de la tierra*», según el oráculo de Isaías: «*Te voy a poner como luz de las naciones para que mi salvación alcance hasta los confines de la tierra*» (Is 49,6b).

2. La Ascensión de Jesús (vv. 9-12)

«*Y, habiendo dicho estas cosas, viéndolo ellos, fue levantado, y una nube lo arrancó a sus ojos. Y, como estuvieran mirando fijamente al cielo mientras Él se iba, he aquí que dos varones con vestiduras blancas se les pusieron delante, y les dijeron: "¡Varones galileos: ¿Por qué estáis mirando al cielo? Este Jesús que os ha sido llevado al cielo, del mismo modo vendrá como le visteis ir al cielo!".*»

La escena presenta un realismo lleno de color y movimiento. La formulación pasiva «Jesús fue llevado» indica que ha sido levantado por el poder de Dios. La nube, elemento cargado de simbolismo, acusa la presencia de Dios. La nube no es una bruma que oculta un misterio, sino un carro regio que conduce a Jesús al cielo (2 Re 2,11). Es también como la nube que, en la profecía de Daniel, transporta al Hijo del hombre que va a recibir el reino de manos de Dios (Dn 7,13).

Pero hay, además, algo muy importante: los ángeles proclaman el anuncio solemne de la Segunda Venida del Señor, al final de los tiempos. La nube de la Ascensión evoca la nube escatológica y gloriosa sobre la que volverá en su Parusía, para juzgar a vivos y muertos (Mt 25,31-46; Lc 21,27; Jn 5,25-30) (cf. *Catecismo de la Iglesia Católica*, nn. 659-679).

Finalmente, la Ascensión de Jesús significa, no tanto que Él se marcha de este mundo, cuanto que entra en una nueva, definitiva e interminable forma de presencia entre nosotros, participando del poder regio de Dios.

Lucas termina su narración diciendo que los discípulos se volvieron a Jerusalén, desde el monte llamado de los Olivos, que dista poco de Jerusalén, como el espacio de un camino de shabbat.

ORACIÓN

Señor Jesús:
Creemos que viniste del cielo
y que ahora vuelves a la Casa de tu Padre.
Prepáranos, a tu lado, una morada,
para que, donde tú estás,
estemos también nosotros,
y gocemos de tu gloria por toda la eternidad.
Amén.

III. LA EXALTACIÓN DE JESÚS A LA DERECHA DEL PADRE Y SU UNCIÓN CON EL ESPÍRITU SANTO (Mc 16,19; Hch 2,33; Rom 1,4)

El misterio de la glorificación de Cristo culmina en el cielo adonde Jesús entra, es sentado a la derecha del Padre y recibe el Espíritu Santo, promesa del Padre. Sintéticamente escribe Lucas en el libro de los Hechos de los Apóstoles:

«*A este Jesús, Dios lo resucitó;*
de lo cual todos nosotros somos testigos.
Y, exaltado a la diestra de Dios,
ha recibido del Padre el Espíritu Santo
prometido...» (Hch 2,32-33a).

Jesús es exaltado a la derecha de Dios

Esta imagen significa que Jesús es entronizado en el cielo como Señor y Rey, y recibe del Padre todo poder en el cielo y en la tierra.

«Sentarse a la derecha del Padre –escribe el *Catecismo de la Iglesia Católica* (n. 664)– significa la inauguración del reino del Mesías, cumpliéndose la visión del profeta Daniel respecto del Hijo del hombre: *"A él se le dio imperio, honor y reino, y todos los pueblos, naciones y lenguas le sirvieron. Su imperio es un imperio eterno, que nunca pasará, y su reino no será destruido jamás"* (Dn 7,14). A partir de ese momento, los apóstoles se convirtieron en los testigos del reino que no tendrá fin (cf. Símbolo niceno-constantinopolitano).»

Jesús recibe del Padre el Don del Espíritu

Jesús glorificado y exaltado a la derecha de Dios recibe *«la Promesa del Espíritu Santo»*, el Don del Espíritu Santo, que el Padre había prometido (cf. Ez 36,27), para derramarlo, a su vez, sobre los discípulos a fin de que nazca el nuevo Pueblo de Dios, la Iglesia de Jesús.

Con esto, Jesús-Mesías, ungido con el Espíritu Santo –¡y el Ungido es Rey y es Sacerdote!–, alcanzó el punto culminante de su misión y de su glorificación, realizándose en Él, con toda plenitud, el plan que desde toda la eternidad el Padre había concebido sobre su Hijo hecho hombre (Heb 8,1-2). Por esta razón, Pedro termina su testimonio el día de Pentecostés con esta solemne declaración de fe:

*«Sepa con certeza toda la Casa de Israel
que a este Jesús, a quien vosotros crucificasteis,
Dios lo ha hecho Señor y Cristo»* (Hch 2,36).

Al recibir de parte del Padre la unción celeste con el Espíritu Santo (Hch 2,33), Jesús queda constituido en toda su plenitud *«Señor y Cristo»*, esto es, Señor de señores, Rey de reyes y Sumo Sacerdote para la eternidad» (Ap 17,14; Heb 6,20).

Es a propósito de la exaltación de Jesús a la derecha del Padre, como mejor se comprenden las palabras de Jesús en el Cuarto Evangelio: «*Ahora, Padre, glorifícame tú, junto a ti, con la gloria que tenía a tu lado, antes de que el mundo fuese. Padre, que los que tú me has dado contemplen mi gloria, la que me has dado, porque me has amado antes de la creación del mundo»* (Jn 17,5.24).

ACTUALIZACIÓN

«Cuando yo sea levantado de la tierra, atraeré a todos hacia mí» (Jn 12,32). La elevación en la Cruz significa y anuncia la elevación en la Ascensión al cielo. Es su comienzo. Jesucristo, el único Sacerdote de la Alianza nueva y eterna, no «penetró en un Santuario hecho por mano de hombre..., sino en el mismo cielo, para presentarse ahora ante el acatamiento de Dios a favor nuestro» (Heb 9,24). En el cielo, Cristo ejerce permanentemente su sacerdocio: «De allí que pueda salvar perfectamente a los que por Él llegan a Dios, ya que está siempre vivo para interceder en su favor» (Heb 7,25). Como «Sumo Sacerdote de los bienes futuros», es el centro y el oficiante principal de la liturgia que honra al Padre en los cielos (Ap 4,6-11)» (*Catecismo de la Iglesia Católica*, n. 662).

ORACIÓN

Jesús: Señor, Rey y Sumo Sacerdote:
*Creemos que has sido exaltado
a la diestra del Padre.
Tú has sido hecho el Señor de cielos y tierra.
El Padre ha puesto en ti todo el poder.
Has sido ungido Rey de reyes
y Señor de señores,
y Sumo Sacerdote para la eternidad.
Extiende tu cetro de amor sobre nosotros
y pide incesantemente a tu Padre
todas las gracias que necesitamos
para nuestra salvación y santificación.
¡Gloria a ti, nuestro Señor, nuestro Rey
y nuestro Sumo Sacerdote!*

Capítulo IV

LA EFUSIÓN DEL ESPÍRITU SANTO EN PENTECOSTÉS, FRUTO DE LA PASCUA DEL SEÑOR

Hch 2,1-41

La efusión del Espíritu Santo sobre los Apóstoles el día de Pentecostés está estrechamente vinculada al misterio de la Pascua de Jesús, principalmente a su glorificación. En efecto, Pedro proclama en su discurso testimonial ante el pueblo de Jerusalén:

«A este Jesús Dios lo resucitó, de lo cual todos nosotros somos testigos. Así pues, habiendo sido exaltado a la diestra de Dios y habiendo recibido del Padre la promesa del Espíritu Santo, ha derramado esto que vosotros veis y oís» (Hch 2,32-33).

Ya el evangelio de Juan, a propósito de una palabra de Jesús durante la Fiesta de los Tabernáculos, afirmaba: «*Todavía no había (sido dado el) Espíritu, porque todavía Jesús no había sido glorificado*» (Jn 7,37). Y, estando en el Cenáculo, Jesús advierte a sus discípulos: «*Os conviene que yo me vaya, porque si no me voy, el Paráclito no vendrá a vosotros; pero si me voy, os lo enviaré*» (Jn 16,7).

I. PENTECOSTÉS, BAUTISMO EN EL ESPÍRITU SANTO

«*Al cumplirse el día de Pentecostés, estaban todos reunidos en un mismo lugar. De repente se produjo del cielo un ruido como el de una ráfaga de viento impetuoso, que llenó toda la casa en la que se encontraban. Se les aparecieron unas lenguas como de fuego, que se repartieron y se posaron sobre cada uno de ellos. Quedaron todos llenos del Espíritu Santo, y se pusieron a hablar en otras lenguas, según el Espíritu les concedía expresarse*» (Hch 2,1-4).

Era el día de Pentecostés, el 50º día después de la Pascua. Se celebraba la fiesta de las Siete Semanas, en la que, junto con la primera siega, se conmemoraba la donación de la Ley en el Sinaí, la celebración de la Alianza y el nacimiento de Israel como Pueblo de Dios.

En continuidad con su plan de salvación, Dios quiso que así como la Pascua del pueblo judío fue sustituida por la Pascua cristiana, así también la fiesta de las Siete Semanas, Fiesta del don de la Ley y nacimiento de Israel como Pueblo de Dios, fuera sustituida por la efusión del Don del Espíritu Santo y el nacimiento del nuevo Pueblo de Dios.

El grupo de discípulos estaba reunido, no sólo en un mismo sitio, sino en unión comunitaria de concordia, amistad y caridad. *«De repente»*, sin que nadie lo previera, se produjo un golpe como de viento huracanado, que venía *«del cielo»*, de allá adonde Jesús había subido. Y el viento impetuoso *«llenó toda la casa donde moraban»*.

Al fenómeno acústico se agregó uno de visión; también éste de origen divino, como se colige del empleo del verbo en voz pasiva. El fenómeno consistía en la aparición de *«lenguas como de fuego»*.

Si, por una parte, *«el estruendo como de arrastrado viento impetuoso»* que venía de arriba era símbolo del Espíritu que Jesús enviaba del cielo como «Fuerza de lo Alto»; *«las lenguas como de fuego»*, por otra, simbolizaban también al mismo Espíritu divino, purificador y santificador, que llenaría de sus carismas a todos y a cada uno de los discípulos de Jesús, para hacerlos capaces de dar testimonio acerca de Jesús con *«lenguas como de fuego»*. La partícula *«como»* es reveladora; nos indica que no hay que tomar los elementos en una realidad puramente física, sino como portadores de un mensaje ligado al simbolismo.

«Y quedaron todos llenos de Espíritu Santo.» Como resultado de ese fenómeno, el Espíritu Santo tomó posesión de los discípulos de Jesús; e invadidos por el Espíritu y a su impulso, los discípulos comenzaron a hablar en otras lenguas, según el Espíritu les daba *«proclamar»*.

II. TESTIGOS DE PENTECOSTÉS

Jerusalén, ciudad cosmopolita desde tiempos antiguos, abrigaba en su seno a judíos nacidos en diversas partes del mundo.

> *Residían en Jerusalén judíos, hombres piadosos, de toda nación de las que hay bajo el cielo. Al producirse ese ruido, se congregó la multitud y se llenó de estupor, pues cada uno les oía hablar en su propio idioma. Estupefactos y admirados, decían: «¿Acaso no son galileos todos estos que están hablando? ¿Cómo, pues, cada uno de nosotros oímos en nuestro propio idio-*

ma nativo?... Los oímos hablar en nuestras lenguas las grandezas de Dios». Estaban todos estupefactos y perplejos y se decían unos a otros: «¿Qué quiere decir esto?». Otros, en cambio, burlándose decían: «Están llenos de mosto» (Hch 2,5-13).

Al escuchar el estruendo, la gente acudió; pero el motivo de su estupefacción no fue ni el viento ni el fragor, que ya habían pasado, sino los discípulos de Jesús que, siendo todos galileos, proclamaban *«las grandezas de Dios»* en los idiomas propios de los oyentes. Las grandezas de Dios son sus intervenciones salvíficas, y en nuestro caso, la acción soberana de Dios que ha resucitado a Jesús, que lo ha glorificado y que le ha comunicado la plenitud del Espíritu. Los discípulos, pues, poseídos del Espíritu, comenzaron a dar de Jesús un testimonio de fuego, con el poder de ese mismo Espíritu.

Ante un fenómeno tal, las reacciones de los oyentes fueron encontradas. Unos, abiertos a la luz, se preguntaban: *«¿Qué significa esto?»*. Otros, cerrados a una iluminación superior, se burlaban de los Apóstoles, diciendo: *«¡Están borrachos de mosto!»*.

Gracias a esta serie de prodigios sensibles y experimentales, los Apóstoles entraron en el interior del misterio anunciado. Una cosa «vieron y sintieron», y otra «creyeron», a saber: que Jesús estaba cumpliendo su promesa; si Juan había bautizado en agua, ahora Jesús *«los estaba bautizando en el Espíritu Santo»*, con el Espíritu Santo; esto es, estaba derramando la fuerza del Espíritu en el corazón de sus discípulos para transformarlos interiormente y constituirlos testigos eficaces que llevaran su Nombre hasta los confines de la tierra (cf. *Catecismo de la Iglesia Católica*, nn. 731-741).

III. EL TESTIMONIO APOSTÓLICO

El libro de los Hechos nos entrega, en labios de Pedro, el primer testimonio de los Once acerca de Jesús (Hch 2,14-36). Es un testimonio en el poder del Espíritu.

El discurso-testimonio consta de dos partes. En la primera, abierta por la interpelación *«Varones judíos»*, Pedro da la interpretación de los acontecimientos de esa mañana: se ha cumplido la profecía de Joel sobre la efusión del Espíritu (vv. 14-21; cf. Jl 3,1-5). En la segunda, dividida en dos secciones rubricadas por las interpelaciones *«Varones israelitas»* y *«Varones hermanos»*, Pedro proclama el primer testimonio sobre «Jesús profeta, muerto en la cruz, resucitado por Dios, exaltado a la diestra del Padre y lleno del Espíritu Santo para derramarlo» (vv. 22-35). Ese testimonio termina con una solemne declaración de fe:

> «*Sepa con certeza toda la Casa de Israel*
> *que a este* JESÚS, *a quien vosotros crucificasteis,*
> *Dios lo ha hecho* SEÑOR *y* CRISTO» (v. 36).

Sobre los títulos de Jesús: «*Salvador, Cristo, Señor, Hijo de Dios*», consúltese el *Catecismo de la Iglesia Católica*, nn. 430-451.

IV. NACE LA IGLESIA

Después de que Pedro, con la fuerza y el fuego del Espíritu, dio la interpretación de Pentecostés y proclamó el primer testimonio sobre Jesús, la multitud de los oyentes, tocados en su corazón, abiertos a la gracia y secundando la acción íntima de Dios, dijeron a Pedro y a los demás Apóstoles:

> «*¿Qué hemos de hacer, hermanos?*»
> *Pedro les contestó:*
> «*Convertíos, que cada uno de vosotros se haga bautizar*
> *en el nombre de Jesús Mesías*
> *para perdón de vuestros pecados,*
> *y recibiréis el Don del Espíritu Santo,*
> *pues la Promesa es para vosotros y para vuestros hijos*
> *y para todos los que están lejos,*
> *a quienes llame el Señor nuestro Dios*» (Hch 2,37-39).

Las palabras de Pedro contienen los elementos de la iniciación cristiana:

1º *La conversión*. Lo primero que hay que hacer es volver a Dios mediante una profunda conversión interior y abandonar el pecado.

2º *El bautismo en el nombre de Jesús Mesías*. Este bautismo está ordenado al perdón de los pecados; pero, dado en nombre del Señor Jesús, es al mismo tiempo una investidura de consagración y de incorporación por la fe a Jesús muerto, resucitado y glorificado para comunicar a los hombres la salvación. El bautismo lleva consigo un encuentro vivo, personal y palpitante con el Señor Jesús.

3º *El Don del Espíritu Santo*. Convertidos y bautizados en el nombre de Jesús, los nuevos creyentes reciben el Don del Espíritu Santo, prometido por Dios en las Escrituras, como elemento de purificación, principio de transformación del corazón y manantial de vida de fidelidad a Dios.

Pentecostés es la realización y el cumplimiento de la gran profecía de Ezequiel sobre el Espíritu de Dios.

«Os rociaré con agua pura y quedaréis purificados;
de todas vuestras impurezas
y de todas vuestras basuras os purificaré.

Os daré un corazón nuevo,
infundiré en vosotros un espíritu nuevo,
quitaré de vuestra carne el corazón de piedra
y os daré un corazón de carne.

Infundiré mi Espíritu en vosotros
y haré que os conduzcáis según mis preceptos
y observéis y practiquéis mis normas» (Ez 36,25-27).

Para terminar, san Lucas comenta:

Con otras muchas palabras les conjuraba y les exhortaba: «¡*Salvaos de esta generación perversa!*». Los que acogieron su palabra fueron bautizados. Aquel día se les unieron unas tres mil almas (Hch 2,40-41).

«*¡Tres mil almas…!*» ¡Admirable cosecha del Espíritu, enviado por Cristo glorificado! En un día, el Espíritu Santo –sirviéndose de la proclamación de los Apóstoles– había transformado los corazones de aquella multitud y había hecho nacer en ellos la fe en Jesús, Señor y Cristo. Jesús cumplía su palabra: estaba bautizando en el Espíritu Santo… ¡La Iglesia de Jesús había nacido…!

ACTUALIZACIÓN

En el Sinaí, Dios hizo a su Pueblo el regalo de la Ley; en el Cenáculo, el Padre y Jesús hicieron a la Iglesia el regalo de su Espíritu. El Espíritu Santo es el alma que da vida a la Ley evangélica. San Pablo llama a la Ley evangélica «*La Ley del Espíritu de la vida*» (Rom 8,2). Santo Tomás de Aquino escribe: «*La Ley nueva es principalmente la gracia misma del Espíritu Santo, que es dada a los fieles de Cristo*» (*Summa Theologica*, I-II, q. 106, art. 1). Y san Agustín dice: «*¿Qué son las leyes de Dios, escritas por el mismo Dios en los corazones, sino la presencia misma del Espíritu Santo?*» (*De Spir. et Litt.*, cap. 21).

El *Catecismo de la Iglesia Católica* enseña:

«El día de Pentecostés (al término de las siete semanas pascuales), la Pascua de Cristo se consuma con la efusión del Espíritu Santo que se manifiesta, da y comunica como Persona divina: desde su plenitud, Cristo el Señor derrama profusamente el Espíritu» (cf. Hch 2,36).

«En este día se revela plenamente la Santísima Trinidad. Desde ese día el reino anunciado por Cristo está abierto a todos los que creen en Él: en la humildad de la carne y en la fe, participan ya en la Comunión de la Santísima Trinidad. Con su venida, que no cesa, el Espíritu Santo hace entrar al mundo en los "últimos tiempos", el tiempo de la Iglesia, el reino ya heredado, pero todavía no consumado: Hemos visto la verdadera Luz, hemos recibido el Espíritu celestial, hemos encontrado la verdadera fe: adoramos la Trinidad indivisible, porque ella nos ha salvado» (*Catecismo de la Iglesia Católica*, nn. 731-732).

ORACIÓN

Oh Espíritu Santo:
Don de Dios y Fuerza de lo Alto,
Fuente de agua brotante de vida eterna.
Desciende y mora en nuestros corazones.

Haznos verdaderos adoradores del Padre,
condúcenos a la plenitud de la verdad,
y transfórmanos en testigos de Jesús
para llevar su Nombre
hasta los confines de la tierra.
Amén.

BIBLIOGRAFÍA

AGUIRRE, R., *Aproximación actual al Jesús de la historia*, Universidad de Deusto, Bilbao 1996.

AGUIRRE, R. y A. RODRÍGUEZ CARMONA, *Evangelios Sinópticos y Hechos de los Apóstoles*, Verbo Divino, Estella 1992.

BARBAGLIO, G., *Jesús, hebreo de Galilea: investigación histórica*, Secretariado Trinitario, Salamanca 2003.

BARTOLOMÉ, J. J., *El evangelio y Jesús de Nazaret*, CCS, Madrid 1995.

DUNN, J. D. G., *Jesús y el Espíritu Santo*, Secretariado Trinitario, Salamanca 1975.

DUNN, J. D. G., *La llamada del Jesús histórico*, Sal Terrae, Santander 1992.

FABRIS, R., *Jesús de Nazaret. Historia e interpretación*, Sígueme, Salamanca 1985.

FERNÁNDEZ RAMOS, F. (ed.), *Diccionario de Jesús de Nazaret*, Monte Carmelo, Burgos 2001.

GNILKA, J., *Jesús de Nazaret. Historia y mensaje*, Herder, Barcelona 1993.

GRELOT, P., *Los evangelios y la historia de Jesús*, Herder, Barcelona 1982.

GUIJARRO, S., *La buena noticia de Jesús. Introducción a los Evangelios Sinópticos y Hechos de los Apóstoles*, Atenas, Madrid 1987.

MATEOS, J. y F. CAMACHO, *El hijo del Hombre*, El Almendro, Córdoba 1996.

MATEOS, J. y F. CAMACHO, *El horizonte humano: la propuesta de Jesús*, El Almendro, Córdoba 1988.

MEIER, J. P., *Un judío marginal. Nueva visión del Jesús histórico* I-IV, Verbo Divino, Estella 1998-2004.

PERROT, Ch., *Jesús y la historia*, Acento, Madrid 1999.

PIKAZA, X., *La nueva figura de Jesús*, Verbo Divino, Estella 2003.

SANDERS, E. P., *Jesús y el judaísmo*, Trotta, Madrid 2004.

STANTON, G. N., *¿La verdad del evangelio? Nueva luz sobre Jesús y los evangelios*, Estudios Bíblicos 17, Verbo Divino, Estella 1999.

VARO, F., *Rabí Jesús de Nazaret*, BAC, Madrid 2005.

VV.AA., *Jesús de Nazaret. Perspectivas*, Cátedra Chaminade, PPC, Madrid 2002.

WEREN, W., *Métodos de exégesis de los evangelios*, Verbo Divino, Estella 2003.